# 365 Tage mit Jesus

***Bücher von René Lejeune beim Parvis-Verlag erschienen***

- «Der kleine Weg» der Theresia von Lisieux, 1997
- Medjugorje: 365 Tage mit Maria, 3. Auflage, 1997
- Karl Leisner — Wie Gold im Feuer geläutert, 2. Auflage, 1997
- Medjugorje — Geschichte und Botschaft, 1997
- Die Engel, Geheimarmee des Himmels, 1999
- Der heilige Joseph — Arzt der verletzten Seelen, 1999
- Myriam, die Mutter Jesu, 2002
- Der Ruf des Hirten — Erziehung nach dem Evangelium, 2002
- 365 Tage mit meinem Schutzengel, 3. Auflage, 2003
- Der Rosenkranz, ein leuchtendes Gebet, 2003

René Lejeune

# 365 Tage mit Jesus

übersetzt von Uwe Hecht, Lorelei-Traduction

PARVIS-VERLAG
CH-1648 HAUTEVILLE / SCHWEIZ

Originaltitel: «365 jours avec Jésus»


**Parvis-Verlag**
**CH-1648 Hauteville (Schweiz)**

Tel. 0041 (0)26 915 93 93 Fax 0041 (0)26 915 93 99
Internet: www.parvis.ch eMail: buchhandlung@parvis.ch



Gedruckt in der Schweiz
ISBN 3-907525-90-6

## Verzeichnis der Abkürzungen der biblischen Bücher

| | |
|---|---|
| **1 Chr** | 1 Chronik |
| **1 Joh** | 1 Johannesbrief |
| **1 Kön** | 1 Könige |
| **1 Kor** | 1 Korintherbrief |
| **1 Makk** | 1 Makkabäer |
| **1 Pe** | 1 Petrusbrief |
| **1 Sam** | 1 Samuel |
| **1 Thess** | 1 Thessalonicherbrief |
| **1 Tim** | 1 Timotheusbrief |
| **2 Chr** | 2 Chronik |
| **2 Joh** | 2 Johannesbrief |
| **2 Kön** | 2 Könige |
| **2 Kor** | 2 Korintherbrief |
| **2 Makk** | 2 Makkabäer |
| **2 Pe** | 2 Petrusbrief |
| **2 Sam** | 2 Samuel |
| **2 Thess** | 2 Thessalonicherbrief |
| **2 Tim** | 2 Timotheusbrief |
| **3 Joh** | 3 Johannesbrief |
| **Am** | Amos |
| **Apg** | Apostelgeschichte |
| **Bar** | Baruch |
| **Dan** | Daniel |
| **Dtn** | Deuteronomium |
| **Eph** | Epheserbrief |
| **Esra** | Esra |
| **Est** | Ester |
| **Ex** | Exodus |
| **Ez** | Ezechiel |
| **Gal** | Galaterbrief |
| **Gen** | Genesis |
| **Hab** | Habakuk |
| **Hag** | Haggai |
| **Hebr** | Hebräerbrief |
| **Hld** | Hoheslied |
| **Hos** | Hosea |
| **Ijob** | Ijob |
| **Jak** | Jakobusbrief |
| **Jdt** | Judit |
| **Jer** | Jeremia |
| **Jes** | Jesaja |
| **Joël** | Joël |
| **Joh** | Evangelium nach Johannes |
| **Jona** | Jona |
| **Jos** | Josua |
| **Jud** | Judasbrief |
| **Klgl** | Klagelieder |
| **Koh** | Kohelet |
| **Kol** | Kolosserbrief |
| **Lev** | Levitikus |
| **Lk** | Evangelium nach Lukas |
| **Mal** | Maleachi |
| **Mi** | Micha |
| **Mk** | Evangelium nach Markus |
| **Mt** | Evangelium nach Matthäus |
| **Nah** | Nahum |
| **Neh** | Nehemia |
| **Num** | Numeri |
| **Obd** | Obadja |
| **Offb** | Offenbarung des Johannes |
| **Phil** | Philipperbrief |
| **Phlm** | Philemonbrief |
| **Ps** | Psalmen |
| **Ri** | Richter |
| **Röm** | Römerbrief |
| **Rut** | Rut |
| **Sach** | Sacharja |
| **Sir** | Jesus Sirach |
| **Spr** | Sprichwörter |
| **Tit** | Titusbrief |
| **Tob** | Tobit |
| **Weish** | Weisheit |
| **Zef** | Zefanja |

Palästina zur Zeit Christi

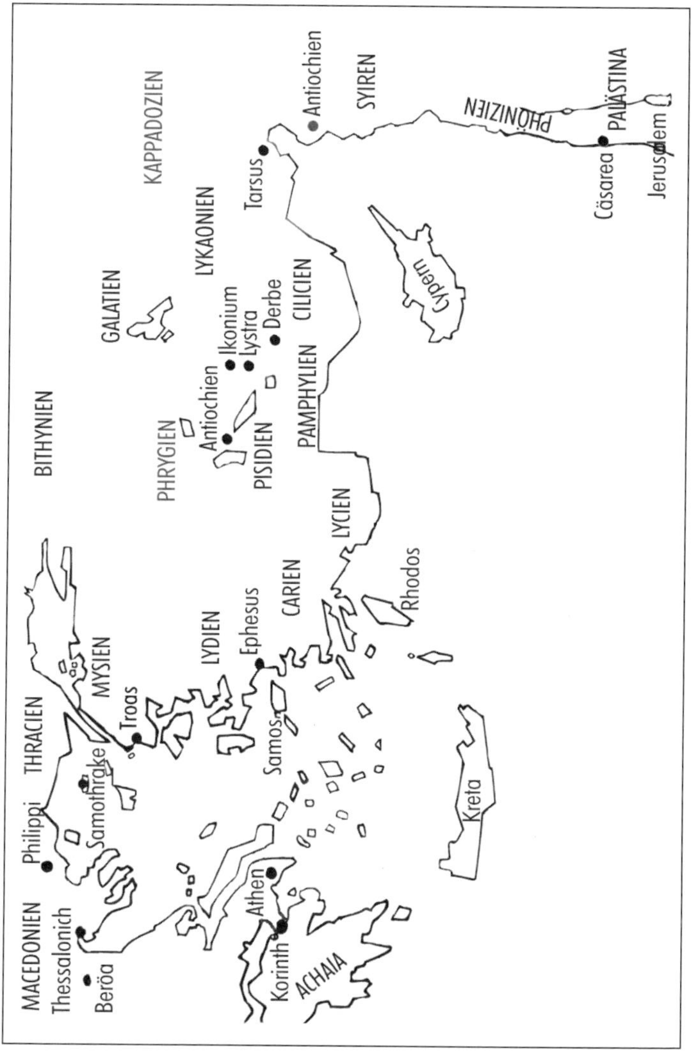


Das Christentum am Anfang der Kirche

«So existiert für uns nur
ein einziger Gott,
der Vater, aus dem alles ist
und für den wir sind,
und ein einziger Herr,
Jesus Christus, durch den alles
ist und wir durch ihn.»
(1 Kor 8,6)

«Wachset in der Gnade
und Erkenntnis
unseres Herrn und Heilandes
Jesus Christus.»
(2 Pe 3,18)

# Vorwort

*Ratschläge zur Benutzung*

Dieses Buch versteht sich als ein Reiseweg, auf dem ein konstantes Wachstum in der Erkenntnis Jesu stattfindet. Er ermöglicht es, mit Jesus, dem Christus, vertraut zu werden und in dieser Vertrautheit fortzuschreiten und so auf Ihrem eigenen Weg der Heiligkeit voranzugehen. Nichts könnte wesentlicher sein, um den Raum des Glücks zu begründen und zu erweitern, den Sie auf dieser Welt einnehmen.

Hier nun einige Ratschläge, um den größten Nutzen aus diesem Reiseweg zu ziehen, auf den Sie sich begeben werden.

1) Halten Sie sich daran, jedem Thema zwei Tage zu widmen. Es geht darum, sich von dem Anliegen durchdringen zu lassen, insbesondere durch die Zitate und sekundär auch durch die Kommentare. Das «Wiederkäuen» des Gotteswortes ermöglicht es, sich von ihm zu nähren und es in Leben zu wandeln.

Lassen Sie den Heiligen Geist, der in Ihrer Seele lebt und wirkt, Ihnen unaufhörlich neue Aspekte des Herrn offenbaren. Diese Erkenntnis ist unerschöpflich.

2) Ab und zu, wenn Sie Zeit dazu haben, wählen Sie mehrere Themen, die Sie beschäftigen oder anziehen. Lesen Sie die Texte und meditieren Sie sie. So werden Sie köstliche Augenblicke in der Nähe des Gottessohnes verbringen, der Sie erwählt hat, weil er Sie liebt. Diese Zeiten der vertrauten Nähe werden noch lange in Ihnen nachklingen.

3) Lesen Sie die Bibelstellen ganz langsam, schmecken Sie dabei jedes Wort, um sich von ihnen zutiefst durchdringen zu lassen. Bemühen Sie sich, das eine oder das andere im Gedächtnis zu behalten, besonders am zweiten Tag. Schaffen Sie sich so einen Zitatenschatz, aus dem Sie je nach Situation schöpfen können.

4) Nehmen Sie sich jeden Tag ohne Ausnahme diese wertvolle Zeit zur Vertiefung Ihrer innigen Beziehung zu Jesus.

5) Mehrere Themen kehren zwei- oder auch dreimal wieder. Das rührt daher, dass sie für die Erkenntnis Jesu und das innere Leben des Jüngers eine außerordentliche Bedeutung besitzen. Sie werden außerdem unter verschiedenen Gesichtspunkten behandelt, da das Wesen der Frohen Botschaft des durch Jesus unter uns gegenwärtigen Gottesreiches einen unerschöpflichen Reichtum birgt.

★ ★ ★

Wenn Sie mehrere Jahre nacheinander auf diesem Reiseweg unterwegs waren, werden Sie buchstäblich verwandelt werden. Alle Dinge werden Ihnen in einem neuen Licht erscheinen, und Sie werden besser das «Licht der Welt» widerspiegeln, das Jesus ist.

Zu seiner größeren Ehre. Und zu Ihrem Glück im Frieden und der Freude Christi.

1.-2. Januar

# Wer ist Jesus?

*«Du bist der Messias, der Sohn des lebendigen Gottes.» (Mt 16,16)*

*«Wer den Sohn nicht ehrt, der ehrt auch nicht den Vater, der ihn gesandt hat.» (Joh 5,23)*

*«Der Vater selbst liebt euch, weil ihr mich liebt.» (Joh 16,27)*

*«Wenn einer mich liebt, wird er mein Wort bewahren, und mein Vater wird ihn lieben, und wir werden zu ihm kommen und Wohnung bei ihm nehmen.»*

*(Joh 14,23)*

★ ★ ★

Im Namen der Jünger bekennt Petrus ihren Glauben an die Göttlichkeit Jesu. Während der langen Monate des Zusammenlebens haben sie Jesus am Werk gesehen: er weckt Tote auf, heilt Kranke, gebietet den aufgebrachten Elementen und verleiht damit Worten Nachdruck, wie sie noch nie jemand vernommen hatte.

Und Jesus ist es, der ihnen offenbart hat, dass Gott Vater ist. Er ist nicht nur der Vater Israels, des auserwählten

Volkes, sondern der Vater aller Menschen, denn alle sind nach dem Abbild Gottes erschaffen (Gen 1,26).

Jesus lieben heißt, vom Vater geliebt zu werden. Jesus ehren heißt, den Vater zu ehren. Die ursprüngliche und dauerhafte Beziehung zwischen Gott und dem Menschen ist das Band der Liebe. Diese Beziehung geht über Jesus, den Gottessohn und Menschensohn. Durch ihn ist der Mensch wiedereingesetzt in seine ursprüngliche Ehre, als Widerschein der Herrlichkeit Gottes. Und der trinitarische Gott nimmt Wohnung in ihm.

## Gebet

Herr Jesus, gesandt vom Vater, nach dem Vorbild des Apostels Petrus bezeuge ich einer Generation von Waisen gegenüber, dass du der einzige Heiland bist, der Sohn des lebendigen Gottes und dass in dir niemand vaterlos ist.

3.-4. Januar

# Wer bist du, Jesus?

*«Ich bin der Weg und die Wahrheit und das Leben.» (Joh 14,6)*

*«Wer mich sah, hat den Vater gesehen.» (Joh 14,9)*

*«Ich und der Vater sind eins.» (Joh 10,30)*

*«Kommt zu mir alle, die ihr müde seid und beladen, und ich will euch ausruhen lassen. Nehmt mein Joch auf euch und lernt von mir; denn ich bin gütig und bescheiden in meinem Herzen, und ihr werdet Ruhe finden für eure Seelen; denn gut zu tragen ist mein Joch, und meine Bürde ist leicht.» (Mt 11,28-30)*

★ ★ ★

Von der Jungfrau geboren bist du ganz Mensch, Jesus, außer der Sünde. Und du bist Gott, «eins» mit dem Vater. Wenn ich dich im Evangelium leben und handeln sehe, so schaue ich den aus Liebe Mensch gewordenen Gott.

Mysterium der Inkarnation, das die Größe des Menschen enthüllt. Gerne will ich dich nachahmen, um meine Bestimmung ganz zu erfüllen und heilig zu werden. Dich will ich in deiner Menschlichkeit nachahmen, indem ich in deiner Nachfolge *«gut und bescheiden in meinem Herzen»* werde (Mt 11,29).

Aus Gnade habe ich dich entdeckt; ich brauche nicht länger zu suchen: ich bin auf dem einzig richtigen Weg, ich schreite in der Wahrheit voran, und mein Herz fließt über vor Leben. Und ich werde begleitet von der immensen Menge Männer und Frauen, die du auserwählt hast und die du in deiner Kirche gesammelt hast. Da Gott Liebe ist und die Welt das, was sie ist und der Mensch nach dem Abbild Gottes erschaffen, war es für dich unausweichlich, aus einer Jungfrau geboren zu werden, die Frohe Botschaft zu verkünden, zu sterben und aufzuerstehen, um die Tür wieder zu öffnen, die durch die Untreue Adams und Evas verschlossen war.

## Gebet

Herr Jesus, durch deine Worte und Taten möge ich den himmlischen Vater erkennen, seine Huld und Barmherzigkeit und auch seinen Liebesplan für Zeit und Ewigkeit.

5.-6. Januar

# Wer ist Gott?

*«Niemand erkennt, wer der Sohn ist, als der Vater, und wer der Vater ist, als der Sohn und wem der Sohn es offenbaren will.»* (Lk 10,22)

*«Der Vater liebt den Sohn, und alles legt er in seine Hand.»* (Joh 3,35)

*«Niemand kommt zum Vater außer durch mich.»* (Joh 14,6)

*«Gott ist Liebe.»* (1 Joh 4,8)

★ ★ ★

Gott ist ein unergründliches Mysterium. Ein undurchdringliches Mysterium, das von Anfang an im Herzen des Menschen wohnt. Allein Gott selber konnte sein Wesen enthüllen. Er hat es in Ansätzen in dem heiligen Buch getan, in der Bibel, die sein Wort ist. Jesus, der eingeborene Sohn des lebendigen Gottes, ist es, der die Offenbarung vollendet hat. Durch ihn hat Gott ein menschliches Antlitz bekommen. Er hat nicht mehr vermittels inspirierter Schreiber, wie im Alten Bund, gesprochen; er hat sich selbst an die Menschen gewandt durch die Stimme Jesu Christi, in einem «neuen und ewigen Bund». Durch ihn ist die Offenbarung vollendet, das «Licht» ist in die Welt gekommen. Und in seinem Licht werden wir Licht. Alles dies hat Gott vollbracht, weil er die Menschen, seine Geschöpfe, liebt, denn «Gott ist Liebe».

## Gebet

Wie gut ist es, dich, Herr Jesus zu kennen! Und Gott durch dich und in dir zu kennen. In deiner Nachfolge findet sich das Glück. Mehre deine Jünger, verziehe nicht; sie mögen die Welt in dein Licht tauchen!

7.-8. Januar

# Was ist das göttliche Leben?

*«Als Jesus getauft war, stieg er sogleich aus dem Wasser herauf, und siehe, es öffnete sich ihm der Himmel; und er sah den Geist Gottes wie eine Taube herabsteigen und über sich kommen. Und siehe, eine Stimme vom Himmel sprach: "Dieser ist mein geliebter Sohn, an dem ich Wohlgefallen habe."»* *(Mt 3,16-17)*

*«Die Liebe Gottes ist ausgegossen in unseren Herzen durch den Heiligen Geist, der uns gegeben wurde.»* *(Röm 5,5)*

*«Die vom Geist Gottes geleitet werden, die sind Söhne Gottes. Ihr habt ja nicht den Geist der Knechtschaft empfangen, um euch von neuem zu fürchten, sondern den Geist der Sohnschaft, in dem wir rufen: Abba, Vater! … Sind wir aber Kinder, dann auch Erben, Erben Gottes und Miterben Christi.»* *(Röm 8,14-17)*

*«Die Erde war wüst und leer, Finsternis lag über der Urflut, und der Geist Gottes schwebte über den Wassern.»* *(Gen 1,2)*

★ ★ ★

Das göttliche Leben ist Liebe. Es ist die Quelle allen Lebens. Die Liebe ist Teilhabe, sie teilt das Feuer mit, das sie ausmacht. Da Gott Liebe ist, ist er *einer* und *dreieinig*. Ein einziger Gott in drei Personen. Darin besteht die große Offenbarung Jesu. Sie ist durch die Theophanie seiner Taufe sichtbar geworden. Er sendet uns seinen Geist, um uns die Liebe in Fülle zu schenken und uns zu Kindern Gottes zu machen, den er mit unendlicher Zärtlichkeit «Abba» nennt. Um Leben hervorzurufen und die Liebe zu vermehren, ist der Heilige Geist seit dem ersten «Tag» der Schöpfung am Werk.

## Gebet

Der Vater ist die *Quelle*, der Sohn ist das *Leben*, der Heilige Geist das Feuer der trinitarischen *Liebe*. Herr, mache mich würdig, aus dieser Quelle zu schöpfen und in Jesus aus dem göttlichen Leben zu leben und um mich herum das Feuer deiner Liebe zu verbreiten.

9.-10. Januar

# Wer bin ich? Wer sind wir?

*«Dann sprach Gott: "Lasset uns Menschen machen nach unserem Abbild, uns ähnlich"... So schuf Gott den Menschen nach seinem Abbild, nach Gottes Bild schuf er ihn, als Mann und Frau erschuf er sie. Gott segnete sie und sprach zu ihnen: "Seid fruchtbar und mehret euch, füllet die Erde und machet sie untertan."» (Gen 1,26-28)*

*«Wenn einer mich liebt, wird er mein Wort bewahren, und mein Vater wird ihn lieben, und wir werden zu ihm kommen und Wohnung bei ihm nehmen.» (Joh 14,23)*

*«Wisst ihr nicht, dass ihr Tempel Gottes seid und der Geist Gottes in euch wohnt?» (1 Kor 3,16)*

★ ★ ★

Von der ersten Seite der Bibel — des Wortes Gottes — an wird das Wesen des Menschen enthüllt. Er ist nach dem Abbild Gottes erschaffen, das bedeutet, dass er in seinem Wesen Liebe ist. Aus Achtung vor seiner Freiheit hat Gott jedoch die Liebe als ein Samenkorn in ihn hineingelegt und nicht in ihrer Fülle. An ihm ist es, diesen Keim wachsen zu lassen. Ein Leben ist gelungen, wenn es diesen Keim zu voller Reife gebracht hat.

Und der Mensch ist nach dem Abbild Gottes erschaffen; das bedeutet, dass er, wie sein Schöpfer, eine trinitarische Familie bildet: Vater, Mutter, Kind. Dies ist die wunderbare Naturordnung, in die sich der Mensch einordnen und in Gemeinschaft mit dem Schöpfer schöpferisch werden soll.

So enthüllt sich von der ersten Seite der Heiligen Schrift an das trinitarische Wesen Gottes und das des Menschen, des irdischen Abbildes des Liebesgottes und der Wohnung des dreieinigen Gottes.

## Gebet

Herr, niemals werde ich ganz begreifen können, wer ich wirklich bin. Schenke mir zumindest die Gnade, ohne Unterlass in diesem Begreifen zu wachsen, sowohl durch die Liebe, die ich zu dir empfinde, als auch durch meine Taten, die diese Liebe widerspiegeln sollen.

11.-12. Januar

# Und das Wort ward Fleisch

*«Und der Logos wurde Fleisch und wohnte unter uns, und wir schauten seine Herrlichkeit, eine Herrlichkeit als des Eingeborenen vom Vater, voll Gnade und Wahrheit.» (Joh 1,14)*

*«Das Evangelium, das er im Voraus verheißen hat durch seine Propheten in den Heiligen Schriften, von seinem Sohn — hervorgegangen aus Davids Geschlecht dem Fleisch nach.» (Röm 1,2-3)*

*«Was nämlich unmöglich war dem Gesetz, da es schwach war durch das Fleisch, das wirkte Gott: er sandte seinen Sohn in der Gestalt des sündigen Fleisches und um der Sünde willen und hat Gericht gehalten über die Sünde am Fleisch, damit erfüllt würde die Forderung des Gesetzes in uns.» (Röm 8,3-4)*

*«Aus ihnen [den Juden] stammt dem Fleisch nach Christus.» (Röm 9,4)*

*«Maria, von der geboren wurde Jesus, genannt Christus (Messias).» (Mt 1,16)*

★ ★ ★

Der Logos ist das Wort Gottes. Der Fleisch gewordene Logos ist der von der Jungfrau Maria geborene Gottessohn; er nimmt im Schoß seiner Mutter die fleischliche Menschennatur an, außer der Sünde; auch wird sein Fleisch nicht die Verwesung sehen. Im Fleisch hat der Menschensohn sich um der Sünde willen als Opfer hingegeben; das sündige Fleisch ist somit in seiner Würde wiederhergestellt. In ihm hat Jesus das Fleisch verherrlicht, derart, dass er seinen Jüngern sein Fleisch als Speise und sein Blut als Trank gab. Indem er den fleischlichen Leib annahm, hat Jesus sich mit dem «Sündenleib» (2 Kor 5,21) identifiziert, um die Sünde zu besiegen, indem er sie in der Gestalt des Fleisches selber verurteilte (Röm 8,3). Von nun an hat der Jünger das Fleisch in Christus gekreuzigt; er führt in seinem Sündenleib einen erbarmungslosen Kampf gegen die Sünde. Er ist sicher, in diesem Kampf den Sieg davonzutragen, indem er in Christus verwurzelt bleibt.

## Gebet

Ich danke dir, Herr Jesus, dass du im Schoß der Jungfrau Maria Fleisch angenommen hast und so unser Heil besiegelt hast, indem du über unser sündiges Fleisch dein Gesetz der Liebe herrschen lässt.

13.-14. Januar

# Jesus, Marias Sohn

*«Der Engel Gabriel wurde von Gott gesandt in eine Stadt Galiläas, mit Namen Nazaret, zu einer Jungfrau, die verlobt war mit einem Mann aus dem Hause Davids, namens Josef, und der Name der Jungfrau war Maria. Und er trat bei ihr ein und sprach: "Sei gegrüßt, Begnadete, der Herr ist mit dir... du hast Gnade gefunden bei Gott. Siehe, du wirst empfangen und einen Sohn gebären und seinen Namen Jesus nennen. Dieser wird groß sein und Sohn des Allerhöchsten genannt werden..." Maria sagte zum Engel: "Wie wird dies geschehen, da ich einen Mann nicht erkenne?" Der Engel antwortete ihr: "Heiliger Geist wird über dich kommen, und Kraft des Allerhöchsten wird dich überschatten; darum wird auch das Kind, das geboren wird, heilig, Sohn Gottes genannt werden."» (Lk 1,26-36)*

*Jesus sagt zur Mutter: «Frau, siehe, dein Sohn!» Darauf sagt er zum Jünger: «Siehe, deine Mutter!» Und von jener Stunde an nahm sie der Jünger zu sich. (Joh 19,26-27)*

★ ★ ★

Wer wird sich jemals vorstellen können, welchen Widerhall die Worte des Engels im Herzen der jungen galiläischen Jungfrau ausgelöst haben? Sie stellt eine einzige Frage, die deutlich werden lässt, dass sie sich entschlossen hat, Jungfrau zu bleiben, um allein dem Herrn zu gehören. Die unerhörte Antwort des Engels bewirkt ihre Zustimmung, die sie mit vor Freude und Verehrung glühendem Herzen gegeben haben muss. Von diesem Augenblick an ist die Menschheit gerettet, das neue Jerusalem wird auf die Erde herabsteigen können. Wunderbares hat der Herr an uns getan! Es bedurfte jedoch der Zustimmung einer demütigen Jungfrau aus Nazaret. Mit den Kleinen tut der Herr große Dinge. Maria ist dafür das klarste Beispiel. Und der Sohn, den sie empfängt, wird sie zur universellen Mutter machen, bevor er am Kreuz stirbt.

## Gebet

Wir preisen dich, Herr, dafür, dass du Maria erwählt hast, um der Welt den Heiland zu schenken. Wir danken dir, Herr Jesus, daß du uns den Schatz der zärtlichsten aller Mütter geschenkt hast.

15.-16. Januar

# Jesus, der Sohn des Zimmermanns

*«Als Jesus in seine Vaterstadt kam, lehrte er sie in ihrer Synagoge, so dass sie voll Verwunderung sprachen: "Woher hat er diese Weisheit und die Wunder? Ist er nicht des Zimmermanns Sohn? Heißt nicht seine Mutter Maria?"» (Mt 13,54-55)*

*«Siehe, da erschien ihm ein Engel des Herrn im Traum und sprach: "Josef, Sohn Davids, fürchte dich nicht, Maria, deine Frau, zu dir zu nehmen; denn, was in ihr gezeugt ist, stammt vom Heiligen Geist. Sie wird einen Sohn gebären; dem sollst du den Namen Jesus geben; denn er wird sein Volk erlösen von seinen Sünden."» (Mt 1,20-21)*

★ ★ ★

Die Rolle Josefs für Jesus ist bestimmend. Sie ist eine dreifache: als Nachkomme Davids sorgt Josef für die davidische Abstammung des Messias; sein Sorgen für die Familie gibt dieser ein dem Gesetz konformes rechtliches Statut, was in den Augen einer patriarchalen Gesellschaft wesentlich ist; außerdem ist er der Nährvater. Der Herr bestätigt diese Rolle, indem er Josef zusammen mit

Maria (Lk 1,31) die Vollmacht gibt, dem Kind einen Namen zu geben. Einen Namen vom Herrn.

Und dann ist Josef, auch ohne der biologische Vater Jesu zu sein, wahrhaft sein Vater. Ich habe dies persönlich begriffen, denn von unseren zehn Kindern sind zwei adoptiert. Für uns gibt es keinen Unterschied zwischen ihnen und den anderen. Wir lieben sie genauso. Wir haben uns mit ihnen gefreut, mit ihnen gelitten, wir haben ihr erstes Lächeln gepflückt, wir haben ihre Träume und Hoffnungen geteilt und die Freude ihres Gelingens. Wir sind wirklich Vater und Mutter dieser beiden Kinder. Genauso ist es mit Josef; als erster nach Maria drückt er den Säugling an sein Herz, dann führt er ihn durchs Leben bis zum Erwachsenenalter.[1]

## Gebet

Herr Jesus, der du deinen Nährvater so sehr geliebt hast, lass uns an dieser Liebe teilhaben.

---

1. Lesen Sie dazu: «Der heilige Joseph — Arzt der verletzten Seelen», Parvis-Verlag, 1998.

17.-18. Januar

# Du sollst ihm den Namen Jesus geben

*«Du sollst ihm den Namen Jesus geben; denn er wird sein Volk erlösen von seinen Sünden.»* (Mt 1,21)

*«Wo aber die Sünde sich mehrte, da strömte über die Gnade, damit, wie die Sünde herrschte durch den Tod, so auch die Gnade herrsche durch die Gerechtigkeit zu ewigem Leben durch Jesus Christus, unseren Herrn.»* (Röm 5,20-21)

*«Er starb aber für alle, damit die Lebenden nicht mehr sich selbst leben, sondern ihm, der für sie starb und für sie auferweckt wurde.»* (2 Kor 5,15)

*«Soweit ich jetzt noch lebe im Fleisch, lebe ich im Glauben an den Sohn Gottes, der mich liebte und sich hingab für mich.»* (Gal 2,20)

★ ★ ★

Der Engel des Herrn gebietet Josef, dem Kind, das die Jungfrau Maria trägt, den Namen «Jesus» zu geben, der bedeutet: «Gott rettet.» So wird Josef, obwohl er nicht der leibliche Vater ist, in die Autorität der Vaterschaft eingesetzt; dies erlaubt ihm, Jesus die davidische

Abstammung zu übertragen und ihm außerdem gegenüber der öffentlichen Meinung die Würde und Sicherheit eines Kindes zu geben, das in einer rechtmäßig konstituierten Familie geboren ist. Und dieses Kind hat einen vom Himmel gegebenen Namen, der sein Wesen ausdrückt, wie auch seinen Auftrag, der darin besteht, die Menschen für das ewige Leben zu retten.

Christ ist, wer auch immer den Namen Jesu anruft und durch ihn lebt, denn er ist von Jesus geliebt, der für ihn gestorben und auferstanden ist. Das Leben des Christen in Jesus ist ein freies Leben, befreit von der Verderbtheit der Welt (Gal 1,4), ein Leben ständigen Wachstums in der Gnade, die in Jesus in Überfülle wohnt.

## Gebet

Herr Jesus, deinen heiligen Namen will ich anrufen, wie man aus einer Quelle lebendigen Wassers trinkt. Durch deinen Namen bin ich vom Tode errettet, so wie der Dürstende in der Wüste durch das Wasser einer Quelle gerettet wird.

19.-20. Januar

# Die Propheten verheißen Jesus

*«Darum wird der Herr selbst euch ein Zeichen geben: Siehe, die Jungfrau wird empfangen und einen Sohn gebären und seinen Namen "Immanuel" (Gott mit uns) nennen.» (Jes 7,14)*

*«Du aber, Bethlehem in Ephrata, klein unter den Gauen Judas — aus dir soll mir einer hervorgehen, um Herrscher in Israel zu sein.» (Mi 5,1)*

*«Wie über ihn viele erschauerten — so unmenschlich entstellt sah er aus, und seine Gestalt war nicht mehr wie die der Menschen! ... Jedoch, unsere Krankheiten trug er, unsere Schmerzen lud er sich auf... Und doch wurde er durchbohrt für unsere Frevel, zerschlagen wegen unserer Missetaten... durch seine Wunde ward uns Heilung zuteil.» (Jes 52,14; 53,4-5)*

*«Man nennt ihn Wunderrat, Gottheld, Ewigvater, Friedensfürst.» (Jes 9,5)*

★ ★ ★

Im Alten Bund haben mehrere Propheten den Messias mit erstaunlichen Details verheißen. Sechs Jahrhunderte vor seiner Geburt hat insbesondere Jesaja durch den leidenden Gottesknecht mit dem durchbohrten Herzen das überwältigende Mysterium der göttlichen Liebe offenbart. In Jesus, in Bethlehem von der Jungfrau Maria geboren, enthüllt Gott sein Antlitz: Er ist «ein barmherziger, gnädiger Gott, langmütig und reich an Huld» (Ps 86,15).

## Gebet

Herr, drücke dein Antlitz wie ein Siegel auf mein Herz, auf dass es für dich allein schlage, und dass ich allein durch dich lebe.

21.-22. Januar

# Johannes der Täufer, Vorläufer Jesu

*«In jenen Tagen trat Johannes der Täufer auf, predigte in der Wüste von Judäa und sprach: "Bekehrt euch, denn genaht hat sich das Reich des Himmels." Dieser nämlich ist es, von dem durch den Propheten Jesaja gesagt ist: "Eine Stimme ruft in der Wüste: Bereitet den Weg des Herrn; macht ihm zurecht seine Straßen."» (Mt 3,1-3)*

*«Johannes trug ein Kleid aus Kamelhaaren und einen ledernen Gürtel um seine Lende (2 Kön 1,8) und nährte sich von Heuschrecken und wildem Honig. Und er verkündete: "Nach mir kommt einer, der stärker ist als ich; ich bin nicht würdig, mich zu bücken und die Riemen seiner Schuhe zu lösen. Ich taufe euch mit Wasser, er aber wird euch taufen mit Heiligem Geist."» (Mk 1,6-8)*

*«Das ist zu Betanien geschehen, jenseits des Jordan, wo Johannes war und taufte.» (Joh 1,28)*

★ ★ ★

Mit Johannes dem Täufer geht die Herrschaft des Gesetzes und der Propheten zu Ende; mit ihm begann die definitive Ära des Evangeliums (Mk 1,1-4), die Verkündigung des Gottesreiches. Johannes der Täufer ist der

Vorläufer, der *«kam zum Zeugnis»* (Joh 1,7), wie Jesaja verheißen hatte, und ebenfalls kam, *«dass er zeuge von dem Licht, damit alle zum Glauben kämen durch ihn»* (Joh 1,7-8). *«Das wahre Licht, das jeden Menschen erleuchtet»* (Joh 1,9), wird Jesus sein, der Sohn Marias, empfangen durch den Heiligen Geist, das Wort Gottes, *«das Lamm Gottes, das hinwegnimmt die Sünde der Welt»* (Joh 1,29). In Jesus wird das Himmelreich auf der Erde Wirklichkeit. Johannes der Täufer ist *«mehr noch als ein Prophet»*, *«unter den vom Weib Geborenen ist kein Größerer aufgestanden als Johannes der Täufer»*, sagt Jesus (Mt 11,10-11). Zwischen der Welt, die der Täufer beschließt und dem in Jesus verwirklichten Reich besteht ein derartiger Unterschied, dass *«der Kleinste im Himmelreich größer ist als Johannes der Täufer»* (Mt 11,11). Johannes beschließt die Ära des Alten Gesetzes. Das durch Jesus eröffnete Himmelreich verleiht demjenigen, der in es eingeht, eine größere Würde als die durch das Gesetz bewirkte. Johannes war sich dessen völlig bewusst; über Jesus sagt er: *«Er muss wachsen, ich aber abnehmen»* (Joh 3,30). Von Freude über das Kommen des Messias erfüllt, tritt Johannes ganz in den Hintergrund (Joh 3,27); er forderte seine eigenen Jünger dazu auf, Jesus nachzufolgen (Joh 1,35).

## Gebet

Herr, gewähre mir die Demut, ganz in den Hintergrund zu treten gegenüber Dem, der mehr Durchblick und Überzeugungskraft hat als ich. In jeder Situation möchte ich nach deinem Vorbild *«sanft und von Herzen demütig»* sein.

23.-24. Januar

# Messiasvision: ein Menschensohn

*«Ich schaute in den Nachtgesichten, und siehe, mit den Wolken des Himmels kam einer, der aussah wie ein Menschensohn... Ihm verlieh man Herrschaft, Würde und Königtum; alle Völker, Stämme und Sprachen dienten ihm. Seine Herrschaft ist eine ewige, unvergängliche Herrschaft, sein Königtum wird nie zerstört.» (Dan 7,13-14)*

★ ★ ★

Die Messiasvision des Propheten Daniel aus dem 6. Jahrhundert vor Christus ist für die christliche Offenbarung von großer Bedeutung. Der «Menschensohn» der Vision ist der Messias, Gott, der das Menschsein annimmt, indem er von der Jungfrau Maria geboren wird; er verleiht dadurch diesem Stand eine unendliche Würde. Jesus liebt den Ausdruck «Menschensohn»; er benutzt ihn hundertmal im Evangelium: *«Der Menschensohn ist gekommen zu retten, was verloren war»* (Mt 18,11). Er vergibt die Sünden, schenkt sich als Nahrung, Quelle des ewigen Lebens. Er wird wiederkommen am Ende der Zeiten. Mit seiner Herrschaft beginnt das Reich Gottes auf Erden. Und dieses Reich hat im Schoß der Jungfrau Maria begonnen!

## Gebet

Herr Jesus, aus der Jungfrau Maria geboren, dein messianisches Reich erstrahle vor den Augen aller Völker der Erde, angefangen bei derjenigen, aus der du hervorgegangen bist.

25.-26. Januar

# Jesus, ein Licht zu erleuchten die Heiden

*«Und siehe, da war ein Mann zu Jerusalem, mit Namen Simeon, und dieser Mann war gerecht und gottesfürchtig, wartete auf den Trost Israels, und der Heilige Geist war auf ihm... er nahm das Kind Jesus in seine Arme, pries Gott und sprach: "Meine Augen schauten dein Heil... ein Licht zur Offenbarung für die Heiden."» (Lk 2,25-32)*

*«Das Wort ist das wahre Licht, das jeden Menschen erleuchtet, der in die Welt kommt.» (Joh 1,9)*

*«Jesus sagte zu ihnen: "Ich bin das Licht der Welt; wer mir nachfolgt, wird nicht im Finstern gehen, sondern das Licht des Lebens haben."» (Joh 8,12)*

*«Glaubt an das Licht, damit ihr Söhne des Lichtes werdet.» (Joh 12,36)*

*«Ihr seid das Licht der Welt.» (Mt 5,14)*

★ ★ ★

So, wie das physische Licht das Lebensprinzip des Leibes ist, so ist das Licht Jesu das Lebensprinzip und die Nahrung des Seelenlebens.

Der Prophet Jesaja hat das Licht des Messias vorausgesagt: *«Das Volk, das in Finsternis wandelt, erschaut ein gewaltiges Licht»* (9,1). Der Prophet Simeon hat es den Völkern verheißen, als er das Jesuskind sah, das im Tempel dargestellt wurde, um dem Herrn geweiht zu werden. Und Jesus bestätigt, dass er das «Licht der Welt» ist. Wir, seine Jünger, haben den Auftrag, das Licht Christi auf die Welt hin zu reflektieren, indem wir selber auch *«Licht der Welt»* (Mt 5,14) werden. Welch anspruchsvoller und begeisternder Auftrag!

## Gebet

Herr Jesus, heilige deine Kirche, um aus deinen Jüngern einen Widerschein deines Lichtes zu machen und diese Welt der Finsternis zu erhellen.

27.-28. Januar

# Jesus sehen und an ihn glauben

*«Das aber ist der Wille dessen, der mich sandte, dass ich von allen, die er mir gab, keinen verloren gehen lasse, sondern sie auferwecke am Jüngsten Tag. Denn das ist der Wille meines Vaters, dass jeder, der den Sohn sieht und an ihn glaubt, ewiges Leben habe und dass ich ihn auferwecke am Jüngsten Tag.»* (Joh 6,39-40)

*«Jesus sagte (zu dem Blindgeborenen, den er geheilt hatte): "Glaubst du an den Menschensohn?" Er antwortete: "Wer ist es, Herr, dass ich an ihn glaube?" Jesus sagte zu ihm: "Du hast ihn doch gesehen; der mit dir redet, der ist es." Er sagte: "Ich glaube, Herr", und er fiel vor ihm nieder.»* (Joh 9,35-38)

★ ★ ★

Im Johannesevangelium kehrt mehrfach das Begriffspaar «sehen» und «glauben» wieder, wie auch das Paar «kommen» und «sehen». Jesus zu sehen bedeutet für jede von Vorurteilen freie Seele, von der unerhörten Sanftheit angezogen zu werden, die von seiner Person ausgeht, bedeutet, ihn am Werk zu sehen, wie er Kranke heilt, niemals gehörte Worte spricht, Worte des Lebens. Jesus so zu sehen bedeutet, an ihn zu glauben, wie er sich darstellt, als Menschensohn und Gottessohn, eins mit dem himmlischen Vater, gekommen, um die Menschen zu retten und sie wieder in ihre Würde als Kinder Gottes einzusetzen. Vor allem, um die Sünder zu retten.

Jesus zu sehen bedeutet auch, zu lernen, so wie Jesus zu sehen; meinen Nächsten mit den Augen Jesu zu sehen — jeder Mensch ist mein Nächster —, sodass mein Herz beginnt, im Einklang mit dem Herzen Jesu zu schlagen. Dann bewirkt der Glaube an ihn das Werk der göttlichen Verklärung unseres Lebens.

## Gebet

Herr Jesus, lehre mich, so auf dich zu blicken, dass sich mein Blick nach und nach in deinen eigenen Blick auf meinen Nächsten verwandelt, wer er auch sein mag, und so mein Fortschreiten auf dem Weg der Heiligung beschleunigt.

29.-30. Januar

# Jesus verkündigt das Reich Gottes

*«Genaht hat sich das Reich Gottes.»* *(Mk 1,14)*

*«Das Reich Gottes ist zu euch gekommen.»* *(Lk 11,20)*

*«Euch ist das Geheimnis des Gottesreiches gegeben; denen aber, die draußen sind, wird alles in Gleichnissen zuteil.»* *(Mk 4,11)*

*«Sucht vielmehr sein Reich, und dies wird euch dazugegeben werden. Fürchte dich nicht, du kleine Herde! Denn es hat eurem Vater gefallen, euch das Reich zu geben.»* *(Lk 12,31-32)*

★ ★ ★

Man tritt ein in das Himmelreich — oder das Gottesreich —, indem man von ganzem Herzen auf die Worte des Sohnes Gottes hört, und indem man diese Worte im konkreten Lebensalltag in die Tat umsetzt. Jesus hat seine Nähe verheißen, denn durch seinen Mund spricht Gott zu den Menschen und nicht mehr durch die Vermittlung eines Propheten. Für die Apostel und die Jünger ist das Reich nicht länger nur «nahe», es ist «gekommen»; in der

Tat hören sie seine Verkündigung durch den Messias und machen ihn zu dem Angelpunkt, der von nun an ihr Leben bestimmen wird. Dies ist das «Geheimnis» des Reiches.

Das Reich, oder die Herrschaft Gottes auf Erden, wird in dem Maße aufgerichtet, als die Menschen, Abbilder Gottes, das Doppelgebot der Liebe umsetzen, welches das Gesetz und die Propheten zusammenfasst: Gott lieben und seinen Nächsten lieben, sei er Freund oder Feind. Und die Gottesherrschaft verbreitet sich auf der Erde mit der Hingabe der Jünger Jesu, deren Seelen befruchtet werden und deren Herzen entflammen von der Frohen Botschaft.

## Gebet

Herr Jesus, der tägliche Kampf zur Erlangung der Gottesherrschaft über mein Leben möge mir dazu helfen, meinen bescheidenen Beitrag zu leisten zur Erbauung des Reiches in der Welt, um so deine Wiederkehr in Herrlichkeit zu beschleunigen.

31. Januar-1. Februar

# Offenbarung des wahren Gottes in Jesus Christus

*«Denn der Gott, der befahl, dass aus der Finsternis Licht aufstrahle, ließ auch in unseren Herzen ein Licht erstrahlen, dass es leuchte zur Erkenntnis der Herrlichkeit auf dem Antlitz Christi.» (2 Kor 4,6)*

*«Ich bin der Weg und die Wahrheit und das Leben; niemand kommt zum Vater außer durch mich. Hättet ihr mich erkannt, würdet ihr auch meinen Vater erkennen… Wer mich sah, hat den Vater gesehen.» (Joh 14,6…9)*

*«Jesus ließ sich von Johannes im Jordan taufen. Als er gerade aus dem Wasser heraufstieg, sah er den Himmel sich öffnen und den Geist wie eine Taube auf sich herabkommen. Und eine Stimme kam vom Himmel: "Du bist mein geliebter Sohn, an dir habe ich Wohlgefallen."» (Mk 1,9-11)*

*«Alles ist mir übergeben von meinem Vater. Niemand erkennt, wer der Sohn ist, als der Vater, und niemand, wer der Vater ist, als der Sohn, und wem der Sohn es offenbaren will.» (Lk 10,22)*

★ ★ ★

Auf dem Antlitz Jesu erstrahlt die Herrlichkeit Gottes, wie es bei der Verklärung auf dem Berg Tabor der Fall war. Jedes Wort, das aus seinem Mund hervorgeht, ist Gotteswort, denn Jesus ist eins mit dem Vater (Joh 10,30). Er allein kennt den Vater; er enthüllt diese Erkenntnis seinen Jüngern; so sehen sie, wenn sie den Sohn sehen, den Vater. Und sie entdecken, dass sie Kinder dieses Gottes sind, der auch *ihr* Vater ist. Und der sie so liebt, dass die Früchte, die sie bringen, zur Verherrlichung des Vaters dienen (Joh 15,8). Indem er im Sohn bleibt, bringt der Jünger viel Frucht. Und wer im Sohn bleibt, bleibt auch im Vater (1 Joh 2,24). Da Gott Geist ist, existiert der im Vater bleibende Jünger in seiner unverwechselbaren Einzigartigkeit, da Gott ihm die Existenz schenkt. Durch Gott ist der Jünger in jedem Augenblick und ewig Kraft des Lebens und der Geimeinschaft. Und das durch Christus in ihm.

## Gebet

Ich danke dir, Herr Jesus, den ich liebe, dass du mir den Vater offenbart hast; in mir habt ihr Wohnung genommen (Joh 14,2-3). Möge ich auf immer dessen würdig bleiben!

2.-3. Februar

# Die in Jesus verwirklichte Hoffnung Israels

*«Geliebte, jetzt sind wir Kinder Gottes; aber noch ist es nicht offenbar, was wir sein werden. Wir wissen: Wenn er sich offenbaren wird, werden wir ihm ähnlich sein; denn wir werden ihn schauen, wie er ist.» (1 Joh 3,2)*

*«Jahwe sprach zur Schlange: "Feindschaft will ich stiften zwischen dir und der Frau, zwischen deinem Samen und ihrem Samen; er wird dir den Kopf zertreten, und du wirst nach seiner Ferse schnappen."» (Gen 3,15)*

*«So spricht der Gott Israels: "Ich weiß wohl, welcher Art meine Gedanken über euch sind — Spruch des Herrn —, Gedanken des Heils und nicht des Unheils, um euch eine hoffnungsvolle Zukunft zu gewähren."» (Jer 29,11)*

*«Jesus begann seine Botschaft zu verkündigen: "Bekehrt euch, denn genaht hat sich das Reich des Himmels."» (Mt 4,17)*

*«[Seid] in der Hoffnung fröhlich, in der Drangsal geduldig, im Beten beharrlich.» (Röm 12,12)*

Verwurzelt in der Bibel, dem Wort Gottes, schenkt die Hoffnung die Gewissheit einer Zukunft ewigen Glückes bei Gott, in welcher der Mensch als *«Abbild Gottes»* ein getreuer Widerschein Gottes sein wird. Israel lebte in dieser Hoffnung, solange es die Treue bewahrte; es verriet sie jedes Mal, wenn es sich dem Götzendienst überließ. Ohne Treue kein Heil. Nach jedem Verrat bekehrt sich Israel und kehrt zur Hoffnung zurück, manchmal um den Preis des «Tags des Zornes» des Herrn, wie der Deportation nach Babylon.

In Jesus erfüllt sich die Hoffnung Israels auf endgültige Weise. *«Die Gottesherrschaft ist da»*, so verkündigt Christus von Anbeginn seiner Wirksamkeit! Diese Herrschaft ist nicht zeitlich, wie es das jüdische Volk erhoffte. Um zu ihr zu gelangen, muss man sich bekehren und auch das Leiden für den Namen Jesu annehmen und manchmal sogar das Martyrium. Die Hoffnung auf Jesus ist auf das ewige Leben ausgerichtet, nach der großen, aber kurzen Prüfung, durch die ein jeder auf Erden gehen muss. Für alle Völker eröffnet Christus diese Hoffnung. Die Kirche als Leib Christi ist die Trägerin dieser universellen Hoffnung.

## Gebet

Herr Jesus, in dich habe ich meinen Glauben und meine Hoffnung gelegt. Mögen sie in deiner Freude und deinem Frieden erstrahlen!

4.-5. Februar

# «Preise, meine Seele, den Herrn!»

## (Ps 103[102],1)

*«Am Tage, da Gott den Adam schuf, formte er ihn nach Gottes Ebenbild. Als Mann und Frau schuf er sie; er segnete sie.» (Gen 5,1-2)*

*«Der Engel Jahwes rief Abraham zu: "Ich schwöre bei mir selbst, so ist des Herrn Ausspruch, weil du dies getan hast und deinen einzigen Sohn mir nicht vorenthalten hast, will ich dich segnen mit reichem Segen und will deine Nachkommen überaus zahlreich machen wie die Himmelssterne."» (Gen 22,15-17)*

*«Du segnest den Gerechten, Herr.» (Ps 5,13)*

*«Gebenedeit bist du unter den Frauen, und gebenedeit ist die Frucht deines Leibes!» (Lk 1,42)*

*«Preisen will ich den Herrn zu jeder Zeit.» (Ps 34[33],2)*

*«Ich preise dich, Vater, Herr des Himmels und der Erde.» (Mt 11,25)*

*«Jesus sprach den Segen über die Brote und die zwei Fische.» (Lk 9,16)*

*«Dann erhob er seine Hände und segnete sie.» (Lk 24,50)*

Das Wesen des Segens besteht darin, Gutes zu bewirken. Sofort nach seiner Erschaffung segnet Gott das erste Paar. Während der ganzen Heilsgeschichte hört er nicht auf zu segnen. Der Höhepunkt seines Segens ist die Sendung seines einzigen Sohnes, um die Menschen freizukaufen, die aufgrund der Sünde unter dem Fluch gebeugt sind. Ein besonderer Segen wird der Mutter zuteil, in deren Schoß dieser Sohn Fleisch annimmt. Jesus hat nicht aufgehört zu segnen; er hat seine Apostel, die Kinder, die Kranken und die Menge gesegnet; er hat auch die Speise gesegnet, die Fische und das Brot, die Gaben Gottes.

Ebenso sind wir dazu gerufen, nach dem Vorbild des Herrn ohne Unterlass zu segnen, denn wir sind die *«Gesegneten des Vaters»* (Mt 25,34): Den Herrn ohne Unterlass segnen, bzw. preisen;[2] die Opfergaben für Gott segnen, wie auch seine Gaben an uns. Die segnen, die wir lieben, sowie alle die, denen wir Gutes wünschen. Auf Geheiß Jesu ebenfalls die segnen, die uns verfluchen und uns übel wollen. Wie Gott, so ist auch der Jünger Jesu jemand, der viel segnet. Der Segen beschleunigt die Ankunft des Himmelreiches.

## Gebet

Herr, mache aus mir, deinem Knecht und Freund, jemanden, der allezeit die Menschen, die Welt und die Schöpfung segnet.

---

2. Für das Preisen Gottes wird ebenfalls das hebräische Wort für *segnen* verwandt (wörtlich: *«Segne», meine Seele, den Herrn*).

6.-7. Februar

# Jesus, die solide Grundlage des Glaubens

*«Doch der feste Gottesgrund hält stand.»* (2 Tim 2,19)

*«Abraham "wartete auf die festgegründete Stadt, deren Baumeister und Schöpfer Gott ist."»* (Hebr 11,10)

*«Der Gerechte jedoch steht auf ewigem Grund.»* (Spr 10,25)

*«Denn einen anderen Grund kann niemand legen als den, der gelegt ist, das ist Jesus Christus.»* (1 Kor 3,11)

★ ★ ★

Im Alten Testament ist der Glaube die verstandesmäßige Anbindung an das göttliche Gesetz, das solide, unerschütterlich und wahr ist. Jesaja unterstreicht am intensivsten den Ort des Glaubens im Herzen des Bewusstseins und des Lebens.

Im Neuen Bund ist Jesus das Alpha und Omega des Glaubens; er bleibt auf ewig seine Grundlage. An Jesus zu glauben bedeutet eine völlige Bindung an seine Person, an seine göttliche und menschliche Natur; so versichert man sich des Heils. Der Glaube an Jesus ermöglicht es,

Wunder zu vollbringen, denn *«alles ist möglich dem, der glaubt»* (Mk 9,23). Indem er aus freiem Antrieb seinen Glauben ganz auf Jesus gründet, lässt sich der Gläubige vom Heiligen Geist leiten; er erwartet die Verwirklichung der ewigen Seligkeit, deren er durch die Gnade gewiss ist. Der Glaube an Jesus schenkt das Leben; er ist zugänglich für jeden, der aus Gott ist, und unzugänglich für die, die von dieser Welt sind. Der Glaube ist jedoch zerbrechlich und muss unablässig durch das Gebet, die Sakramente und die Gottes- und Nächstenliebe genährt werden und täglich durch das Wort Gottes.

## Gebet

Ich danke dir, Herr Jesus, dass du mich auserwählt hast und die Grundlage meines Glaubens bist. So lebe ich in der Gewissheit der ewigen Seligkeit, dieses Schatzes von auf der Welt unschätzbarem Wert.

8.-9. Februar

# Einen unerschütterlichen Glauben an Jesus bewahren

*«Ich bin das Licht der Welt; wer mir nachfolgt, wird nicht im Finstern gehen, sondern das Licht des Lebens haben.» (Joh 8,12)*

*«Wahrlich, ich sage euch: Wenn ihr Glauben habt und nicht zweifelt, so werdet ihr nicht nur das tun, was mit dem Feigenbaum geschah, sondern wenn ihr zu diesem Berg sagt: Heb dich hinweg und stürz dich ins Meer! so wird es geschehen. Und alles, was ihr glaubensvoll im Gebet erfleht, werdet ihr empfangen.» (Mt 21,21-22)*

*«Glaube an den Herrn Jesus, und du wirst gerettet werden.» (Apg 16,31)*

*«Herr, zu wem sollen wir gehen? Du hast Worte ewigen Lebens! Wir haben geglaubt und erkannt, dass du der Heilige Gottes bist.» (Joh 6,68-69)*

★ ★ ★

Die hebräische Wurzel des Wortes «Glauben» bezeichnet das, was sicher und solide ist und dessen man gewiss sein kann. Abraham steht am Ausgangspunkt des Glaubens als Gewissheit.

Jesus fordert den Glauben; dieser ermöglicht es, das Heil zu erlangen. Er erlaubt ebenfalls, außergewöhnliche Dinge, Wunder, zu tun. Er macht aus den Gläubigen Kinder Gottes. Der Glaube ist nur möglich bei denen, die aus Gott sind, deren Taten das Evangelium spiegeln; diejenigen hingegen, die von dieser Welt sind, sind unzugänglich für den Glauben. Der Glaube findet seinen wahrhaftigen, konkreten Ausdruck in der Nächstenliebe (1 Joh 3,23). Dann kann man sich mit Gewissheit an den Vater wenden.

Wer einmal Jesus entdeckt hat und in seine Frohe Botschaft eingedrungen ist, der kann nicht länger anderswo nach dem Weg, der Wahrheit und dem Leben suchen. Jesus allein verteilt diese Schätze, ohne die das Leben jeden Sinn verliert.

## Gebet

Herr Jesus, Quelle des Lebens und Licht der Welt, ich danke dir für den unerschütterlichen Glauben an dich, der mich in deiner Freude und deinem Frieden leben lässt.

10.-11. Februar

# Jesus, Quelle der Freude

*«Der Engel trat bei ihr ein und sagte: "Freue dich, Maria."»* (Lk 1,28)

*«Der Engel aber sagte [zu den Hirten]: "Fürchtet euch nicht! Denn seht, ich verkünde euch eine große Freude, die dem ganzen Volk zuteil werden soll: Euch wurde heute in der Stadt Davids ein Retter geboren, der ist Messias und Herr."»* (Lk 2,10-11)

*«Ohne ihn gesehen zu haben, liebt ihr ihn; ohne ihn jetzt zu schauen, glaubt ihr an ihn; in unsagbarer und strahlender Freude werdet ihr frohlocken.»* (1 Pe 1,8)

*«Dies habe ich zu euch gesagt, damit meine Freude in euch sei und eure Freude vollkommen werde.»* (Joh 15,11)

*«Eure Freude wird niemand von euch nehmen.»* (Joh 16,22)

★ ★ ★

Die Messiasverheißung ist für die Jungfrau Maria Quelle unsagbarer Freude. Mit dem Wort «Freue dich» beginnt der neue und ewige Bund. Und das messianische Zeitalter wird mit der Hochzeit des Lammes schließen, bei der eine gewaltige Menge rufen wird: «Lasst uns freudig sein und frohlocken…» (Offb 19,6-7)

Jesus ist die Quelle unserer Freude; sie ist Fülle des Seins, eine Gabe des Heiligen Geistes; die Freude Jesu ist es, die die Herzen seiner Jünger erfüllt. Und diese von jenseits unserer selbst kommende Freude ist vollkommen und endgültig, selbst in Zeiten der Prüfung und des Leidens: «Ich bin überreich an Freude bei all unserer Drangsal» (2 Kor 7,4). Diese Freude Christi ist in der Welt unbekannt; in ihr strebt man nach vergänglichen Freuden, die das Herz nicht erfüllen können, wie es die messianische Freude tut; allein sie ist vollkommen und dauerhaft.

## Gebet

Gewähre mir, Herr, deine Freude; sie entzünde mein Leben und sei das Zeichen, an dem man erkennt, dass ich dein Jünger bin.

12.-13. Februar

# Sanftmut Gottes – Sanftheit des Menschen

*«Lernt von mir; denn ich bin gütig und bescheiden in meinem Herzen.»* *(Mt 11,29)*

*«Selig die Machtlosen*[3]*, denn sie werden das Land erben.»* *(Mt 5,5)*

*«Kostet und sehet, wie gut der Herr ist! Selig der Mann, der auf ihn vertraut!»* *(Ps 34[33],9)*

*«Die Entscheidungen des Herrn sind wahr, sind alle gerecht… süßer als Honig und Wabenhonig.»* *(Ps 19[18],10-11)*

*«Im Schatten meines Geliebten zu sitzen, ist mein Begehr, und seine Frucht schmeckt süß meinem Gaumen.»* *(Hld 2,3)*

*«Neige dem Bedürftigen dein Ohr, und gib ihm freundlich Antwort auf den Gruß!»* *(Sir 4,8)*

★ ★ ★

---

3. Der hebräische Ausdruck kann auch als «die Sanftmütigen, Gütigen, Demütigen, die keine Gewalt anwenden» übersetzt werden. Diese Sanftmut, bzw. Sanftheit kommt ebenso in den Begriffen «gütig, bescheiden, süß, freundlich, gut…» zum Ausdruck, die auf diesen Seiten benutzt werden.

Jesus als Abbild des Vaters ist gekennzeichnet durch die Sanftmut und durch die Demut, welche die Frucht der Sanftmut ist. Die Sanftheit ist ein angenehmer Charakterzug, frei von jeder Rauheit macht sie jede Spannung unmöglich. Die Sanftmut entspringt einem von Liebe bewegten Herzen wie kristallklares Wasser aus einer unerschöpflichen Quelle.

Die Sanftheit Gottes, Widerschein seiner Güte, hat den süßen Geschmack des Honigs, wenn man sie vollständig entdeckt hat und man seinen Willen, seine von der Liebe diktierten Gebote zutiefst verinnerlicht hat, denn «das Joch des Herrn ist leicht zu tragen» (Mt 11,30). Jesus hat die Sanftmut unter die Seligpreisungen eingeordnet. Die Sanftmütigen werden die Erde erben, denn angefangen bei ihnen wird die Gottesherrschaft nach und nach auf der Erde errichtet. Die Sanftheit erlangt man nicht durch eine Willensanstrengung, sie ist die vom Heiligen Geist aus Gnade erhaltene Frucht. Man muss sie mit Nachdruck erflehen. Die Sanftmut, diese «verborgene, aber göttliche Wirklichkeit» (1 Pe 3,4) bewirkt Frieden im Heim, innerhalb jeder Gruppe von Menschen — sie ist Gegenwart der Weisheit von oben hier auf Erden.

## Gebet

Ich sehne mich danach, Herr Jesus, deine Sanftheit widerzuspiegeln. Dies gelingt mir nur sehr unvollkommen. Gewähre mir die Gnade, Tag für Tag Fortschritte dabei zu machen.

14.-15. Februar

# Der «Wohlgeruch Christi»

*«Denn Christi Wohlgeruch sind wir vor Gott.»*
*(2 Kor 2,15)*

*«Der Herr befahl Moses: "Nimm dir Duftkräuter edelster Sorte... Hieraus stelle ein heiliges Salböl her."» (Ex 30,22...25)*

*«Seid also Nachahmer Gottes als seine geliebten Kinder, und lebt die Liebe, wie auch Christus euch liebte und sich hingab für uns als Gabe und Opfer, Gott zum Wohlgeruch. Von Unzucht aber und jeder Art von Unlauterkeit oder Gier werde nicht einmal geredet unter euch, wie es Heiligen geziemt.»*
*(Eph 5,1-3)*

*«Denn vom Aufgang der Sonne bis zu ihrem Untergang ist mein Name groß unter den Völkern, und an jedem Ort wird meinem Namen Rauchopfer dargebracht..., spricht der Herr der Heerscharen.»*
*(Mal 1,11)*

*«Die Magier gingen in das Haus, sahen das Kind mit Maria, seiner Mutter, fielen nieder und huldigten ihm. Sie nahmen auch ihre Schätze heraus und brachten ihm Geschenke dar: Gold, Weihrauch und Myrrhe.»*
*(Mt 2,11)*

In der hebräischen Liturgie symbolisierte der Duft die Opfergabe und den Lobpreis; in ihrem sozialen Leben drückte er die Freude aus oder zeigte die Vertrautheit der Menschen. Das Haupt des Gastes zu salben bedeutete, der Freude des Empfangens Ausdruck zu verleihen. Der Gatte des Hohenliedes nennt seine Geliebte *«mein Balsam, meine Myrrhe»* (Hld 5,1).

Christus hat sich dem Vater als «Opfergabe zum Wohlgeruch» dargebracht, das bedeutet, sein Leben hat sich als Liebesopfer verzehrt. Ebenso ist der Jünger Jesu, der bei der Taufe mit dem Chrisam, einem mit Balsam vermischten Öl, gesalbt wurde, dazu berufen, in der Nachfolge Jesu Christi überall «den Wohlgeruch Christi» (2 Kor 2,14) zu verbreiten, indem er alle seine Taten und sein Verhalten vom Geist der Hingabe und der Liebe prägen lässt, der sein Leben auszeichnet.

## Gebet

Herr, gleich dem zum Gewölbe aufsteigenden Weihrauch möge auch der Duft meines Lebens sich ohne Unterlass erheben zu dir, dem ich mit Leib und Seele gehöre.

16.-17. Februar

# Das Leben in Jesus, dem Christus

*«Allen aber, die ihn aufnahmen, gab er die Vollmacht, Kinder Gottes zu werden, denen, die an seinen Namen glauben… sind aus Gott geboren.»* (Joh 1,12-13)

*«Seid also Nachahmer Gottes als seine geliebten Kinder, und wandelt in Liebe, wie auch Christus euch liebte und sich hingab für uns als "Gabe und Opfer", Gott zum lieblichen Wohlgeruch.»* (Eph 5,1-2)

*«Mit gleicher Liebe, aus gleichgestimmter Seele auf das eine bedacht… Diese Gesinnung erfülle euch in Jesus Christus: Er, der in Gottes Gestalt war… entsagte seiner selbst… erniedrigte sich selbst… darum erhöhte ihn Gott so hoch.»* (Phil 2,2…9)

★ ★ ★

Leben in Jesus bedeutet, aus Gott geboren zu sein und so zu einem Gotteskind zu werden. Es bedeutet, unter Jüngern in gegenseitiger Liebe zu leben und diese göttliche Liebe allen Menschen zu bezeugen, seien sie Christen oder nicht. Es bedeutet, in Jesu Schule zu gehen, der *«gütig und bescheiden in seinem Herzen»* ist (Mt 11,29), um so zu einem «anderen Christus» zu werden,

Tempel des Heiligen Geistes. Dann schließen sich die Wunden der Sünde und heilen, und der Geist Jesu erleuchtet und stärkt uns, damit wir als *«Kinder des Lichts»* (Eph 4,23) leben, in *«Güte, Gerechtigkeit und Wahrheit»* in allen Dingen (Eph 5,9). Die Jünger befinden sich so auf dem Weg, der *«zum Leben führt»*, im Gegensatz zu den Kindern dieser Welt, die auf einem Weg sind, der *«ins Verderben führt»* (Mt 7,13); Leben in Jesus bedeutet, ständig im Gesichtskreis Abbas, unseres geliebten Vaters, zu leben, der *«im Verborgenen sieht»* (Mt 6,6). Derart wird man nach und nach vollkommen wie er (Mt 5,47).

## Gebet

Du, unser Vater, lass uns deinen eingeborenen Sohn anziehen, der «gütig und bescheiden in seinem Herzen» ist — zu unserer Freude, unserem Frieden und unserem Glück.

18.-19. Februar

# Wiedergeburt in Jesus

*«Wenn einer nicht geboren wird aus Wasser und Geist, kann er nicht eingehen in das Reich Gottes. Was geboren ist aus dem Fleisch, ist Fleisch, und was geboren ist aus dem Geist, ist Geist.» (Joh 3,5-6)*

*«Gepriesen sei der Gott und Vater unseres Herrn Jesus Christus, der uns nach seinem reichen Erbarmen von neuem geboren werden ließ zu einer lebendigen Hoffnung durch die Auferstehung Jesu Christi von den Toten, für ein unvergängliches... Erbe, das für euch aufbewahrt ist im Himmel.» (1 Pe 1,3-4)*

*«Wir alle, die wir getauft wurden auf Christus Jesus, sind auf seinen Tod getauft. Mitbegraben wurden wir also mit ihm durch die Taufe auf seinen Tod, damit, wie Christus auferweckt wurde von den Toten durch die Herrlichkeit des Vaters, so auch wir den Weg des neuen Lebens gehen.» (Röm 6,3-4)*

★ ★ ★

Das Fleisch ist der Sünde unterworfen, es ist schwach. Vereint mit Christus stehen alle Christen unter der Herrschaft der Gnade, sie sind nicht mehr Sklaven des Fleisches. Denn Gott hat das Fleisch nicht verachtet, sondern hat es vielmehr erhöht, denn *«der Logos wurde Fleisch»* (Joh 1,14).

Als höchste Offenbarung des Mysteriums Jesu lässt seine Auferstehung ihn in der Herrlichkeit des Herrn erstrahlen; im auferstandenen Christus werden wir wiedergeboren, nachdem wir auf seinen Tod getauft wurden. Durch das Wasser der Taufe sind wir mit dem Auferstandenen vereint; wir haben durch den Geist an seinem Leben Anteil. Von nun an empfängt unser ganzes Leben, hier auf der Erde und im Jenseits, seine Ausrichtung durch dieses Licht der Auferstehung Jesu. Es ist gekennzeichnet von der lebendigen Hoffnung in dieser Welt, in der sie zur Quelle des Friedens, der Freude und des Glücks wird; und im Jenseits wird es uns in das Erbe einer «Wonne für immer» (Ps 16[15],11) eintreten lassen.

## Gebet

Herr Jesus, auferstanden von den Toten, lass mich jeden Tag in deiner Auferstehung wiedergeboren werden zu einem neuen Leben für dich.

20.-21. Februar

# Es sei euer Jawort ein Ja, euer Nein ein Nein

*«Es sei euer Jawort ein Ja, euer Nein ein Nein. Was darüber hinausgeht, ist vom Bösen.» (Mt 5,37)*

*«Herr, wer darf Gast sein in deinem Zelt? ... wer Wahrheit in seinem Herzen pflegt und keine Verleumdung mit seiner Zunge redet.» (Ps 15[14],2-3)*

*«Die Frau aber fiel vor ihm nieder und sagte ihm die ganze Wahrheit. Er aber sagte zu ihr: "Tochter, dein Glaube hat dir geholfen; geh hin in Frieden und sei geheilt."» (Mk 5,33-34)*

*«Ich bin der Weg und die Wahrheit und das Leben.» (Joh 14,6)*

*«Denn Böse sind ein Gräuel für den Herrn, doch mit den Guten pflegt er traute Freundschaft.» (Spr 3,32)*

*«Wenn ihr in meinem Wort bleibt, seid ihr in Wahrheit meine Jünger; ihr werdet die Wahrheit erkennen, und die Wahrheit wird euch frei machen.» (Joh 8,31-32)*

★ ★ ★

Jesus IST die Wahrheit; da sein Jünger in Jesus und durch ihn lebt, muss er notwendigerweise in der Wahrheit leben. Nur so wird er ein «*wahrer* Jünger» sein. In seiner Freigiebigkeit macht der Herr seine wahren Jünger innerlich frei.

Im Alten Testament ist der Begriff der Wahrheit mit dem der Treue verbunden. Gott ist wahr, weil er treu ist (Dtn 7,9). Die Bittpsalmen zeugen von dieser Verbindung. Daher ruht das Vertrauen Israels, selbst in tragischen Zeiten, auf diesem treuen Gott, der morgen handeln wird, wie er es gestern getan hat. Im Neuen Testament ist Jesus die Wahrheit, er der menschgewordene, treue und wahre Gott. Die Wahrheit Gottes ist seine Treue im Blick auf das Heil, das er vorgesehen hat (Röm 3,7) und dessen Alpha und Omega Jesus ist.

## Gebet

Herr, von ganzem Herzen sehne ich mich danach, dass du in mir einen wahren Jünger erkennen mögest, der klar Ja und Nein sagt, und nicht dabei das Gegenteil denkt. Führe mich in deine traute Freundschaft ein, denn du BIST die Wahrheit.

22.-23. Februar

# Jesus: «Seid vollkommen, wie euer Vater im Himmel vollkommen ist!»

*«Abraham, wandle vor mir, und so wirst du vollkommen sein.»* (Gen 17,1)

*«Seid also vollkommen, wie euer Vater im Himmel vollkommen ist!»* (Mt 5,48)

*«Das Gesetz des Herrn ist fehlerlos;[4] es erquickt die Seele.»* (Ps 19[18],8)

*«Noah, der Gerechte, ward fehlerfrei[5] befunden.»* (Sir 44,17)

*«Willst du vollkommen sein, so geh hin, verkauf, was du hast, und gib es den Armen, und du wirst einen Schatz im Himmel haben; dann komm und folge mir nach!»* (Mt 19,21)

*«Wir wollen jeden Menschen zur Vollkommenheit führen in Christus.»* (Kol 1,28)

*«Makellos[6] sei mein Herz durch deine Satzungen.»* (Ps 119[118],80)

*«Im Übrigen, Brüder, freut euch, werdet vollkommen, ermahnt einander, seid gleichen Sinnes, seid*

---

4. Andere Übersetzung: «...ist vollkommen».
5. Andere Übersetzung: «...war vollkommen».
6. Andere Übersetzung: «Vollkommen sei mein Herz...».

*friedsam, und der Gott der Liebe und des Friedens wird mit euch sein.»* (2 Kor 13,11)

★ ★ ★

Die von Jesus verlangte Vollkommenheit ist erstaunlich: eine göttliche Vollkommenheit, in höchstem Maße göttlich. Sie steht parallel zu der im Alten Testament verlangten Heiligkeit: *«Ihr sollt heilig sein; denn ich bin heilig.»* (Lev 11,45) Die hebräische Sichtweise behielt die Vollkommenheit den Werken Gottes vor, insbesondere dem Gesetz.

Die Vollkommenheit des Evangeliums, wie Jesus sie verlangt, bedeutet nicht, fehlerlos zu sein. Sie ist diejenige der umfassenden Liebe, die bis zur Feindesliebe reicht. Durch seine Liebe wird der Jünger das Böse in ihm durch das Gute besiegen (Röm 12,21). Dorthin gelangt man Dank des Fortschreitens und des Wachstums in der Erkenntnis des Evangeliums und seiner Forderungen, insbesondere des Wachstums in der Nächstenliebe. Erreicht der Jünger einmal dieses Maß der Liebe, wie sie der Apostel Paulus beschreibt (1 Kor 13), so erreicht er die Vollkommenheit des himmlischen Vaters: die Vollkommenheit der Liebe. Und sein Leben wird zu einem Hymnus an die Liebe.

## Gebet

Hilf mir, Herr, mich von aller Schlacke zu befreien, die mich noch hindert, deinem Wunsch zu entsprechen, mich mit der Vollkommenheit des Evangeliums zu bekleiden.

24.-25. Februar

# Jesus sagt: Liebet eure Feinde

*«Ihr habt gehört, dass gesagt wurde: Du sollst deinen Nächsten lieben und deinen Feind hassen. Ich aber sage euch: Liebt eure Feinde und betet für sie, die euch verfolgen, auf dass ihr Söhne eures Vaters im Himmel werdet; denn er lässt seine Sonne aufgehen über Böse und Gute und lässt regnen über Gerechte und Ungerechte.»* (Mt 5,43-45)

*«Wenn dein Feind hungert, gib ihm zu essen; wenn er dürstet, gib ihm zu trinken; denn tust du das, wirst du glühende Kohlen sammeln auf sein Haupt. Lass dich nicht überwinden vom Bösen, sondern überwinde mit dem Guten das Böse!»* (Röm 12,20-21)

*«Sobald dein Feind zu Fall kommt, freu dich nicht.»* (Spr 24,17)

★ ★ ★

Die Aufforderung an seine Jünger, ihre Feinde zu lieben, ist ein neues Gebot im Vergleich zum Alten Testament — «ihr habt gehört; ich aber sage euch». Dies ist das erste Mal in der Menschheitsgeschichte, dass eine solche Aussage gemacht wird. *«Den Gegner beuge, stoss zurück den Feind»* (Sir 36,9), lautete das Gebet zum Herrn angesichts der Feinde Israels. Für Jesus duldet dieses neue Gebot keine Ausnahme: weder die Feinde des Volkes, noch diejenigen Gottes sind von dieser Liebe ausgeschlossen, die hingegen der menschlichen Natur Gewalt antut. Es ist wahr, dass das Alte Testament diese Umwälzung der überlieferten Werte vorbereitet, indem es an das Gefühl der Barmherzigkeit appelliert, nicht an die Liebe: *«Wenn Hunger hat dein Feind, dann speise ihn»* (Spr 25,21). Jesus ersetzt das Mitleid durch die Liebe, denn hervorgegangen aus dem Schoß Gottes sieht er in jedem Menschen ein zu rettendes Abbild Gottes. Die Liebe errichtet Brücken, während der Hass unüberwindliche Mauern aufrichtet. Die Liebe ist von Gott, der Hass ist ein Zeichen der Herrschaft des Satans, des *«Menschenmörders von Anbeginn»* (Joh 8,44).

## Gebet

Herr, deine Liebe bringe mich bis zu diesem Höhepunkt des Evangeliums, wo ich meinen Feinden gegenüber Liebe zeigen kann, aus Gehorsam gegenüber deinem neuen Gebot.

26.-27. Februar

# Jesus zieht durch das Land

*«Jesus zog durch ganz Galiläa.» (Mk 1,39)*

*«Mit Tagesanbruch ging er fort und begab sich an einen einsamen Ort. Die Scharen des Volkes suchten nach ihm, und als sie zu ihm kamen, wollten sie ihn festhalten, dass er nicht fortgehe von ihnen. Er aber sagte zu ihnen: Auch den anderen Städten muss ich das Evangelium künden vom Reich Gottes; denn dazu bin ich gesandt. Und er predigte in den Synagogen von Judäa.» (Lk 4,42-44)*

*«Jesus durchwanderte alle Städte und Dörfer, lehrte in ihren Synagogen, predigte das Evangelium vom Reich und heilte jede Krankheit und jedes Gebrechen.» (Mt 9,35)*

*«Lasst uns anderswohin, in die umliegenden Orte gehen, damit ich auch dort predige; denn deswegen bin ich fortgegangen [aus Kafarnaum].» (Mk 1,38)*

★ ★ ★

Jesus ist ein unermüdlicher Reisender im Dienst seines Auftrags. Er durchzieht Israel von Nord nach Süd und von Ost nach West und dringt dabei sogar in heidnisches Land vor; die Episode der Kanaaneischen Frau in der Region von Tyrus und Sidon ist dafür ein Beispiel (Mt 15,21-28).

Ihn treibt ein doppelter Auftrag: das Evangelium vom Gottesreich verkündigen und die Kranken heilen. Dazu wurde er von seinem Vater gesandt. So eröffnet er den neuen und ewigen Bund.

Seine letzte Reise wird die mit dem Kreuz auf dem Rücken sein und ihn von Jerusalem nach Golgatha führen.

## Gebet

Herr Jesus, nach deinem Vorbild möge ich keine Mühe scheuen in der Mission, die du mir aufträgst, um zum Aufbau der Gottesherrschaft auf Erden beizutragen. Deshalb hast du mich erwählt.

28.-29. Februar

# Jesus und die Samariterin

*«Da kam eine Frau aus Samaria, um Wasser zu schöpfen. Jesus sagte zu ihr: Gib mir zu trinken!»* (Joh 4,7)

*«Wie magst du von mir, einer samaritischen Frau, einen Trunk verlangen?» Jesus sagte zu ihr: «Wenn du um die Gabe Gottes wüsstest und wer es ist, der zu dir sagt: Gib mir zu trinken, du würdest ihn bitten, und er gäbe dir lebendiges Wasser.»* (Joh 4,9-10)

*«Jeden, der von diesem Wasser trinkt, wird abermals dürsten; wer aber von dem Wasser trinkt, dass ich ihm geben werde, den wird nicht mehr dürsten in Ewigkeit... es wird in ihm zu einem Quell von Wasser, das aufsprudelt zu ewigem Leben.»* (Joh 4,13-14)

*«Gott ist Geist, und die ihn anbeten, müssen in Geist und Wahrheit anbeten.»* (Joh 4,24.26)

★ ★ ★

Die Samariter wurden von den Juden als Häretiker verachtet; sie beteten Gott nicht im Tempel in Jerusalem an, sondern in ihrem Tempel auf dem Berg Garizim. Jesus ist diese Art von Unstimmigkeit fremd. Einer Samariterin gegenüber offenbart er die große Neuigkeit, die selbst seine eigenen Jünger noch nicht kennen. Jesus kennt die Menschen mit ihrer Lebensgeschichte und die Gedanken, die ihr Herz bewegen. Diese Frau hatte fünf Männer gehabt und lebte in wilder Ehe. Was für Jesus zählt ist das, was im Herzen der Samariterin vorgeht. Gott übersteigt alle Dinge, alle Geschöpfe. Er ist die Quelle aller Gaben. Als Abbild Gottes erschaffen, empfängt sie in dieser Qualität die Gabe der Anbetung im Geist und in der Wahrheit.

Diese Begegnung am Jakobsbrunnen ist die Geschichte unserer eigenen Begegnung mit Jesus. Hat Jesus sich erst einmal als Messias zu erkennen gegeben, glaubt sie und liebt sie. So wird sie zur Jüngerin, die andere Samariter dazu bringt, ihn als Messias anzuerkennen.

## Gebet

Tränke meine durstige Seele, Herr Jesus, mit dem lebendigen Wasser, das ewiges Leben schenkt, und gewähre mir die Gnade, den Vater im Geist und in der Wahrheit anzubeten.

1.-2. März

# Getauft auf Christus Jesus

*«Wir alle, die wir getauft wurden auf Christus Jesus, sind auf seinen Tod getauft. Mitbegraben wurden wir also mit ihm durch die Taufe auf seinen Tod, damit, wie Christus auferweckt wurde von den Toten durch die Herrlichkeit des Vaters, so auch wir den Weg des neuen Lebens gehen.» (Röm 6,3-4)*

*«Geht darum hin und macht alle Völker zu Jüngern, indem ihr sie tauft auf den Namen des Vaters und des Sohnes und des Heiligen Geistes und sie lehrt, alles zu halten, was ich euch aufgetragen habe.» (Mt 28,19-20)*

*«Alle nämlich, die ihr auf Christus getauft wurdet, habt das Gewand Christi angezogen.» (Gal 3,27)*

★ ★ ★

«Die Taufe ist die schönste und wunderbarste Gabe Gottes... Heilig und königlich ist sie das Zeichen der Herrschaft Gottes» (Hl. Gregor von Nazianz). Sie ist so wichtig, so wesentlich, dass Jesus seine öffentliche Wirksamkeit mit seiner Taufe im Jordan durch Johannes den Vorläufer beginnen wollte.

Die Taufe ist das Sakrament des Glaubens: «Wer glaubt und sich taufen lässt, wird gerettet» (Mk 16,16). Sie bezeichnet die Aufnahme in die Kirche, den Leib Christi. Der Getaufte zieht Jesus Christus an. Christus anzuziehen bedeutet, alles zu beachten, was Jesus im Evangelium vorschreibt. Dies ist eine Lebensaufgabe. Die Taufe legt dazu den unverzichtbaren Keim ins Herz. Beim Getauften liegt es, diesen Keim wachsen zu lassen, indem er das «neue Leben» führt, das Jesus uns durch seinen Tod und seine Auferstehung erworben hat. So wird er zu einem «lebendigen Stein» und hat Anteil am königlichen Priestertum als Glied der Kirche, des heiligen Volkes, das den Auftrag hat, das Lob Dessen zu verkünden, der es aus der Finsternis in sein wunderbares Licht gerufen hat (vgl. 1 Pe 2,9).

## Gebet

Danke, Herr, dass du mich durch die Taufe in deinen Leib aufgenommen hast; gewähre mir die Gnade eines beständigen Wachsens in dem bei der Taufe erworbenen neuen Leben.

3.-4. März

# Jesus und die Furcht

*«Die Hirten "fürchteten" sich sehr. Der Engel aber sagte zu ihnen: "Fürchtet euch nicht! Denn seht, ich verkünde euch eine große Freude, die dem ganzen Volk zuteil werden soll: Euch wurde heute in der Stadt Davids ein Retter geboren, der ist Messias und Herr."» (Lk 2,9-10)*

*«Der Weisheit Anfang ist die Furcht des Herrn.» (Ps 111[110],10)*

*«Lasst uns Gott dienen in wohlgefälliger Weise, voll Furcht und Scheu!» (Hebr 12,28)*

*«Ihr habt ja nicht den Geist der Knechtschaft empfangen, um euch von neuem zu fürchten, sondern den Geist der Sohnschaft, in dem wir rufen: Abba, Vater!» (Röm 8,15)*

★ ★ ★

Der Alte Bund hatte die Gottesfurcht zum «Anfang der Weisheit» gemacht, zur «Quelle des Lebens». Seit der Verkündigung der Geburt Jesu an die Hirten vertreibt der Engel die Furcht, indem er eine Frohe Botschaft verkündigt, die Quelle der Freude ist und im Gegensatz zur Angst steht.

Die Furcht des Herrn, die nicht mit der Angst zu verwechseln ist, soll sich jedoch im Dienst Gottes zeigen, aus Dankbarkeit und im Bewusstsein seiner Allmacht und unendlichen Größe gegenüber der Machtlosigkeit und unendlich geringen Größe der Geschöpfe, die wir sind.

Mit Jesus — Gottessohn und Mensch wie wir, außer der Sünde — hat sich unsere Beziehung zu Gott jedoch grundlegend gewandelt; er hat uns den himmlischen Vater offenbart, an den wir uns nunmehr mit kindlicher Zärtlichkeit wenden können, indem wir ihn «Abba» nennen, «Vati». Durch Jesus und in ihm sind wir Gottes Adoptivkinder geworden. Der Geist in uns bezeugt es; er ist es, der in unseren Herzen «Abba» ruft.

## Gebet

Herr Jesus, du hast uns die Vaterschaft Gottes offenbart, den Höhepunkt der Offenbarung. Möge diese Vaterschaft im Zentrum meines geistlichen Lebens stehen! Ich will häufig, mit unendlicher Zärtlichkeit den ganzen Tag über wiederholen «Abba». Dieses Wort verbindet mich inniger mit dir, der du allein mich zum himmlischen Vater führst.

5.-6. März

# Jesus gehorchen

*«Obgleich Gottes Sohn, lernte er an dem, was er litt, den Gehorsam, und zur Vollendung gelangt, wurde er allen, die ihm gehorchen, Urheber ewigen Heils.» (Hebr 5,8-9)*

*«Gehorsam, wie ihr allezeit wart... wirkt euer Heil! Denn Gott ist es, der in euch das Wollen bewirkt und über das gute Wollen hinaus auch das Vollbringen... [so] dass ihr ohne Tadel und Makel seid, Gotteskinder ohne Schuld und Fehl inmitten eines bösen und verkehrten Geschlechts.» (Phil 2,12-15)*

*«Man muss Gott mehr gehorchen als den Menschen. Der Gott unserer Väter hat Jesus auferweckt... Wir sind Zeugen für das Gesagte, und Zeuge ist der Heilige Geist, den Gott denen verlieh, die ihm gehorchen.» (Apg 5,29-32)*

* * *

Jesus gehorchen bedeutet, dem trinitarischen Gott gehorchen. In seinem Menschsein hat er selber das vollkommene Beispiel für den Gehorsam Gott gegenüber gegeben. Durch seinen Gehorsam hat Jesus uns erlöst. Durch den Gehorsam gegenüber Jesus, dem Menschensohn und Gottessohn, haben die Apostel das Privileg erworben, den Auferstandenen zu schauen und seine Zeugen zu sein, den Heiligen Geist zu empfangen und seine gefügigen Werkzeuge zu werden. Zu ihrem größten Glück und auch zu dem unseren.

Der Gehorsam Jesus gegenüber sichert das ewige Heil und erringt die «Wonne für immer» zur Rechten des Herrn (Ps 16[15],11). Christus selbst ist die Quelle des Heils für die, die ihm gehorchen (Hebr 5,9).

## Gebet

Der Heilige Geist bewege mich, in allen Lebenslagen Jesus und seiner Frohen Botschaft zu gehorchen und führe mich so auf den Weg des Glücks und der ewigen Glückseligkeit.

7.-8. März

# Jesus sagt zu Matthäus: Folge mir nach!

*«Als Jesus von da weiterging, sah er einen Mann am Zollhaus sitzen, Matthäus mit Namen, und er sagte zu ihm: Folge mir nach! Da stand er auf und folgte ihm nach.» (Mt 9,9)*

*«Wer nicht sein Kreuz nimmt und mir nachfolgt, ist meiner nicht wert.» (Mt 10,38)*

*«Jesus antwortete ihm: "Willst du vollkommen sein, so geh hin, verkauf, was du hast, und gib es den Armen, und du wirst einen Schatz im Himmel haben; dann komm und folge mir nach!" Als der junge Mann dieses Wort vernahm, ging er traurig davon; denn er besaß viele Güter.» (Mt 19,21-22)*

*«Ganz genau auf dem Weg, den der Herr, euer Gott, euch geboten hat, sollt ihr gehen, damit ihr lebet, glücklich seid und lange im Land wohnet.» (Dtn 5,33)*

*«Gott schaute sich die Erde an, und siehe, sie war verderbt; denn alle Menschen auf Erden gingen verderbliche Wege.» (Gen 6,12)*

*«Der Gottlosen Weg führt ins Verderben.» (Ps 1,6)*

★ ★ ★

Jesus nachzufolgen, wie die Schafe dem Hirten nachfolgen, bedeutet, sich ihm mit Leib und Seele zu überlassen, in völliger Abhängigkeit. Und mit der Gewissheit, in der Obhut des Guten Hirten zu sein, der bereit ist, solange nach dem verlorenen Schaf zu suchen, bis er es gefunden hat. «Folge mir nach», sagt Jesus zu dem Zöllner Matthäus und zu einem seiner Jünger. An einen reichen Jüngling richtet er denselben Appell und schärft ihm ein, all seine Habe zu verschenken, wenn er vollkommen sein will. Wer immer Jesus nachfolgt, von dem wird verlangt, sein Kreuz zu tragen, um seiner würdig zu sein. So ist die Nachfolge Jesu kein Spaziergang durch einen blühenden Park, sondern ein Kreuzweg; und doch findet man auf diesem Weg Seelenfrieden und Herzensfreude, die zwei Schätze, die denen verheißen sind, die ihm nachfolgen. Jedes Leben ist übrigens eine Prüfung, sei es mit oder ohne Jesus. Mit ihm, in seiner Nachfolge, geht euch der Gottessohn voran, Licht der Welt, welcher Worte ewigen Lebens hat. Mit Jesus lebt der Gläubige in völliger Gewissheit; sein Wort macht jeden Schritt fruchtbar, in jedem Augenblick des Lebens. Vor Jesus hatten die Gläubigen nur einen Stern, um sie durchs Leben zu geleiten: das Gesetz Jahwes, das in der Gefahr stand, von jeder Art von Pharisäertum manipuliert zu werden.

## Gebet

Welch Glück, Herr Jesus, in der Zeit des neuen und ewigen Bundes leben zu dürfen und dem Weg zu folgen, den du vorgezeichnet hast!

9.-10. März

# Gekommen, die Sünder zu erlösen

*«Ich bin nicht gekommen, Gerechte zu berufen, sondern Sünder.» (Mt 9,13)*

*«Christus Jesus kam in die Welt, um Sünder zu retten.» (1 Tim 1,15)*

*«Der Menschensohn wird überliefert in die Hände der Sünder.» (Mt 26,45)*

*«Freude bei den Engeln Gottes über einen einzigen Sünder, der sich bekehrt.» (Lk 15,10)*

*«Gott, sei mir Sünder gnädig!» (Lk 18,13)*

*«Jeder, der in Jesus bleibt, sündigt nicht.» (1 Joh 3,6)*

*«Ich reinige sie von all ihrer Sünde.» (Jer 33,8)*

★ ★ ★

Vom Beginn seines öffentlichen Lebens an befindet sich Jesus inmitten von Sündern. Für sie ist er gekommen und nicht für die Gerechten. Er vergibt die Sünden und ruft gleichzeitig zur Bekehrung. Diese schließt einen radikalen Wandel ein; anstatt fortzufahren, sich im Geist der Welt zu räkeln, empfängt der Bekehrte die göttliche

Gunst mit Liebe und lässt sich vom Heiligen Geist leiten, der in seinem Herzen wohnt. So bleibt der Jünger in Jesus, bekehrt sich und glaubt an die Frohe Botschaft (Mk 1,15). Indem er nach dem Vorbild Jesu *«sanft und von Herzen demütig»* wird, kann der Jünger, von der Last des Stolzes, dem *«Anfang aller Sünde»* befreit, diese radikale Wende vollziehen, welche die Bekehrung ausmacht. Sie befreit aus der Macht des Satans, der den Menschen versklavt. Und wenn er unglücklicherweise in die Sünde zurückfällt, so hat er zu seiner Reinigung das Sakrament der Versöhnung. Der Jünger ist gut gerüstet, um über die Sünde zu siegen.

## Gebet

Erbarme dich, Herr, des Sünders, der ich bin. Gewähre mir die Gnade der endgültigen Reinigung von allen meinen Sünden.

11.-12. März

# Jesus und seine heilige Mutter (1)

*«Siehe, die Jungfrau wird empfangen und einen Sohn gebären und seinen Namen "Immanuel" nennen.»* (Jes 7,14)

*«Mit der Abstammung Jesu Christi verhielt es sich so: Als Maria, seine Mutter, mit Josef verlobt war, fand es sich, ehe sie zusammenkamen, dass sie empfangen hatte vom Heiligen Geist.»* (Mt 1,18)

*«Im sechsten Monat wurde der Engel Gabriel von Gott gesandt in eine Stadt Galiläas, mit Namen Nazareth, zu einer Jungfrau, die verlobt war mit einem Mann aus dem Hause Davids, namens Josef, und der Name der Jungfrau war Maria. Er sprach: "Sei gegrüßt, Begnadete, der Herr ist mit dir"* (Lk 1,26-28)*. Maria war von diesen Worten beunruhigt (Der Engel offenbart ihr, dass sie einen Sohn empfangen werde, den sie Jesus nennen werde; Sohn des Allerhöchsten, dem Gott den Thron Davids geben werde. Sein Reich wird kein Ende haben. Maria fragt, wie dies geschehen könne, da sie Jungfrau sei. Der Engel sagt ihr, dass sie durch die Kraft des Heiligen Geistes den Sohn Gottes empfangen*

*werde.) Da sagte Maria: "Siehe, ich bin die Magd des Herrn, mir geschehe nach deinem Wort!"»*
*(Lk 1,26-38)*

*«Als Elisabeth den Gruß Marias hörte, da hüpfte das Kind in ihrem Leib, und Elisabeth wurde erfüllt von Heiligem Geist, erhob laut ihre Stimme und rief: "Woher geschieht mir dies, dass die Mutter meines Herrn zu mir kommt?"» (Lk 1,41-43)*

★ ★ ★

Die Zustimmung Marias zur Verkündigung ist der göttliche Augenblick für die Zukunft der Menschheit: Gott wird Mensch im Schoß einer Jungfrau. Eine Menschentochter wird zur Gottesmutter, denn der Mensch Jesus ist kein anderer als der Sohn Gottes. Und Maria ist die neue Eva. In ihr wird Jesus, der einzige Mittler und neue Adam, zum Bruder aller Menschen. Und Maria empfängt als erste die Verheißung der messianischen Freude. Mit dem Gruß «Freue dich» wird der Neue Bund eröffnet. Die Freude des Johannes im Schoß der Elisabeth weist bereits auf den Freudenstrom hin, der ausgehend vom Sohn Marias die Geschichte durchströmt.

## Gebet

Freue dich, Maria, geliebte Tochter des himmlischen Vaters, Tochter Zion. Deine Freude macht die meine vollkommen.

13.-14. März

# Jesus und seine heilige Mutter (2)

*«Der Stern blieb stehen über dem Ort, wo das Kind war... Sie sahen das Kind mit Maria, seiner Mutter, fielen nieder und huldigten ihm.»* (Mt 2,9-11)

*«Die Mutter Jesu bewahrte alle diese Dinge in ihrem Herzen.»* (Lk 2,51)

*«Nach drei Tagen geschah es, da fanden sie ihn im Tempel, wo er mitten unter den Lehrern saß, auf sie hörte und sie befragte. Alle, die ihn hörten, staunten über sein Verständnis und seine Antworten. Als sie ihn sahen, waren sie sehr betroffen, und seine Mutter sagte zu ihm: "Kind, warum hast du uns das getan? Siehe, dein Vater und ich haben dich mit Schmerzen gesucht!" Er antwortete ihnen: "Warum suchtet ihr mich? Wusstet ihr nicht, dass ich in dem sein muss, was meines Vaters ist?" Doch sie begriffen nicht, was er mit dem Wort zu ihnen sagte. Und er zog mit ihnen hinab, kam nach Nazareth und war ihnen untertan. Seine Mutter aber bewahrte alle diese Dinge in ihrem Herzen. Jesus nahm zu an Weisheit und Alter und Gnade bei Gott und unter den Menschen.»* (Lk 2,46-52)

★ ★ ★

Mit der Geburt Jesu in Betlehem beginnt Marias eigentliche Aufgabe; wie jede Mutter muss sie ihr Kind aufziehen. Als sie es zum Tempel bringt, um ihn Gott darzustellen, erhält sie von Simeon die Ankündigung seines Auftrags, die untrennbar mit den Schmerzen verbunden ist, die das ihre Seele durchdringende Schwert symbolisiert. Ein Schmerz wurde ihr bei der jährlichen Pilgerfahrt nach Jerusalem zugefügt, in dem Jahr, als Jesus die gesetzliche Volljährigkeit erlangt, indem er zu einem «Sohn des Gesetzes» wurde. Die authentischen Lehrer der Tora hören ihm zu und staunen. Die Antwort, die er seiner Mutter auf ihre Vorwürfe gibt, zeigt, dass sich Jesus mit zwölf Jahren seiner göttlichen Abstammung und seines Auftrags bewusst war, deren Gewissheit ihn zu diesem befremdlichen Verhalten veranlasst hat. Sicherlich antwortet er seiner Mutter in einem Ton voller Zärtlichkeit — er, der selbst die Demut und die Sanftheit ist —, woher seine Unterordnung und seine Zunahme an Weisheit rührt. Das Herz Marias bleibt weiterhin der Ort der Erinnerung des Lebens ihres Kindes; immer wieder bewegt sie diese Ereignisse in ihrem Herzen.

## Gebet

Herr, mit ganzem Herzen nehme ich teil an der Anbetung und an den Geschenken der heiligen drei Könige in Betlehem, die dort die zukünftigen Jünger aus der nichtjüdischen Welt repräsentieren.

15.-16. März

# Jesus und seine heilige Mutter (3)

*«Am dritten Tag war eine Hochzeit zu Kana in Galiläa, und die Mutter Jesu war dort. Auch Jesus und seine Jünger waren zur Hochzeit geladen. Da es an Wein fehlte, sagte die Mutter Jesu zu ihm: "Sie haben keinen Wein." Jesus aber sagte zu ihr: "Frau, was willst du von mir? Noch ist meine Stunde nicht gekommen." Seine Mutter sagte zu den Dienern: "Was er euch sagt, das tut!"» (Joh 2,1-5)*

*«Diesen Anfang der Zeichen machte Jesus zu Kana in Galiläa... Darauf zog er hinab nach Kafarnaum, er und seine Mutter und seine Brüder und Jünger.» (Joh 2,11-12)*

*«Es standen bei dem Kreuz Jesu seine Mutter und die Schwester seiner Mutter, Maria, die Frau des Klopas, und Maria Magdalena. Als nun Jesus seine Mutter sah und neben ihr stehen den Jünger, den er liebte, sagte er zur Mutter: "Frau, siehe, dein Sohn!" Darauf sagte er zum Jünger: "Siehe, deine Mutter!" Und von jener Stunde an nahm sie der Jünger zu sich.» (Joh 19,25-27)*

★ ★ ★

Eine jüdische Hochzeitsfeier dauerte drei bis acht Tage. Das Ausgehen des Weines ist nicht erstaunlich. Erstaunlich ist dagegen die Bitte Marias. Sie wusste also, dass er die Macht besaß, Wunder zu tun. Obwohl seine Stunde noch nicht gekommen war, vollbringt Jesus das erste Wunder. Dies macht die Zuneigung deutlich, die er für seine Mutter empfindet. Das «*Was er euch sagt, das tut!*» betrifft uns ebenso wie die Diener in Kana. Im folgsamen Hören auf Jesus befolgen wir das Wort Gottes, die Quelle des Glücks.

Am Kreuz setzt Jesus seine Mama als universale Mutter ein. Johannes repräsentiert dort jede Marianische Seele des christlichen Zeitalters. Und jedem wird das Vorrecht zuteil, diese unbefleckte Mutter in seinem Heim aufzunehmen. So bleibt man leichter im Gebet an ihrer Seite.

## Gebet

Welch ein Glück, Herr Jesus, für immer deine allerheiligste Mutter in unserem Heim empfangen zu dürfen! Wir sagen dir Dank für diese unendlich wertvolle Gabe.

17.-18. März

# Jesus, «Josefs Sohn»

*«Mit der Abstammung Jesu Christi verhielt es sich so: Als Maria, seine Mutter, mit Josef verlobt war, fand es sich, ehe sie zusammenkamen, dass sie empfangen hatte vom Heiligen Geist. Josef, ihr Mann, der gerecht war und sie nicht bloßstellen wollte, gedachte, sie heimlich zu entlassen. Als er darüber nachdachte, siehe, da erschien ihm ein Engel des Herrn im Traum und sprach: "Josef, Sohn Davids, fürchte dich nicht, Maria, deine Frau, zu dir zu nehmen; denn, was in ihr gezeugt ist, stammt vom Heiligen Geist. Sie wird einen Sohn gebären; dem sollst du den Namen Jesus geben; denn er wird sein Volk erlösen von seinen Sünden."» (Mt 1,18-21)*

*«Als die Magier weggezogen waren, siehe, da erschien ein Engel des Herrn dem Josef im Traum und sprach: "Steh auf, nimm das Kind und seine Mutter und flieh nach Ägypten, und bleib dort, bis ich es dir sage; denn Herodes hat vor, das Kind zu suchen und ihm das Leben zu nehmen."» (Mt 2,13)*

*«Nachdem aber Herodes gestorben war, da erschien ein Engel des Herrn im Traum dem Josef in Ägypten und sprach: "Steh auf, nimm Kind und Mutter und*

*zieh in das Land Israel; denn die dem Kind nach dem Leben trachteten, sind gestorben."»* (Mt 2,19-20)

★ ★ ★

Josef, so sagt das Evangelium, ist ein *Gerechter*, das heißt, er richtet sich in allem nach dem heiligen Willen Gottes, wie er im göttlichen Gesetz Ausdruck findet; man kann dies mit Gottes- und Nächstenliebe zusammenfassen. Seine Präsenz im Evangelium ist sehr diskret. Seine Stellung beim Jesuskind ist bedeutsam: sie gibt ihm und seiner Mutter einen ehrbaren rechtlichen und sozialen Status; sie gewährleistet ihren physischen Schutz, der in den ersten Jahren nach der Geburt des Kindes auf dramatische Weise notwendig ist. So wird das Kind von Mutter und Vater umgeben in Harmonie aufwachsen können, nach der vom Schöpfer gewollten Naturordnung. Und dort knüpfen sich tausend Bande der Liebe zwischen Jesus und seinem Ziehvater, derart, dass die nicht biologische Vaterschaft sich zu einer authentischen Vaterschaft wandelt, wie es Väter erleben, die adoptierte Kinder neben ihren leiblichen Kindern aufgezogen haben. Josef ist wirklich der «Vater Jesu».

## Gebet

Heiliger Josef, Vorbild des gerechten Mannes und des treuliebenden Vaters, bitte für uns beim himmlischen Vater um die Vermehrung der Gerechten und der liebenden Väter in der heidnischen Gesellschaft, deren Sauerteig sie sein sollen.

19.-20. März

# Jesus, der Prophet

*«Da ergriff alle ein Erschauern, und sie lobten Gott und sprachen: "Ein großer Prophet ist aufgestanden unter uns", und: "Gott hat sich seinem Volk gezeigt."» (Lk 7,16)*

*«Die Frau sagte zu Jesus: "Herr, ich sehe, du bist ein Prophet."» (Joh 4,19)*

*«Von den Volksscharen, die diese Worte hörten, sagten die einen: "Dieser ist wahrlich der Prophet!" Andere sagten: "Dieser ist der Messias."» (Joh 7,40-41)*

*«In der Synagoge von Nazaret sagte Jesus: "Ein Prophet ist nirgends so wenig geachtet wie in seiner Vaterstadt und in seinem Hause."» (Mt 13,57)*

*«Nachdem oftmals und in mancher Gestalt und Weise dereinst Gott zu den Vätern gesprochen hatte in den Propheten, sprach er am Ende dieser Tage zu uns durch seinen Sohn, den er eingesetzt hat zum Erben des Alls, durch den er auch die Welten schuf.» (Hebr 1,1-2)*

★ ★ ★

Das biblische Prophetentum beginnt mit Abraham, der eine Botschaft von Gott empfängt. Moses ist der größte Prophet des Alten Testaments. Die Propheten erhalten ein Wort von Gott. Ihr Charisma ist das der Offenbarung. Durch die Propheten entdecken die Menschen, was sie nicht allein entdecken könnten: die Ursachen und die Voraussetzungen des Heils. Es wird sich in Jesus Christus vollziehen und vereinen, da das gesamte Alte Testament eine Prophetie des Neuen Testamentes ist.

Jesus ist der Prophet. Und er ist unendlich viel mehr als das. Die Propheten sagen: «Wort des Herrn.» Jesus sagt: «Wahrlich, ich sage euch.» Seine Person und sein Auftrag gehören einer anderen Kategorie an. Er ist der Sohn Gottes. Das Heil erfüllt sich durch ihn und in ihm. Er ist das fleischgewordene Wort Gottes (Joh 1,14).

## Gebet

Herr, gewähre mir dieses Gespür für die Zukunft, das die Propheten dem Volk übermittelten und das der heilige Paulus uns aufruft, mehr als alle anderen Geistesgaben zu erstreben (1 Kor 14,1).

21.-22. März

# Jesus und die Kinder

*«Sie brachten Kinder zu ihm, damit er sie berühre. Die Jünger jedoch wiesen sie zurück. Als Jesus das sah, wurde er unwillig und sagte zu ihnen: "Lasst die Kinder zu mir kommen und wehrt es ihnen nicht; denn gerade für sie ist das Gottesreich. Wahrlich, ich sage euch: Wer das Reich Gottes nicht annimmt wie ein Kind, wird nicht hineinkommen." Und er schloss sie in die Arme, legte ihnen die Hände auf und segnete sie.» (Mk 10,12-16)*

*«Wer sich klein macht wie dieses Kind, der ist der Größte im Himmelreich. Und wer ein solches Kind aufnimmt in meinem Namen, der nimmt mich auf.» (Mt 18,4-5)*

*«Wer aber einem von diesen Kleinen, die an mich glauben, Ärgernis gibt, für den wäre es gut, dass ein Mühlstein um seinen Hals gehängt und er versenkt würde in die Tiefe des Meeres.» (Mt 18,6)*

★ ★ ★

Israel sieht in der Fruchtbarkeit ein Zeichen für Gottes Segen. Die Kinder sind *«der Greise Ehrenkranz»* (Spr 17,6) und Söhne wie *«Ölbaumsetzlinge rings um deinen Tisch»*

(Ps 128[127],3). Ein Kind muss erzogen werden, um seine Launen zu beherrschen und zu vermeiden, von jedem Windstoß umhergeworfen zu werden (Eph 4,14).

Trotzdem ist das Kind in seiner Einfachheit, seiner Kindlichkeit, seinem Vertrauen und seiner Hingabe von Gott bevorzugt und hat dadurch eine unvergleichliche religiöse Würde.

Jesus drückt mehrfach seine Zuneigung zu den Kindern aus; sie sind seine Bevorzugten, die er küsst und segnet. Er stellt sie als ein Vorbild für die Erwachsenen heraus; von ihnen lässt er sich inspirieren in dem Bemühen, Zugang zum Gottesreich zu finden; ihre natürlichen Neigungen soll man nachahmen; «zur Kindschaft zurückfinden». «Klein» und «Jünger» sind in diesem Kontext quasi synonym (Mt 10,42; Mk 9,41). Und ein Kind in sein Heim aufzunehmen, sei es durch Adoption oder um es zu schützen, bedeutet, Jesus selber aufzunehmen. Doch wehe dem, der eines dieser Kleinen zur Sünde verleitet!

## Gebet

Herr, der du die Zuneigung einer Mutter für ihre Kinder hegst, schenke mir, wieder klein zu werden, um in deinem Reich groß zu sein.

23.-24. März

# Jesus und die Frau

*«Da kam eine Frau aus Samaria, um Wasser zu schöpfen. Jesus sagte zu ihr: "Gib mir zu trinken..." Die samaritische Frau entgegnete ihm: "Wie magst du als Jude von mir, einer samaritischen Frau, einen Trunk verlangen?" ... Jesus antwortete ihr: «Wenn du um die Gabe Gottes wüsstest und wer es ist, der zu dir sagt: Gib mir zu trinken, du würdest ihn bitten, und er gäbe dir lebendiges Wasser.» (Joh 4,7-10)*

*«Jesus nahm den Weg durch Städte und Dörfer, predigte und verkündigte das Evangelium vom Reich Gottes, und die Zwölf waren bei ihm sowie einige Frauen, die von bösen Geistern und von Krankheiten geheilt worden waren: Maria, genannt Magdalena, von der sieben Dämonen ausgefahren waren, und Johanna, die Frau des Chuza, eines Verwalters des Herodes, und Susanna und viele andere, die ihnen dienten mit ihrem Vermögen.» (Lk 8,1-3)*

*«Jesus sah die Mutter und bei ihr den Jünger, den er liebte. Er sagte zur Mutter: "Frau, siehe, dein Sohn!" Darauf sagte er zum Jünger: "Siehe, deine Mutter!" Und von jener Stunde an nahm sie der Jünger zu sich.» (Joh 19,26-27)*

In der hebräischen Welt wurde die Frau als niedrigeres Wesen angesehen, dem Mann untertan. In seinem Verhalten gegenüber den Frauen macht Jesus deutlich, dass er sie als den Männern gleichgestellt erachtet. Einer samaritischen Frau offenbart er das Mysterium Christi. Mehrere bewegende Szenen spielen sich in der Gesellschaft von Frauen ab (Mt 26,10; Lk 10,38). Seine Mutter, die Frau, macht er zur universalen Mutter. Von Jesus an hat sich das Schicksal der Frau in der Welt und der Geschichte positiv entwickelt. Doch werden noch heute unzählige Frauen als minderwertig, als Objekte, behandelt.

## Gebet

Deine liebevolle Haltung gegenüber den Frauen flößen mir den Respekt und die Achtung ein, die ihnen gebühren. Nach deinem Vorbild mögen alle Frauen in der ganzen Welt endlich mit Achtung und ganz ihrer Würde gemäß behandelt werden.

25.-26. März

# Jesus, der göttliche Wundertäter

*«Der Tafelmeister kostete das zu Wein gewordene Wasser ... Diesen Anfang der Zeichen machte Jesus zu Kana in Galiläa, und er offenbarte seine Herrlichkeit, und es glaubten an ihn seine Jünger.»* (Joh 2,9...11)

*«Da war ein königlicher Beamter, dessen Sohn lag krank in Kafarnaum. Als er hörte, Jesus sei aus Judäa nach Galiläa gekommen, ging er zu ihm und bat ihn, er möge hinabkommen und seinen Sohn heilen, denn er lag im Sterben. Jesus sagte zu ihm: "Wenn ihr nicht Zeichen und Wunder seht, glaubt ihr nicht." Der königliche Beamte erwiderte ihm: "Herr, komm herab, ehe mein Kind stirbt!" Jesus antwortete ihm: "Geh hin, dein Sohn lebt!" Der Mann glaubte dem Wort, das Jesus ihm sagte, und ging. ... Dieses war das zweite Zeichen, das Jesus wiederum wirkte, als er von Judäa nach Galiläa kam.»* (Joh 4,46-54)

*«Als Jesus von Jericho weiterzog mit seinen Jüngern und zahlreichem Volk, saß der Sohn des Timäus, Bartimäus, ein blinder Bettler, am Weg. Als er hörte, es sei Jesus, der Nazarener, begann er zu schreien: "Sohn Davids, Jesus, erbarme dich meiner!" ... Jesus sprach: "Was willst du, was soll ich dir tun?" — "Rabbuni, ich möchte wieder sehen." Jesus sagte: "Geh hin, dein Glaube hat dir geholfen." Und*

*sogleich sah er wieder und folgte ihm auf dem Weg.»*
*(Mk 10,46-52)*

*«Jesus geht hinein, wo das Kind liegt. Er nimmt die Hand des Kindes und spricht zu ihm: "Talita kum", was übersetzt heißt: "Mädchen, ich sage dir, steh auf!" Und sogleich stand das Mädchen auf und ging umher; es war nämlich schon zwölf Jahre alt. Da gerieten sie ganz außer sich vor großer Erregung.»*
*(Mk 5,40-42)*

★ ★ ★

Das Wunder ist gleichzeitig eine Herausforderung der Naturgesetze und ein Zeichen der Macht Gottes und seiner Liebe. Durch seine Wunder zeigt Jesus, dass das von den Propheten verheißene messianische Reich in seiner Person gegenwärtig ist. Die Wunder bezeugen, dass Jesus wirklich das ist, was er zu sein vorgibt. Sie zielen darauf, den Glauben zu stärken und zur Bekehrung zu führen, insbesondere die Schwachen, deren Glauben nicht fähig ist, sich allein auf das Wort Jesu zu stützen. Somit ist das Wunder ebenfalls ein Zeichen der barmherzigen Liebe Jesu. Er heilt die Kranken, macht die Blinden sehend, weckt die Toten auf und verwandelt Wasser in Wein. Der göttliche Wundertäter ist Herr über das Leben und den Tod sowie über die Gesetze, die das Wesen der Dinge bestimmen.

## Gebet

Herr Jesus, deine zahlreichen Wunder, zu deinen Lebzeiten und seitdem, stärken unseren Glauben. Danke, dass du so unserer Schwäche entgegenkommst.

27.-28. März

# Jesus — durch die Wunder beglaubigt

*«Petrus verkündete: "Ihr Männer von Israel! Hört diese Worte: Jesus, den Nazoräer, einen Mann, von Gott vor euch beglaubigt durch Machttaten, Wunder und Zeichen, die Gott durch ihn wirkte in eurer Mitte, wie ihr selber wisst, ihn, der überliefert wurde nach festgelegtem Ratschluss und Vorherwissen Gottes, habt ihr durch die Hand von Gesetzlosen ans Kreuz geschlagen und hingerichtet. Ihn hat Gott auferweckt."» (Apg 2,22-24)*

*«Als es Sabbat war, lehrte er erstmals in der Synagoge, und die vielen, die ihn hörten, gerieten außer sich und sprachen: "Woher hat er denn dies? Was ist das für eine Weisheit, die ihm zu eigen ist? Und was sind das für Wunder, die durch seine Hände geschehen? Ist er nicht der Zimmermann, der Sohn der Maria."» (Mk 6,2-3)*

*«Wahrlich, wahrlich, ich sage euch: Wer an mich glaubt, wird auch selber die Werke tun, die ich tue, und noch größere als diese wird er tun; denn ich gehe zum Vater.» (Joh 14,12)*

★ ★ ★

Als Gottessohn und Menschensohn ist Jesus gesalbt mit dem Heiligen Geist und mit Kraft (Apg 10,38). Er erweist seine Kraft durch Wunder; diese beglaubigen ihn vor den Menschen, sie bezeugen, dass er von Gott stammt. Wunder der Auferweckung und der Heilung, Wunder der Macht über die entfesselten Fluten und des Wandels über das Wasser, Wunder der Vermehrung von Brot und Fisch, des wunderbaren Fischzugs usw. Alle diese Wunder beweisen nicht nur, dass Gott mit ihm ist, dass er vom Vater kommt, sondern auch, dass er der «Gott-mit-uns» ist (Mt 1,23). Und Jesus überträgt diese Kraft seinen Aposteln sowie allen, die im Laufe der Jahrhunderte an ihn glauben werden. Weil er zum Vater zurückgekehrt ist, werden seine Jünger noch größere Wunder tun. Die Kirchengeschichte bezeugt unzählige Wundertaten dieser Art, die von den Heiligen vollbracht wurden. Nach dem Vorbild Jesu trachten die Jünger Jesu danach, ihre Werke zur Ehre des himmlischen Vaters zu tun, Dank der Gabe des Heiligen Geistes, der bis zur Wiederkunft Jesu Christi in ihnen wirksam ist.

## Gebet

Herr, wir sind zaghaft geworden angesichts der Kraft, Wunder zu tun, die du an deine Jünger weitergegeben hast. Vollbringe durch sie Wunder, die deine Kraft bezeugen, wie zur Zeit der Urkirche.

29.-30. März

# Die Winde und der See gehorchen Jesus

*«Herr, rette uns, wir gehen zugrunde!» … Da stand er auf, gebot den Winden und dem See, und es war große Stille. Die Menschen staunten und sprachen: «Wer ist dieser, dass selbst die Winde und der See ihm gehorchen?» (Mt 8,25-27)*

★ ★ ★

Jesus hat unzählige Wunder vollbracht. Er hat Kranke geheilt und Tote auferweckt. Ebenso greift er mirakulös in die Naturgesetze ein, die das Universum regieren.

Das Wort «Mirakel» ist abgeleitet aus dem lateinischen «mirari», das «sich wundern, bewundern» bedeutet. Derjenige, der Augenzeuge eines Mirakels wird, wundert sich, wird von Bewunderung ergriffen, wie die Jünger, die Zeugen wurden, wie Jesus den entfesselten Naturgewalten gebot. Diese Wunder bringen seine messianische Sendung und sein göttliches Wesen zum Ausdruck.

Jesus wirkt nur dann Wunder, wenn er bei den Zeugen Glauben vorfindet. Das Wunder bestätigt und bestärkt den Glauben. Er weigert sich jedoch, sie in Gegenwart des Herodes Antipas zu vollziehen (Lk 23,8) oder angesichts der Falschheit der Schriftgelehrten und Pharisäer (Mt 12,38).

Das Wunder aller Wunder ist die Auferstehung Christi, Zeichen und Vorgeschmack unserer eigenen Auferstehung.

Jesus verheißt, dass seine Jünger aufgrund ihres Glaubens ebensolche Wunder wie er tun werden und sogar noch größere, denn er geht zum Vater (Joh 14,12). In den Wundern kommen die Werke Jesu am konkretesten zum Ausdruck.

## Gebet

Herr, vermehre in unserer Zeit durch deine Jünger die Zeichen, die zum Ausdruck bringen, dass du der einzige Heiland bist. Mögen sie an die Kraft glauben, die du ihnen verleihst!

31. März-1. April

# Christus hat uns befreit

*«Für die Freiheit hat Christus uns befreit; steht also fest und lasst euch nicht wieder unter das Joch einer Knechtschaft bringen!» (Gal 5,1)*

*«Jesus sagte: "Wenn ihr in meinem Wort bleibt, seid ihr in Wahrheit meine Jünger; ihr werdet die Wahrheit erkennen, und die Wahrheit wird euch frei machen."» (Joh 8,31-32)*

*«[verhaltet euch] als freie Menschen, doch nicht als solche, die in der Freiheit einen Deckmantel haben zum Schlechten, sondern als Knechte Gottes.» (1 Pe 2,16)*

*«Ich aber bin elend und arm; Gott, eile, mir beizustehen! Meine Hilfe und mein Retter bist du; Herr, halte dich nicht zurück!» (Ps 70[69],6)*

*«Denn das Harren der Schöpfung ist ein Warten auf die Offenbarung der Söhne Gottes... auch sie, die Schöpfung, [wird] von der Knechtung an die Vergänglichkeit befreit, zur Freiheit der Herrlichkeit der Kinder Gottes.» (Röm 8,19-21)*

★ ★ ★

Der Jünger Jesu ist frei, denn er hat die Gnade empfangen und die Fähigkeit, in inniger Nähe zum himmlischen Vater zu leben; nicht länger behindern ihn die Bande des Gesetzes, der Sünde, des Todes. Die Taufe im Namen der allerhl. Dreifaltigkeit hat unserer Knechtung ein Ende gesetzt. Und deshalb sind wir nicht länger vom Gesetz abhängig, sondern von der Gnade. Unter der neuen Herrschaft der Gnade wird unser Verhalten dadurch bestimmt, wie gefügig wir gegenüber der Leitung des Heiligen Geistes sind, der in uns wohnt. Das höchste Gesetz, das weiterbesteht und an das wir uns halten müssen, ist das der Liebe. Wenn wir wahre Jünger Jesu sind, dann erfüllen wir dieses Gesetz spontan und glücklich, denn *«wo der Geist des Herrn ist, da ist Freiheit».* (2 Kor 3,17) In uns lebt in der Tat «der Geist der Sohnschaft» und nicht mehr ein «Geist der Knechtschaft»; diesen Geist der Freiheit haben wir in der Taufe empfangen. Und so zeugen wir mit Freude und Bestimmtheit von Christus, dessen glückliche Nachahmer wir sind.

## Gebet

Herr Jesus, verwandle mich in einen ganz freien Menschen; dazu gewähre mir die Gnade, allezeit in deinem Wort zu bleiben.

2.-3. April

# Die Reinheit kommt von innen

*«Und er rief wieder das Volk zu sich und sagte zu ihnen: "Hört mich alle und versteht! Nichts, was von außen in den Menschen hineingeht, kann ihn verunreinigen; sondern was vom Menschen herauskommt, verunreinigt den Menschen." … Denn von innen, aus dem Herzen des Menschen, kommen die bösen Gedanken, Unzucht, Diebstahl, Mord, Ehebruch, Habsucht, Bosheit, Hinterlist, Ausschweifung, böser Blick, Lästerung, Hochmut und Maßlosigkeit. All dieses Böse kommt von innen heraus und verunreinigt den Menschen.» (Mk 7,14-23)*

*«Noch auf dem Hinweg riss und zerrte ihn der Dämon hin und her. Jesus aber gebot dem unreinen Geist, heilte den Knaben und gab ihn seinem Vater. Da gerieten alle außer sich vor Staunen über die Größe Gottes.» (Lk 9,42-43)*

*«Selig, die rein sind im Herzen.» (Mt 5,8)*

*«Schon seid ihr rein, und zwar des Wortes wegen, das ich zu euch gesagt habe.» (Joh 15,3)*

*«Wer ein Bad genommen hat, braucht sich nur die Füße zu waschen, er ist ja ganz rein. Auch ihr seid rein, aber nicht alle.» (Joh 13,10)*

Jesus gibt der Reinheit einen neuen Sinn. Im Alten Testament drückt dieses Wort die Haltung aus, die erforderlich ist, um sich den geheiligten Objekten zu nähern; sie wird durch Riten erlangt, nicht durch eine innere Haltung. Es handelt sich um kultische Reinheit. Die Propheten schärfen jedoch ein, dass es eine wesentliche Befleckung des Menschen gibt, die allein Gott zu reinigen vermag. Die radikale Reinigung des Herzens, des ganzen Wesens gehört in den Bereich der messianischen Verheißungen. Die Psalmisten unterstreichen außerdem, dass die Reinheit von Gott geschenkt wird, wenn man ihn anfleht: *«Wasche meine Sünde völlig von mir ab und mach mich rein»* (Ps 51[50],4).

Jesus bricht mit dem legalistischen Formalismus der materiellen Reinheit wie den verschiedenen Waschungen und dem Meiden des Kontakts zu Sündern. Er verkündet, dass die Reinheit von innen kommt. Die Unreinheit stammt vom Dämon, dem Geist, der Unheil stiftet und unrein an sich ist. Wie in allen Dingen ist Jesus gekommen, den Menschen von unnützen Zwängen zu befreien, die ihn in eine Zwangsjacke stecken. Er will Menschen, die frei entscheiden können, frei zu lieben oder zu hassen, zu beten oder zu fluchen. Und er gibt selber ein Beispiel für die Wahl der Vollkommenheit und nicht des Unheils. Von nun an führt die Reinheit zu Christus und durch ihn zur ewigen Glückseligkeit (Phil 1,10).

## Gebet

Herr, der du mich durch dein Wort gereinigt hast, schenke mir ein reines Herz.

4.-5. April

# Sucht, und ihr werdet finden

*«Bittet, und es wird euch gegeben werden; sucht, und ihr werdet finden; klopft an, und es wird euch aufgetan werden.» (Mt 7,7-8)*

*«Da sah ich an allem Werke Gottes, dass der Mensch das Geschehen nicht ergründen kann, das unter der Sonne geschieht. Wie viel auch der Mensch mit Forschen sich müht, er ergründet es nicht. Und selbst wenn der Weise sagt, er erkenne es, so kann er es doch nicht ergründen.» (Koh 8,17)*

*«Nur eines erflehe ich vom Herrn, nur um dieses ersuche ich: Wohnen zu dürfen im Hause des Herrn alle Tage meines Lebens, zu schauen die Lieblichkeit des Herrn und seinen Tempel zu betrachten.» (Ps 27[26],4)*

*«Säet Gerechtigkeit, dann erntet ihr gemäß der Frömmigkeit! Brecht euch einen Neubruch der Erkenntnis, um den Herrn zu suchen.» (Hos 10,12)*

*«Sucht zuerst sein Reich und seine Gerechtigkeit, und dies alles wird euch dazugegeben werden.» (Mt 6,33)*

★ ★ ★

In seinem Pessimismus beklagt der Prediger — auch Kohelet genannt — sich über die Nutzlosigkeit der menschlichen Bemühungen, einen Sinn in dem Werk Gottes auf Erden zu suchen. Dieser Sinn ist uns durch Christus in seiner ganzen Fülle offenbart. Ausgehend von Gott dem Vater ist er es, der Sohn, der die Schönheit und Größe des Planes Gottes enthüllt. Dadurch, dass er im Schoß der Jungfrau den menschlichen Leib annahm, bezeugt er, dass Gott sich zuerst auf die Suche nach dem Menschen macht. Und bei dem Menschen, der Gott sucht, und dem Gott, der den Menschen sucht, handelt es sich um einen Austausch der Liebe; es bedeutet für den Menschen, schließlich für immer im Hause des Herrn und seiner göttlichen Harmonie zu wohnen und dabei seinen Brüdern zu dienen, um ihnen Anteil an diesem Glück zu geben. Gott suchen bedeutet, Christus zu suchen, zu finden und festzuhalten (Phil 3,8). Dies erfordert, sich zu verleugnen, das heißt, seine eigene Mittelmäßigkeit hinter sich zu lassen, um sich mit dem Geist Jesu zu vermählen und die Fülle der Dinge von oben zu empfangen, das heißt das Glück schon hier auf Erden.

## Gebet

Herr, so viele Menschen suchen dort nach Glück, wo sie es nicht finden. Offenbare dich denen unter diesen verirrten Seelen, die in ihrer Suche aufrichtig sind.

6.-7. April

# Jesus treibt Dämonen aus

*«Mit Anbruch des Abends, als die Sonne untergegangen war, brachte man zu ihm alle Kranken und Besessenen, und die ganze Stadt hatte sich zusammengefunden vor der Tür. Er machte viele, die an mancherlei Krankheiten litten, gesund und trieb viele Dämonen aus, ließ aber die Dämonen nicht reden; denn sie erkannten ihn.» (Mk 1,32-34)*

*«In der Synagoge war ein Mensch mit dem Geist eines unreinen Dämons; der schrie mit lauter Stimme: "Ha, was willst du von uns, Jesus, Nazarener? Bist du gekommen, uns zu verderben? Ich weiß, wer du bist: Der Heilige Gottes!" Jesus fuhr ihn an und sprach: "Verstumme und fahre aus von ihm!" Da warf ihn der Dämon mitten vor sie hin und fuhr von ihm aus, ohne ihm Schaden zu tun.» (Lk 4,33-35)*

*«Als er in der Frühe am ersten Wochentag auferstanden war, erschien er zuerst Maria Magdalena, aus der er sieben Dämonen ausgetrieben hatte.» (Mk 16,9)*

★ ★ ★

Bereits im Alten Testament widmen sich die biblischen Autoren der Frage nach den gefallenen Engeln; der Stolz und die Unreinheit sind ihre Wesensmerkmale. Sie versuchen den Menschen, um ihn zum Bösen zu verleiten.

Jesus kommt, um dem Reich des Satans ein Ende zu bereiten und das Reich Gottes an seiner Stelle aufzurichten. Er treibt die Dämonen aus, die ebenso den Geist wie das Fleisch angreifen, um sich dem Heil der Menschen entgegenzustellen. Die Szenen, in denen Jesus mit den Dämonen konfrontiert ist, sind derart zahlreich, konkret und eindrücklich, dass es unnütz und überflüssig ist, die Existenz der Dämonen der Einbildung und Unwissenheit der Epoche Jesu zuzuschreiben. Die Abgründe der menschlichen Psyche und der von Jesus gegen den Satan und seine Legionen geführten Kampf werden durch den absoluten Triumph des Reiches Gottes über die Kräfte des Bösen beendet. Dieser Kampf tritt heute in eine unerbittliche Phase.

## Gebet

Herr Jesus, du hast die von sieben Dämonen gefesselte Maria Magdalena zum Glück geführt; ihr bist du am Ostermorgen als Erster erschienen. Entreiße die große Menge der heute vom Satan besessenen Seelen der Finsternis und führe sie in dein Licht. Gib der Kirche wieder den vollen Glauben an ihre Kraft zurück, Dämonen durch Exorzismen zu vertreiben.

8.-9. April

# Im Namen Jesu treiben die Jünger Dämonen aus

*«Jesus ruft die Zwölf herbei, beginnt sie auszusenden zu zwei und zwei, gibt ihnen Gewalt über die unreinen Geister... Und sie zogen aus, riefen zur Bekehrung auf und trieben viele Dämonen aus.»* (Mk 6,7...13)

*«Da trat ein Mann zu ihm, fiel vor ihm auf die Knie und sprach: "Herr, erbarm dich meines Sohnes! Denn er ist mondsüchtig und ist schlimm daran; er fällt oft ins Feuer und oft ins Wasser. Deine Jünger vermochten nicht, ihn zu heilen." Jesus sprach: ... "Bringt ihn her zu mir!" Jesus sprach ihn drohend an, und der Dämon fuhr aus von ihm, und der Knabe war gesund von jener Stunde an. ... Dann sagte er zu seinen Jüngern: "Eures Unglaubens wegen ... Diese Art [von Dämonen] aber wird nicht anders ausgetrieben als durch Gebet und Fasten!"»* (Mt 17,14...21)

★ ★ ★

Jesus überträgt seinen Jüngern die Gewalt über die Dämonen und gebietet ihnen, sie in seinem Namen auszutreiben (Mk 16,17). Eine Voraussetzung ist notwendig:

der Glaube. Ein unerschütterlicher Glaube. Wegen der «Armut» ihres Glaubens konnten die Jünger den unreinen Geist nicht austreiben, der jenes Kind quälte. Sein Vater meinte, er sei «mondsüchtig», das heißt epileptisch. Jesus entlarvte sofort den bösen Geist, von dem das Kind besessen war, und trieb ihn aus — einen mächtigen Dämon, den die Jünger nur durch Gebet und Fasten austreiben können.

Der Satan ist unter den Menschen aktiv, aus Hass gegen Gott und sein Reich in Jesus Christus; sein Tun bewirkt schwere geistliche und physische Schäden. Seine Macht ist jedoch begrenzt: obwohl er ganz Geist ist, ist er doch ein Geschöpf und als solches dem Sohn der Menschen und Gottes unterworfen. An die Existenz des Satans und seiner Legionen zu glauben, ermöglicht es, ihn im Namen Jesu zu überwinden.

## Gebet

Gott der Güte und Barmherzigkeit, du hast erlaubt, dass dein Sohn die Folter des Kreuzes erleide, um die Macht des Satans, unseres Feindes, über uns zu brechen; gewähre uns die Kraft, allezeit die Anschläge des von Finsternis umgebenen Bösen zu besiegen, durch Jesus Christus, unseren einzigen Heiland.

10.-11. April

# Jesus verkündigt das Reich Gottes

*«Jesus verkündigte das Evangelium vom Reich Gottes.» (Lk 8,1)*

*«Johannes der Täufer predigte: "Bekehrt euch, denn genaht hat sich das Reich des Himmels."» (Mt 3,2)*

*«Treibe ich aber durch den Geist Gottes Dämonen aus, so ist nunmehr das Reich Gottes zu euch gekommen.» (Mt 12,28)*

*«Jesus erklärte Petrus: "Dir will ich die Schlüssel des Himmelreichs geben."» (Mt 16,19)*

*«Und es wird dieses Evangelium vom Reich verkündet werden in der ganzen Welt.» (Mt 24,14)*

* * *

Der im Alten Testament seltene Ausdruck vom Reich Gottes — auch «Gottesherrschaft» oder «Himmelreich» — wird zum Zentralgedanken in der von Jesus verkündigten Frohen Botschaft. Um in dieses Reich einzugehen, muss man sich bekehren und das Wort Gottes mit einem kindlichen Geist vollständig leben (Mk 10,15). Dieses Reich ist nicht eine neue Institution, sondern das Ende der Herrschaft des Satans und seiner Dämonen. Das Reich Gottes ist die Gesamtheit der Geretteten, während die Kirche, Gemeinschaft der Heiligen, dieses Reich zeitlich verwaltet. Petrus besitzt seine Schlüssel, als Verwalter mit Schlüsselgewalt über den Königspalast. Und dieses Reich kennt keine territorialen Grenzen wie im Alten Testament. Es erstreckt sich heute über die ganze Welt. Diese geheimnisvolle Wirklichkeit des Reiches Gottes ist den Jüngern Jesu vorbehalten (Mt 13,11).

## Gebet

Herr Jesus, gewähre mir die Gnade einer umfassenden Bekehrung, um mir zu ermöglichen, schon in dieser Welt definitiv in das Reich Gottes einzugehen, dessen Mysterium du allein enthüllst.

12.-13. April

## Wer Jesus hat, hat das Leben

*«In ihm (dem Logos) war das Leben, und das Leben war das Licht der Menschen.» (Joh 1,4)*

*«Ich bin der Weg und die Wahrheit und das Leben.» (Joh 14,6)*

*«Und dies ist das Zeugnis, dass uns Gott ewiges Leben gab, und dieses Leben ist in seinem Sohn. Wer den Sohn hat, der hat das Leben; wer den Sohn nicht hat, der hat das Leben nicht.» (1 Joh 5,11)*

*«Ja, bei dir ist die Quelle des Lebens, in deinem Lichte schauen wir Licht.» (Ps 36[35],10)*

*«Schmal ist der Weg, der zum Leben führt.» (Mt 7,14)*

*«Gott der Herr blies in seine Nase den Lebensatem; so wurde der Mensch zu einem lebendigen Wesen.» (Gen 2,7)*

★ ★ ★

Das Leben ist eine Gabe Gottes, für die wir ihm ständig danken müssen. Eine ewige Gabe, die uns von Jesus übergeben ist, der das Leben IST. Jesus zu haben bedeutet, das ewige Leben zu haben. Der Vater hat ihm dieses Privileg geschenkt, das Leben in sich selber zu haben.

Der Glaube an Jesus, Gottes Sohn und Menschensohn, stellt den Jünger an die Quelle des Lebens. Dort schöpft er das ewige Leben; gleichzeitig erhält er das Licht, das den Liebesplan Gottes enthüllt. Das Evangelium ist die vollständige Verkündigung des Lebens in Gott; es lässt unsere Herzen übergehen vor Freude und versichert uns der «Wonne für immer» zur Rechten Gottes (Ps 16[15],11).

Für einen Menschen gibt es kein größeres Gut, als Jesus zu besitzen: in ihm hat er die Gewissheit, das ewige Leben zu haben; ohne ihn stirbt alle Hoffnung.

## Gebet

Danke, Herr Jesus, für die unschätzbare Gabe des Glaubens an dich, denn er eröffnet mir das Leben in Fülle hier auf Erden und das Leben der Wonne für immer im Jenseits.

14.-15. April

# Jesus ist das Licht der Welt

*«Jesus sprach zu der Menge: "Ich bin das Licht der Welt."» (Joh 8,12)*

*«Ihr seid das Licht der Welt... So leuchte euer Licht vor den Menschen, damit sie euer gutes Wirken sehen.» (Mt 5,14-16)*

*«Der Herr ist mein Licht und mein Heil, vor wem sollte ich bangen?» (Ps 27[26],1)*

*«Wer seinen Bruder liebt, der bleibt im Licht.» (1 Joh 2,10)*

*«Es tarnt sich ja selbst der Satan als Engel des Lichtes.» (2 Kor 11,14)*

*«Die Völker werden im Licht Gottes einhergehen.» (Offb 21,24)*

★ ★ ★

Das Licht ist die Quelle des Lebens; sie bringt die Lebensfreude hervor. Der Christ ist ein «Kind des Lichts; er gehört nicht länger der Nacht. Inmitten einer verfinsterten Welt soll er sich als Sohn des Lichts verhalten.» (Eph 5,8)

Nach dem Vorbild Jesu ist er das Licht der Welt; nicht als die Quelle, sondern als Widerschein. Jesus ist die Quelle und das Licht, das die Jünger widerspiegeln, indem sie nach dem Evangelium leben; es lässt den Herrn weiter auf Erden gegenwärtig sein. Indem sie den Nächsten lieben, werden sie Licht. Jesus wünscht, dass diese Liebe sichtbar werde; die Nächstenliebe zeigt sich in guten Werken. Die Sendung der Jünger ist deshalb eine Aufgabe, die als Konsequenz die Welt erhellt.

Der Feind des Lichtes ist der Satan, der Fürst der Finsternis. Doch er, der «Vater der Lüge» verkleidet sich manchmal als Engel des Lichts. Man erkennt ihn an seinen Früchten: der Verwirrung, dem Ekel, der Verzweiflung und der Sünde. Doch Jesus wird den Sieg davontragen und die Völker werden in seinem Licht einhergehen.

## Gebet

Herr, gib deinen Jüngern die notwendigen Gnaden, um die großartige Sendung zu vollbringen, die du ihnen aufgetragen hast in der Welt, deren Licht sie von nun an sind, gemäß deinem heiligen Willen. So lassen sie dich weiter gegenwärtig sein, bis du wiederkehrst.

16.-17. April

# Den Jünger Jesus erkennen

*«Daran werden alle erkennen, dass ihr meine Jünger seid, wenn ihr Liebe habt zueinander.» (Joh 13,35)*

*«Der Gebieter und Herr gab mir eine Jüngerzunge, dass ich verstünde, den Müden zu stärken durch Zuspruch. Er ermuntert an jedem Morgen mir das Ohr, dass ich nach Jüngerart höre.» (Jes 50,4)*

*«Wenn ihr in meinem Wort bleibt, seid ihr in Wahrheit meine Jünger.» (Joh 8,31)*

*«Einer von seinen Jüngern, der, den Jesus liebte, lag an der Brust Jesu.» (Joh 13,23)*

*«Wer nicht sein Kreuz trägt und mir nachfolgt, der kann nicht mein Jünger sein.» (Lk 14,27)*

*«Geht darum hin und macht alle Völker zu Jüngern.» (Mt 28,19)*

★ ★ ★

Jünger ist derjenige, der die Lehre eines Meisters erhält und befolgt. Die Propheten und Weisen des Alten Testaments hatten Jünger. Die Lehre Jesu ist die des Meisters, denn er ist das Wort Gottes. Ein außergewöhnliches Wort, wie die Diener feststellten, die von den Pharisäern ausgesandt worden waren, um ihn festzunehmen: «Noch niemals hat ein Mensch so geredet, wie dieser Mensch redet» (Joh 7,46). «Herr, zu wem sollen wir gehen? Du hast Worte ewigen Lebens!» (Joh 6,68)

Jünger Jesu zu sein hat jedoch seinen Preis: Er muss die Liebe wahrhaftig praktizieren, so wie der Apostel sie definiert hat (1 Kor 13). Das ist wahrhaft nicht leicht, und wir sind alle noch weit davon entfernt. Das Wesentliche ist, unablässig auf diesem mühsamen Weg voranzuschreiten. Und jeder Christ muss in der Nachfolge Jesu sein Kreuz tragen, um ein wahrhafter Jünger zu sein: das Kreuz eines oft sehr schmerzhaften persönlichen Lebenskontextes, das Kreuz der Christen, denen es manchmal an Barmherzigkeit fehlt, das Kreuz der Ablehnung durch «die Welt»... Doch in der Nachfolge Jesu ist das Kreuz, *das Joch gut zu tragen und seine Bürde leicht* (Mt 11,30).

## Gebet

Es gibt kein menschliches Leben ohne Kreuz. Herr, gewähre mir die Gnade, in allen Situationen in deiner Nachfolge zu stehen und mein eigenes Kreuz zu tragen, denn in deiner Nachfolge wird das getragene Kreuz leicht.

18.-19. April

# Christus, der Arzt

*«Jesus durchwanderte ganz Galiläa, lehrte in ihren Synagogen und predigte das Evangelium vom Reich.» (Mt 4,23)*

*«Nachdem er nun ihre Füße gewaschen hatte… sagte Jesus zu ihnen: "Versteht ihr, was ich euch getan habe?" Ihr nennt mich Meister und Herr, und mit Recht sagt ihr so; denn ich bin es. Wenn nun ich eure Füße gewaschen habe, als der Herr und als der Meister, seid auch ihr verpflichtet, einander die Füße zu waschen. Denn ein Beispiel gab ich euch.» (Joh 13,12-15)*

*«Als er in seine Vaterstadt kam, lehrte er sie in ihrer Synagoge, sodass sie voll Verwunderung sprachen: "Woher hat er diese Weisheit und die Wunder? Ist er nicht des Zimmermanns Sohn? Heißt nicht seine Mutter Maria?"» (Mt 13,54-55)*

*«Da erschraken alle und sagten erregt zueinander: «Was ist das? Eine neue, machtvoll sich zeigende Lehre.» (Mk 1,27)*

★ ★ ★

«Doktor»– von «docere», lehren — bedeutet «Lehrer». Die Lehre ist ein Hauptbestandteil des öffentlichen Lebens Jesu. Er lehrt im Tempel, in den Synagogen, in freier Natur und gewöhnlich jeden Tag. Die Menge strömt zusammen, denn seine Lehre ist neu, er bricht mit derjenigen der Gesetzeslehrer, der Schriftgelehrten und Pharisäer. Letztere folgen ihm sogar, um ihm Fallen zu stellen, denn sie ertragen keine andere Art der Lehre des göttlichen Gesetzes als die ihre, die formalistisch und mit zahlreichen Zwängen der Tradition belastet ist. Jesus stellt sich als bevollmächtigter Interpret des Gesetzes dar, das er zu seiner Vollendung führt (Mt 5,17), was alle spüren, die ihn vorurteilslos anhören, seine Landsleute aus Nazaret eingeschlossen. Denn der Menschensohn ist der Gottessohn: er verkündigt die Liebesabsicht seines Vaters, um seine Zuhörer dazu zu bringen, ihn aufzunehmen. Was er lehrt, stammt nicht von ihm, sondern von Demjenigen, der ihn gesandt hat (Joh 7,1f). Seine Lehre anzunehmen und ihm nachzufolgen heißt, Gott zu gehorchen. Die Treue und Fügsamkeit in diesem Gehorsam sind Resultate der Gnade.

## Gebet

Deiner Lehre zu folgen, Herr Jesus, bedeutet, auf dem Weg der Weisheit und des Glücks voranzugehen. Gewähre mir die Gnade, dabei treu und gehorsam zu bleiben.

20.-21. April

# Jesu Triumph über die Feindschaft

*«Liebt eure Feinde, tut Gutes denen, die euch hassen.» (Mt 5,44)*

*«Am Kreuz sprach Jesus: "Vater, vergib ihnen, denn sie wissen nicht, was sie tun."» (Lk 23,34)*

*«Wenn dein Feind hungert, gib ihm zu essen; wenn er dürstet, gib ihm zu trinken; denn tust du das, wirst du glühende Kohlen sammeln auf sein Haupt.» (Röm 12,20)*

*«Jesus sagte zu den zweiundsiebzig Jüngern: "Ich sah den Satan wie einen Blitz vom Himmel fallen. Seht, ich habe euch Macht gegeben, auf Schlangen und Skorpione zu treten, sowie über jede feindliche Gewalt, und nichts wird euch schaden. Doch freut euch nicht darüber, dass die Geister euch untertan sind; sondern freut euch, dass euere Namen aufgezeichnet sind im Himmel."» (Lk 10,18-20)*

*«Denn viele, von denen ich euch oft sprach, von denen ich aber jetzt unter Tränen spreche, leben als Feinde des Kreuzes Christi. Ihr Ende ist Verderben, ihr Gott ist der Bauch.» (Phil 3,18-19)*

*«Zieht an die Vollrüstung Gottes, damit ihr bestehen könnt gegenüber den Anschlägen des Teufels! Wir haben ja nicht gegen Fleisch und Blut zu kämpfen, sondern gegen die Mächte, gegen die Gewalten,*

*gegen die Weltherrscher dieser Finsternis, gegen die Geister des Bösen im Reich der Himmel.»* (Eph 6,11-12)

★ ★ ★

Zum ersten Mal erklingt auf der Erde das Gebot, seine Feinde zu lieben und denen Gutes zu tun, die uns hassen. Dieses Gebot, dem die menschliche Natur widerstrebt, konnte nur vom Gott der Liebe und Barmherzigkeit ausgehen. Der Sohn Gottes äußert nicht nur einen frommen Wunsch, sondern gibt im tragischsten Moment seines Lebens ein Beispiel, am Kreuz, an das er auf Geheiß seiner Feinde geschlagen worden ist. Indem er das Vorbild des Herrn nachahmt, sammelt der Jünger glühende Kohlen auf das Haupt seines Feindes, das heißt, dass dieser über dieses unerwartete Verhalten nachzudenken beginnt; er wandelt seine Feindschaft in Freundschaft. So werden die Christen die Welt verändern, ohne sich deshalb bis dahin Illusionen über die Welt, ihre dunklen Mächte und ihre Beweggründe hinzugeben. Die Welt ist in der Tat den Anschlägen des Satans und seiner Legionen ausgesetzt, der unversöhnlichen Feinde Gottes und seiner Gläubigen; diese tragen für den Kampf gegen den Bösen Waffen des Lichts, deren wirksamste die Feindesliebe ist.

## Gebet

Herr, lehre mich, die Waffen des Lichts zu gebrauchen, die du mir gegeben hast, damit ich deinem Gebot der Liebe ohne jede Ausnahme treu bleibe.

22.-23. April

# Jesus, der gehorsame Knecht

*«Ich erweise meine Gnade bis ins tausendste Geschlecht denen, die mich lieben und meine Gebote halten.» (Ex 20,6)*

*«Deinen Willen zu tun, mein Gott, begehre ich, und dein Gesetz ruht mir mitten im Herzen.» (Ps 40[39],9)*

*«Ich bin vom Himmel herabgekommen, nicht um meinen Willen zu tun, sondern den Willen dessen, der mich gesandt hat.» (Joh 6,38)*

*«Denn das ist der Wille meines Vaters, dass jeder, der den Sohn sieht und an ihn glaubt, ewiges Leben habe und dass ich ihn auferwecke am Jüngsten Tag.» (Joh 6,40)*

*«Ob es recht ist vor Gott, euch mehr zu gehorchen als Gott, das entscheidet selbst.» (Apg 4,19)*

★ ★ ★

Der Gehorsam Gott gegenüber ist nichts anderes als eine freie Zustimmung zum Plan der göttlichen Liebe. Die in den «Ungehorsam eingeschlossene» Menschheit (Röm 11,32) wird durch den Gehorsam des Gottessohnes befreit. Und diejenigen treten in den Gehorsam Gott gegenüber ein, die ihren Glauben in Jesus setzen, das Beispiel des gehorsamen Knechtes. Der Glaube ist das Geheimnis des Gehorsams; dieser ist Zeichen und Frucht des Glaubens. Das menschliche Vorbild des absoluten Gehorsams Gott gegenüber ist Abraham, unser Vater im Glauben. Er ist bereit, die unverständliche Handlung zu vollziehen, die darin besteht, seinen einzigen Sohn zu opfern. So wurde er auf die Probe gestellt: «Weil du dies getan hast und deinen einzigen Sohn mir nicht vorenthalten hast, will ich dich segnen mit reichem Segen und will deine Nachkommen überaus zahlreich machen wie die Himmelssterne.» (Gen 22,16-17) Doch die Jünger haben das Beispiel Abrahams nicht mehr nötig; es reicht, die Augen auf den Sohn Gottes zu richten, den Knecht, der gehorsam ist bis zum Tod am Kreuz, sie können mit dem Psalmisten sagen: «Mein Herz, mein ganzer Leib, jubelt dem lebendigen Gott entgegen» (Ps 84[83],3) und so am Morgen den ganzen Tag Gott zu übergeben, in der Nachfolge Jesu Christi, höchstes Ziel jedes Christenlebens und einziges Gesetz des Christen (1 Kor 9,21). Auf diese Weise gehorchte er dem Willen des himmlischen Vaters, mit der Gewissheit des ewigen Lebens.

## Gebet

Herr, mit meinem ganzen Wesen stimme ich deinem Liebesplan zu; deshalb besteht meine Freude darin, deinem Wort zu gehorchen.

24.-25. April

# Jünger eines Weisen und Jünger Jesu

*«Mein Sohn, vergiss nicht mein Gesetz, dein Herz bewahre mein Gebot! Denn viele Tage, Lebensjahre und Wohlergehen bringt es dir.» (Spr 3,1)*

*«Jesus spricht: "Kommt, folgt mir nach, und ich werde euch zu Menschenfischern machen!"» (Mk 1,17)*

*«Wer mit mir gehen will, der verleugne sich selbst, nehme sein Kreuz auf sich und folge mir nach.» (Mk 8,34)*

*«Kommt zu mir alle, die ihr müde seid und beladen, und ich will euch ausruhen lassen. Nehmt mein Joch auf euch und lernt von mir; denn ich bin gütig und bescheiden in meinem Herzen, und ihr werdet Ruhe finden für eure Seelen; denn gut zu tragen ist mein Joch, und meine Bürde ist leicht.» (Mt 11,29-30)*

★ ★ ★

Jünger ist derjenige, der von einem Meister lernt und seine Ansichten übernimmt. Viele Meister scharen heutzutage ihre Jünger um sich. Diese machen sich ihrerseits auf, die Gedanken ihrer Meister in ihrer Umgebung zu verbreiten und fügen dabei manchmal ihre eigenen Gedanken hinzu. Im Alten Testament sammeln die Propheten und Weisen um sich oft eifrige Jünger; ihnen schärfen sie die traditionelle Lehre ein. Ebenso die Schriftgelehrten. Während die Lehre der Propheten aus dem Wort Gottes kommt, konnte diejenige der Gesetzes-Spezialisten manchmal *«das Gesetz Gottes aufheben»* (Mk 7,1f).

Die Jünger Jesu hören auf die menschgewordene Weisheit Gottes. Sie sind untrennbar verbunden — nicht mit einer Lehre, sondern mit einer Person. Sie können sich nicht von ihr losmachen und ihrerseits nach Gutdünken lehren. Das Wort Jesu ist kein Ausdruck menschlicher Weisheit, es ist das auf ewig unveränderliche Wort Gottes. Einem Meister zu folgen, erleichtert nicht die Last, die ein jeder Mensch in seinem Leben zu tragen hat. Jesus nachzufolgen, erleichtert diese Last und macht sie zu einer sanften Bürde. Seit Gott in Jesus Mensch geworden ist, gibt es keinen anderen Meister mehr als Ihn, die Weisheit Gottes.

## Gebet

Herr Jesus, mehre die Zahl der Menschen, denen du dich offenbarst und beschleunige so deine Wiederkunft, bei der es nur mehr eine Herde unter einem Hirten geben wird.

26.-27. April

# Sei ohne Furcht, glaube nur

*«Jemand sagte: "Deine Tochter ist gestorben, bemühe den Meister nicht weiter!" Jesus aber, der es hörte, wandte sich an ihn: "Sei ohne Furcht, glaube nur, und sie wird gerettet!"» (Lk 8,49-50)*

*«Dass aber durch das Gesetz niemand gerecht wird vor Gott, ist offenkundig, da der Gerechte aus dem Glauben lebt.» (Gal 3,11)*

*«Wie ihr nun Jesus Christus angenommen habt als den Herrn, so lebt in ihm: verwurzelt und aufgebaut in ihm, sollt ihr kraftvoll werden im Glauben, wie er euch gelehrt wurde, und überströmen vor Dankbarkeit. Seht zu, dass euch niemand umgarne mit Weltweisheit und leerem Trug nach Art menschlicher Überlieferung, nach Art der Weltelemente, aber nicht im Sinne Christi.» (Kol 2,6-8)*

*«Wahrlich, wahrlich, ich sage euch: Wer auf mein Wort hört und dem glaubt, der mich sandte, hat ewiges Leben.» (Joh 5,24)*

*«Wer nicht glaubt, der ist schon gerichtet.» (Joh 3,18)*

*«Geht hin in alle Welt und verkündet das Evangelium aller Kreatur. Wer glaubt und sich taufen lässt, wird gerettet.» (Mk 16,16)*

Der Glaube lässt uns die offenbarten Wahrheiten in einem totalen persönlichen Vertrauen auf Gott annehmen. Abraham, der Vater der Glaubenden, hat auf ein Wort Gottes hin alles verlassen; er brach ins Unbekannte auf und verließ sich dabei ganz auf Gott, der sich und ihn nicht täuschen konnte.

Der Glaube des Christen gründet sich auf eine Person: Jesus, den Sohn Gottes. Diese Bindung ist vor allem anderen ein Gefühl der Zuneigung Demjenigen gegenüber, der die Frohe Botschaft der untrennbaren Gottes- und Nächstenliebe verkündigt hat. Aus Liebe hat er sein Leben gegeben. Seine Auferstehung ist die Krönung des Glaubens. Dieser kennt nur einen Weg: die von den Aposteln übermittelten Wahrheiten. Er muss darauf achten, sich nicht von den hohlen Theorien eines Menschen in die Irre führen zu lassen, wie großartig sie auch immer erscheinen mögen. Das Gebet und die eifrige Evangeliumsbetrachtung nähren den Glauben und verwurzeln in Christus. Bevor er zum Vater zurückkehrte, hat Christus seinen Jüngern geboten, das Evangelium in der ganzen Welt zu verkünden.

## Gebet

Mit deiner Gnade, Herr, werde ich allezeit beständig in dem Glauben bleiben, der mich in deinen Augen rechtfertigt und dem Leben seinen Sinn gibt, wie auf Erden so auch im Himmel.

28.-29. April

## Ich bin nicht gekommen, Frieden zu bringen, sondern das Schwert

*«Denkt nicht, ich sei gekommen, Frieden auf die Erde zu bringen; ich bin nicht gekommen, Frieden zu bringen, sondern das Schwert. Denn ich bin gekommen, einen Menschen zu entzweien mit seinem Vater, die Tochter mit ihrer Mutter und die Schwiegertochter mit ihrer Schwiegermutter, und des Menschen Feinde werden seine Hausgenossen sein. Wer Vater oder Mutter mehr liebt als mich, ist meiner nicht wert, und wer Sohn und Tochter mehr liebt als mich, ist meiner nicht wert. Wer nicht sein Kreuz nimmt und mir nachfolgt, ist meiner nicht wert.» (Mt 10,34-39)*

*«Wenn ihr mich liebt, werdet ihr meine Gebote halten… Frieden lasse ich euch zurück, meinen Frieden gebe ich euch.» (Joh 14,15… 27)*

*«Nehmt… das Schwert des Geistes, das ist das Wort Gottes.» (Eph 6,17)*

*«Das Wort Gottes ist schärfer als jedes zweischneidige Schwert.» (Hebr 4,12)*

Man darf niemals einen Text aus seinem Kontext reißen, sonst besteht die Gefahr, aus ihm das Gegenteil dessen herauszulesen, was er bedeutet. Der Kontext dieser auf den ersten Blick beunruhigenden Aussage (Mt 10,34) des Herrn ist das Evangelium. Das Evangelium aber ist die Verheißung der Gottesherrschaft. Diese Herrschaft ist die der untrennbar miteinander verwobenen Gottes- und Nächstenliebe. Ihre Früchte sind der innere Frieden und der Frieden unter den Menschen. Diesen Frieden zu bringen, ist Jesus gekommen; *seinen* Frieden, der nicht mit dem der Welt identisch ist. Die Spaltung, die das «Schwert» Christi innerhalb der eigenen Familie hervorrufen kann, ist die Spaltung, die sich logischerweise zwischen einem Jünger und dem Geist der Welt ergibt. Nicht selten sieht man einen Vater Christus nachfolgen, während sein Sohn sich vom Geist der Welt bestimmen lässt, oder umgekehrt; zwischen ihnen wird das Schwert des Gotteswortes stehen. Was der eine praktiziert, wird vom anderen abgelehnt, was zu einer ständigen Spannung innerhalb der Familie führt. Das Evangelium ist eine Herausforderung für die sündige Menschennatur; es stiftet Frieden in den Herzen und weckt Liebe, doch um den Preis großer Anstrengungen, die dem «Fleisch» widerstreben. Diese Herausforderung anzunehmen, fügsam ihren Anforderungen zu genügen, und alles dies aus Liebe heißt, sich auf Erden das Glück zu sichern und «Wonne für immer» (Ps 16[15]) im Herzen der Allerhl. Dreifaltigkeit im Himmel.

## Gebet

Ich danke dir, Herr, für das Schwert, das du auf die Erde gebracht hast, mit deinem Frieden, der Gabe des Heiligen Geistes.

30. April-1. Mai

# Sei getrost, dein Glaube hat dir geholfen

*«Und siehe, eine Frau, die seit zwölf Jahren an Blutfluss litt, trat von rückwärts hinzu und berührte den Saum seines Kleides; denn sie sagte sich: "Wenn ich nur sein Kleid berühre, werde ich gesund." Jesus wandte sich um, sah sie und sprach: "Sei getrost, Tochter! Dein Glaube hat dir geholfen." Und die Frau war geheilt von jener Stunde an.»* (Mt 9,20-22)

*«Einer von ihnen, der sah, dass er geheilt sei, kehrte um, lobte Gott mit lauter Stimme, fiel vor seinen Füßen auf sein Angesicht nieder und dankte ihm. Und der war ein Samariter. Jesus erwiderte: "Sind nicht die zehn rein geworden? Wo sind denn die neun? Hat sich keiner gefunden, der zurückkäme und Gott die Ehre gäbe als dieser Fremde?" Und er sagte zu ihm: "Steh auf und geh! Dein Glaube hat dir geholfen."»* (Lk 17,15-19)

*«Wenn du mit deinem Mund bekennst: "Herr Jesus" und in deinem Herzen glaubst, dass Gott ihn von den Toten erweckte, wirst du gerettet werden.»* (Röm 10,9)

★ ★ ★

Der Glaube ist ein Tun des Verstandes und des Herzens, durch das der Mensch sich ganz Gott anvertraut, mit der Gewissheit, in Jesus Christus gerettet zu sein. Der Glaube stand im Mittelpunkt des religiösen Lebens Israels. Jesus unterstreicht seinen Wert und verdeutlicht seine Früchte; er bewirkt Wunder; er führt zum Heil. Diejenigen, die diesen Schatz besitzen, nennt man «die Gläubigen», wobei der Begriff das gesamte geistliche und religiöse Leben umschließt. Der Glaube bewirkt große Wohltaten; weil er eine Gnadengabe Gottes ist, sollte man ihm ständig dafür danken. Wie Jesus von der Dankbarkeit des Leprakranken berührt wurde, ebenso ist der Vater von der Danksagung gerührt, die für die unzähligen Wohltaten gebracht wird, mit denen er uns erfüllt. Ihm sollen wir täglich Dank sagen für die unschätzbare Gabe des Glaubens. An Jesus glauben heißt, sich von seinem Wort zu nähren, es unablässig zu vertiefen, denn es ist unerschöpflich. Es heißt folglich, seinem Glauben konkret und authentisch Ausdruck in der Nächstenliebe zu geben. Bereits auf Erden versetzt uns der Glaube in die ewige Wonne.

## Gebet

Herr, ich danke dir für die Gabe des Glaubens, der ein himmlisches Licht auf mein Leben fallen lässt und mich dieser Welt enthebt, die der Sünde verfallen ist.

2.-3. Mai

# Jesus ist gekommen, Sünder zu rufen

*«Ich bin nicht gekommen, Gerechte zu rufen, sondern Sünder.» (Mt 9,13)*

*«Vergeben sind ihre vielen Sünden, denn sie hat viel geliebt»... Jesus aber sagte zu der Frau: «Dein Glaube hat dir geholfen! Geh hin in Frieden!» (Lk 7,47...50)*

*«Der Menschensohn ist gekommen, zu suchen und zu retten, was verloren war.» (Lk 19,10)*

*«Da richtete Jesus sich auf und fragte die Ehebrecherin: "Frau, wo sind sie? Hat dich keiner verurteilt?" Sie antwortete: "Keiner, Herr!" Da sagte Jesus zu ihr: "Auch ich verurteile dich nicht. Geh hin und sündige fortan nicht mehr!"» (Joh 8,10-11)*

*«Ich bin als Licht in die Welt gekommen, damit jeder, der an mich glaubt, nicht in der Finsternis bleibe. Wenn einer meine Worte hört und nicht bewahrt, den richte nicht ich; denn ich bin nicht gekommen, die Welt zu richten, sondern die Welt zu retten.» (Joh 12,46-47)*

★ ★ ★

Der Sünder tut, was in den Augen Gottes schlecht ist. Er verdient es, abgelehnt zu werden. Aber Gott ist ein Abgrund an Barmherzigkeit. Die Sünde offenbart die Bosheit des Sünders, doch ebenfalls die Liebe Gottes und seine unablässige Barmherzigkeit.

Von Beginn der Verkündigung der Frohen Botschaft des unter die Menschen gekommenen Himmelreiches an ist Jesus von Sündern umringt. Für sie ist er gekommen. Er sagt es und wiederholt es. So versteht man die Sünderin, die seine Füße mit ihren Tränen netzt. Er vergibt die schlimmsten Sünden wie den Ehebruch, auf den die Hinrichtung durch Steinigung stand. Er ist auf die Welt gekommen, um sie von der Sünde zu befreien, wie schlimm sie auch sein mag. Er ist das Licht der Welt, das sie aus der Finsternis befreit. Seine Jünger können nicht sündigen, solange sie im Wirkungsbereich des Heiligen Geistes bleiben; so sind sie ganz Kinder Gottes, außer Reichweite der Einflüsterungen des Satans. Diejenigen jedoch, welche die Worte Jesu nicht bewahren, werden am jüngsten Tag durch das Wort Jesu gerichtet (Joh 12,48).

## Gebet

Heiliger Geist Gottes, bewahre mich allezeit unter deiner Macht, denn ich will ein Gotteskind bleiben und sein Wort halten.

4.-5. Mai

# Das Erbarmen Gottes in Jesus

*«Der Herr, euer Gott, ist gnädig und barmherzig. Er wird sein Angesicht nicht von euch wenden.»* *(2 Chr 30,9)*

*«Als er das Volk sah, ergriff ihn Mitleid mit ihm; denn es war geplagt und preisgegeben wie Schafe, die keinen Hirten haben.»* *(Mt 9,36)*

*«"Was wollt ihr, was soll ich euch tun?" Die beiden Blinden antworteten ihm: "Herr, dass unsere Augen geöffnet werden!" Jesus erbarmte sich ihrer, berührte ihre Augen, und sogleich sahen sie und folgten ihm nach.»* *(Mt 20,32-34)*

*«Die Weisheit von oben aber ist zuallererst lauter, dann friedsam, gütig, nachgiebig, voll Erbarmen und guter Früchte.»* *(Jak 3,17)*

★ ★ ★

Das Empfinden des Erbarmens wird hervorgerufen von der Wahrnehmung des Leides, des Unglücks oder einer Krankheit. Man nimmt Anteil an dem Leiden eines Menschen, einer Gruppe oder eines Volkes. Der Gott der Güte und der Gnade ist auch der Gott der

Barmherzigkeit. Im Verlauf der Heilsgeschichte hat der Herr sein Erbarmen angesichts des menschlichen Elends gezeigt, vorzugsweise gerade dem des Armen, der Witwen und Waisen. Was den Sünder angeht, so erbarmt Gott sich seiner, sofern er sich nicht in der Sünde verstockt.

Im Gleichnis vom Verlorenen Sohn schildert Jesus den Vater, der auf die Rückkehr seines Sohnes harrt; sobald er ihn erblickt, läuft er, von Erbarmen ergriffen, ihm entgegen, um ihn an sein Herz zu drücken (Lk 15,11-32). Jesus ist der *«mitfühlende Hohepriester»* (Hebr 2,17). Er hat das Verhalten der Pharisäer so sehr verabscheut: sie waren überzeugt, gerechtfertigt zu sein durch ihre Werke, durch ihren Gesetzesvollzug und nicht durch die Barmherzigkeit Gottes. Und er fordert seine Jünger auf, sich nach dem Vorbild Gottes barmherzig zu zeigen. Wir werden gerichtet werden nach dem Maß des Erbarmens, das wir andern gegenüber hatten und der Barmherzigkeit, mit der wir dem Nächsten begegnet sind. (Mt 25,31-46)

## Gebet

Gott der Güte und des Erbarmens, wecke in mir das herzliche Mitleid angesichts des Elends der Armen in der Welt.

6.-7. Mai

# Jesus lehrte im Tempel

*«Der Herr ist in seinem heiligen Tempel.» (Ps 11[10],4)*

*«Hört! Lärm von der Stadt her, hört, vom Tempel her; hört, der Herr.» (Jes 66,6)*

*«Nach drei Tagen geschah es, da fanden sie ihn im Tempel, wo er mitten unter den Lehrern saß, auf sie hörte und sie befragte. Alle, die ihn hörten, staunten über sein Verständnis und seine Antworten.» (Lk 2,46-47)*

*«Täglich war er im Tempel und lehrte.» (Lk 19,47)*

*«Als Jesus den Tempel verließ und weiterging, traten seine Jünger zu ihm, um ihn hinzuweisen auf die Bauten des Tempels. Er aber sagte zu ihnen: "Seht ihr dies alles? Wahrlich, ich sage euch: Kein Stein wird hier auf dem anderen gelassen, ein jeder wird abgebrochen werden."» (Mt 24,1-2)*

★ ★ ★

Der Tempel ist das Wahrzeichen der Gegenwart Gottes unter den Menschen. Errichtet unter Salomo, zerstört unter Nebukadnezar im Jahr 586, wiedererrichtet zwischen 536 und 515 und prachtvoll ausgebaut von

Herodes dem Großen, ist der Tempel das Zentrum des Jahwekultes. Die Propheten klagen die Verirrungen dieses Kultes an, und man spürt das Verlangen nach einem geistlicheren Kultus, dem des Herzens: *«Spruch des Herrn: Ich lege mein Gesetz in ihr Inneres und schreibe es ihnen ins Herz.»* (Jer 31,33)

Jesus zeigt eine große Ehrfurcht vor dem Tempel. Er greift zur Gewalt, um die Händler und Wechsler aus ihm zu vertreiben. Der Tempel ist der bevorzugte Ort seiner Lehre. In dem Augenblick, als er am Kreuz stirbt, zerreißt der Vorhang, der das Allerheiligste vom Heiligen trennt, wie um einen geheimnisvollen Zusammenhang zwischen ihm und dem Haus Gottes sowie dem Ende des heiligen Charakters des Tempels zu bezeichnen (Mt 27,50-51). Die Kirche als Leib Christi ist der neue und ewige Tempel anstelle des Jerusalemer Tempels, dessen endgültige Zerstörung und Ersetztwerden durch den auferstandenen Christus von Jesus vorausgesagt wurde: *«Brecht diesen Tempel ab, und in drei Tagen will ich ihn aufrichten»* (Joh 2,19). Die Gegenwart Gottes unter den Menschen wird nicht mehr durch den Tempel auf dem Zion bezeichnet, sie verwirklicht sich durch den in Jesus Christus selber menschgewordenen Gott.

## Gebet

Herr, schenke es uns, mit brennender und ungeteilter Liebe die Kirche, den Leib Christi und den lebendigen Tempel Gottes, zu lieben.

8.-9. Mai

# Herr über den Sabbat ist der Menschensohn

*«Zu jener Zeit ging Jesus am Sabbat durch die Saatfelder. Seine Jünger aber waren hungrig und fingen an, Ähren abzurupfen und zu essen. Als die Pharisäer das sahen, sagten sie zu ihm: "Siehe, deine Jünger tun, was am Sabbat zu tun nicht erlaubt ist." … Und wenn ihr wüsstet, was es heißt: Barmherzigkeit will ich und nicht Opfer, so hättet ihr die Schuldlosen nicht verurteilt. Denn Herr über den Sabbat ist der Menschensohn.» (Mt 12,1-8)*

*«Da sagten einige von den Pharisäern: "Dieser Mensch ist nicht von Gott, weil er den Sabbat nicht achtet." Andere aber sagten: "Wie kann ein Sünder solche Zeichen tun?" Und es kam zu einer Spaltung unter ihnen.» (Joh 9,16)*

*«Der Sabbat ist um des Menschen willen da, nicht der Mensch um des Sabbats willen.» (Mk 2,27)*

★ ★ ★

Die Gesetzeslehrer, Pharisäer und Schriftgelehrten haben das Sabbatgebot nach und nach in eine Zwangsjacke verwandelt, die es untersagt, mehr als zweihundert

Schritte zu tun, Holz zu sammeln, Essen zuzubereiten usw. Dieser formale Rigorismus hat in mehr als sechshundert Regeln und Verboten Ausdruck gefunden.

Jesus schafft den Sabbat nicht ab, aber wieder einmal rückt er den Menschen ins Zentrum des Gesetzes. Der Sabbat ist für den Menschen gemacht und nicht umgekehrt. Die Pharisäer sind aufgebracht ob dieser «Übertretung» des Sabbats durch Jesus und seine Jünger; Ähren abzurupfen steht für Ernte und ist folglich untersagt. Am Sabbat zu heilen, bedeutet zu arbeiten und ist folglich untersagt. Diese Missachtung der vielen Sabbatverbote führt zum Hass der Pharisäer; sie sehen in Jesus einen Scharlatan und Mitkämpfer des Teufels. Dieser Hass wird zur Antriebskraft der Verurteilung Jesu zum Tode. Der Herr ist gekommen, die Menschen zu retten, zu befreien von den legalistischen Riten einer allein menschlichen Tradition. Er stellt den Menschen ins Herz Gottes. Sein Heil ist das Werk der Liebe. Er wird am Kreuz sterben.

## Gebet

Herr, bewahre deine Jünger davor, überholte menschliche Gewohnheiten mit dem befreienden Geist des Evangeliums zu verwechseln.

10.-11. Mai

# Selig, die arm sind in ihrem Geist

*«Selig, die arm sind in ihrem Geist, denn ihrer ist das Himmelreich.»* (Mt 5,3)

*«Hat nicht Gott die vor der Welt Armen auserwählt zu Reichen im Glauben und zu Erben des Reiches, das er denen verhieß, die ihn lieben? Ihr aber habt den Armen entehrt.»* (Jak 2,5-6)

*«Er richtet die Geringen recht, entscheidet richtig für die Armen im Land; den Gewalttätigen schlägt er mit dem Stab seines Mundes und tötet den Frevler mit dem Hauch seiner Lippen.»* (Jes 11,3-4)

*«Willst du vollkommen sein, so geh hin, verkauf, was du hast, und gib es den Armen, und du wirst einen Schatz im Himmel haben; dann komm und folge mir nach!»* (Mt 19,21)

* * *

Im Gegensatz zur westeuropäischen Literatur haben die Armen in der Bibel einen erheblichen Stellenwert. Der Arme wird dort in seiner Eigenschaft als «Bettler», als «Hungriger», «Erniedrigter», «Bedrückter», als «Hinfälliger» und «Geringer» beschrieben. Dies ist er aufgrund der wirtschaftlichen und sozialen Bedingungen oder aufgrund einer persönlichen Entscheidung. In der Armut liegt ein solcher innerer Reichtum, dass die Armen die bevorzugten Erben des Himmelreiches sind. Es gibt jedoch eine Armut, die eine Folge des Müßiggangs und des Lasters ist (Spr 11,16); sie führt zum Elend (Spr 6,6-11). Die Armen haben Anrecht auf einen Anteil vom Zehnten des Gläubigen.

Alle unfreiwillig Mittellosen werden von den Propheten verteidigt, insbesondere von Amos. Sie prangern den Betrug an, die Aneignung des Landes, die Versklavung der Kleinen, den Machtmissbrauch und die allgemeine Verderbtheit, einschließlich der des Rechts. Die Propheten setzen ihre Hoffnung in den Messias, den Anwalt der Armen (Jes 11,4; Ps 72[71],2).

Jesus, der erwartete Messias, spricht in seiner ersten Rede die Armen selig. Die Armen werden an den Tisch Gottes geladen werden (Lk 1,46). Und es sind in erster Linie die Armen und Demütigen, die zu ihm strömen, der ja ebenfalls ein Armer ist. Durch sein Gebet des 22.[21.] Psalms am Kreuz heiligt er das Gebet aller Armen Jahwes.

## Gebet

Reich gemacht durch all die von dir empfangenen Gaben, Herr, wecke in mir den Geist der Armut, gemäß der ersten Seligpreisung.

12.-13. Mai

# Wer ist Jesus?

*«Denn der vergängliche Leib beschwert die Seele, und das irdische Zelt belastet den gedankenreichen Verstand.» (Weish 9,15)*

*«Wir wollen uns rein bewahren von aller Befleckung des Fleisches und Geistes und zu vollkommener Heiligkeit gelangen in der Furcht Gottes.» (2 Kor 7,1)*

*«Verflucht der Mann, der auf Menschen vertraut und auf gebrechliches Fleisch sich stützt und dessen Gesinnung vom Herrn abweicht!» (Jer 17,5)*

*«Wer auf sein Fleisch sät, wird vom Fleisch Verderben ernten; wer auf den Geist sät, wird vom Geist ewiges Leben ernten.» (Gal 6,8)*

*«Offenkundig sind die Werke des Fleisches: es sind Unzucht, Unlauterkeit, Ausschweifung, Götzendienst, Zauberei, Feindschaften, Zank, Eifersucht, Gehässigkeiten, Hetzereien, Entzweiungen, Spaltungen, Missgünstigkeiten, Trinkereien, Schwelgereien und was dergleichen ist.» (Gal 5,19-20)*

★ ★ ★

Das Fleisch wurde von Gott erschaffen und vom Sohn Gottes angenommen: Es ist nicht durch und durch verderbt, es ist schwach. Durch das Fleisch gehört der Mensch zur irdischen Welt; durch den Hauch jedoch, mit dem Gott ihn belebt, gehört er der himmlischen Welt an. Der Mensch ist nicht gespalten, doch im Zwiespalt zwischen Fleisch und Geist, zwei Gewalten, die ihn in verschiedene Richtungen ziehen. Sich auf das Fleisch zu verlassen, heißt unausweichlich, sich von Gott zu entfernen. Wir leben im Fleisch, doch wir müssen vermeiden, nach dem Fleisch zu leben (2 Kor 10). Der Wille des Menschen schwankt zwischen dem Fleisch und dem Geist. Das Fleisch erscheint als der Ort der Sünde, der Geist als die Anziehungskraft in Richtung auf den göttlichen Schöpfungsplan. Der Gegensatz zwischen diesen zwei Kräften im Herzen des Jüngers ist unaufhebbar (Gal 5,17). Er kann nach dem Fleisch leben, aber Gott ruft ihn dazu, nach dem Geist zu leben, der in ihm wohnt. Dies ist die *«große Drangsal»* (Offb 7,14) der das Menschsein unterworfen ist. Doch indem er leibhaftig Fleisch annahm, hat Christus die Sünde im Fleisch selber verurteilt (Röm 8,3). Sich Christus zu übergeben bedeutet, der Anziehungskraft des Fleisches zu entgehen.

## Gebet

Herr Jesus, Kraft deiner Menschwerdung reinige mich von aller fleischlichen Befleckung; bewahre mich vor den Werken des Fleisches.

14.-15. Mai

# Jesus ist Liebe

*«Gott ist Liebe.» (1 Joh 4,8)*

*«Daran erkannten wir die Liebe, dass jener für uns sein Leben hingab; auch wir sollen für die Brüder das Leben hingeben.» (1 Joh 3,16)*

*«Mit ewiger Liebe habe ich dich geliebt.» (Jer 31,3)*

*«Auf ewig nehme ich dich mir zur Ehe... mit dem Versprechen von Recht und Gerechtigkeit, von Huld und Erbarmen. Ich nehme mich dir zur Ehe um Treue, damit du den Herrn erkennest.» (Hos 2,21-22)*

*«Der Herr erneuert dir seine Liebe.» (Zef 3,17)*

*«Wer aber sein Wort hält, in dem ist wahrhaft die Liebe Gottes vollendet.» (1 Joh 2,5)*

*«Wer will uns trennen von der Liebe Christi?» (Röm 8,35)*

★ ★ ★

Mit drei unvergesslichen Wörtern hat der Apostel, den Jesus liebte, weil er ihn am besten verstanden hatte — sein Evangelium bezeugt es — es gewagt, Gott zu definieren. Wenn Gott Liebe ist, dann ist auch der nach seinem Abbild geschaffene Mensch Liebe. Aus Achtung vor seiner Freiheit hat Gott jedoch nur den Samen der Liebe in ihn gelegt; an ihm ist es, ihn wachsen oder verderben zu lassen. Jeder, der sich entscheidet, nach dem Bild Gottes ebenfalls Liebe zu werden, den wird diese Liebe erneuern, derart, dass die Liebe Gottes in ihm vollkommen sein wird. Er ist nunmehr mit Gott vermählt in einer mystischen Verlobung, deren Liebe ewig sein wird. Nichts kann ihn jemals wieder von der Liebe Christi scheiden.

Die Entscheidung, Liebe zu werden, muss sich jedoch an die Anforderungen der Liebe halten, wie sie der Apostel Paulus in 1 Kor 13 darlegt. Dieser Text ist oft zu bedenken, um ihn zu einer regelmäßigen Gewissenserforschung zu benutzen.

## Gebet

Herr, gewähre mir die notwendigen Gnaden, um mich nach deinem Bild in Liebe zu verwandeln, insbesondere die Gnade, die Liebe konkret zu leben, wie der Apostel sie schildert.

16.-17. Mai

# Bin ich ein echter Jünger Jesu? (1)

*«Ein neues Gebot gebe ich euch, dass ihr einander liebt; wie ich euch geliebt habe, so sollt auch ihr einander lieben. Daran werden alle erkennen, dass ihr meine Jünger seid, wenn ihr Liebe habt zueinander.» (Joh 13,34-35)*

*«Wenn ich allen Glauben habe, dass ich Berge versetzte, doch Liebe nicht habe, so bin ich nichts... Die Liebe übt Nachsicht; in Güte handelt die Liebe. Sie eifert nicht... sie macht sich nicht groß... sie sucht nicht das Ihre; sie lässt sich nicht erbittern; sie rechnet das Böse nicht an. Sie hat nicht Freude am Unrecht, freut sich jedoch an der Wahrheit. Sie erträgt alles, sie glaubt alles, sie hofft alles, sie duldet alles. Die Liebe hört niemals auf...» (1 Kor 13)*

★ ★ ★

Als Jesus im Begriff ist, zu seinem Vater zurückzukehren, bittet er die Apostel und Jünger, seine Zeugen bis ans Ende der Erde zu sein (Apg 1,8). Er wünscht, dass seine Zeugen als solche erkennbar sein sollen; dafür gilt ein einziges Kriterium: die Liebe, welche die Jünger sich gegenseitig bezeugen.

Was ist wahre Liebe? Der Apostel Paulus legt sie in dreizehn unvergesslichen Versen dar. Dieses Kapitel 13 des ersten Korintherbriefes ist die Messlatte des Jüngerseins. Liebe ich die anderen Jünger Jesu auf diese Weise? Meine Liebe zum Nächsten, wer er auch sein mag, erreicht sie diese Qualität? Diese dreizehn Verse sollen zum roten Faden der monatlichen oder wöchentlichen Überprüfung meines Verhaltens gegenüber den anderen werden, zuallererst den christlichen Geschwistern. Je mehr meine Nächstenliebe nach dem Maßstab des Apostels wächst, umso mehr erstarkt auch meine Qualität als Jünger Jesu. Dies ist der einzige Weg. Und gleichzeitig ist dies auch mein Weg zur Heiligkeit.

## Gebet

Herr Jesus, ich will allezeit dein Jünger bleiben; mir liegt daran, dies mit meinem ganzen Leben zu bezeugen. Gewähre mir die Gnade, unablässig zu wachsen in meiner Liebe zu den anderen Jüngern und zum Nächsten, wer er auch sein mag.

18.-19. Mai

# Bin ich ein echter Jünger Jesu? (2)

*«Im Haus meines Vaters sind viele Wohnungen.»* *(Joh 14,2)*

*«Jedes Reich, das entzweit ist mit sich selbst, wird verwüstet werden; und keine Stadt oder Hausgemeinschaft, die mit sich selbst entzweit ist, wird Bestand haben.»* *(Mt 12,25)*

*«Es ist mir nämlich durch die Leute der Chloë berichtet worden, es gebe Streitigkeiten unter euch... dass der eine von euch sagt: "Ich gehöre zu Paulus"; der andere: "Ich zu Apollos" — "ich zu Kefas" — "ich zu Christus." Ist denn Christus geteilt? Wurde denn Paulus gekreuzigt für euch?»*
*(1 Kor 1,11-13)*

★★★

Ein tückisches Gift hat sich allezeit unter den Christen verbreitet. Dies belegt der Brief des Apostels Paulus an die Korinther. Die flächendeckende Ausstrahlung der Medien hat dieses Übel in unserer Zeit noch verschlimmert. Die Intoleranz verbreitet sich, ohne dass die Christen sich dessen wirklich bewusst werden. Heimtückisch etabliert sich ein Geist der religiösen Scheuklappen. «Ich bin progressiv — Ich bin Traditionalist — Ich bin von der Gemeindeerneuerung — ich kann Charismatiker nicht leiden.» So sündigt man gegen den Geist. Die Achtung vor den verschiedenen Neigungen ist für die Kirche grundlegend. *«Im Haus meines Vaters sind viele Wohnungen. [Ich bitte, dass] alle eins sein wie du, Vater, in mir und ich in dir, dass sie eins seien in uns, damit die Welt glaube, dass du mich gesandt hast»* (Joh 17,21).

Bin nicht auch ich manchmal von dem Gift der Intoleranz befallen und sündige so gegen das höchste Gebot der Liebe? Allein die Häresie ist zu verurteilen; die religiösen Vorlieben hingegen sind legitim. Im Garten des Glaubens blühen verschiedene Blumen.

## Gebet

Herr Jesus, bewahre mich vor der Pest der Intoleranz; mögen die unterschiedlichen Neigungen, anstatt mich zu stören, für mich ein Zeugnis der Lebendigkeit deiner Kirche sein.

20.-21. Mai

# Die Freude Christi

*«Hoch preist meine Seele den Herrn, und mein Geist frohlockt über Gott, meinen Heiland.» (Lk 1,46-47)*

*«"Zachäus, steig schnell herab; denn heute muss ich in deinem Haus bleiben." Eilends stieg er herab und nahm ihn voll Freude auf.» (Lk 19,5-6)*

*«Dies habe ich zu euch gesagt, damit meine Freude in euch sei.» (Joh 15,11)*

*«Eure Freude wird niemand von euch nehmen.» (Joh 16,22)*

*«Ich rede dies noch, auf dass sie meine Freude in Fülle in sich haben.» (Joh 17,13)*

*«Die Apostel aber gingen weg voll Freude.» (Apg 5,41)*

★ ★ ★

Die Jungfrau Maria trägt Jesus in ihrem Schoß, als sie Elisabeth besucht, die mit Johannes dem Täufer schwanger geht. Sobald Elisabeth die Mutter des Herrn sieht, hüpft ihr Kind vor Freude in ihrem Schoß. Da stimmt Maria das unvergessliche Jubellied an, das den Namen Magnifikat trägt. In der Gegenwart Jesu bricht die Freude hervor wie eine Quelle lebendigen Wassers; dies ist es, was Zachäus spürt, als er den Herrn bei sich empfängt.

Um diese Freude zu spüren, die ein intensives Gefühl der Fülle ist, muss der Jünger das Wort Jesu aufnehmen und in Leben verwandeln. Dies ist der einzige Weg zu wahrem und dauerhaftem Glück. Die Freude zeigt sich selbst noch in der Prüfung; die Apostel, die man gerade auf Geheiß des Hohen Rates ausgepeitscht hat, sind voller Freude, da man sie für würdig erachtet hat, Beleidigungen für den verherrlichten Jesus zu ertragen.

Jesus legt großen Wert auf die Freude. SEINE Freude, die er den Jüngern in Fülle schenkt. Eine Freude, die niemand nehmen kann. Jesus nachfolgen heißt, die Freude für immer in sein Herz aufzunehmen. Sie ist ein Zeichen für die Gegenwart des Geistes Jesu in uns.

## Gebet

Mögen die Christen lebendige Zeichen der dauerhaften Freude Christi sein, so werden sie die Welt verändern. Gewähre mir, Herr, die Gnade deiner unermesslichen Freude. Möge auch ich zu ihren lebendigen Zeugen gehören.

22.-23. Mai

# Jesus erwählt Petrus

*«Jesus sagte zu Simon Petrus und seinem Bruder Andreas: "Kommt, folgt mir nach, und ich werde euch zu Menschenfischern machen!" Sie verließen sogleich ihre Netze und folgten ihm nach.» (Mt 4,19-20)*

*«Jesus sagte: "Du bist Petrus, und auf diesen Felsen will ich meine Kirche bauen, und die Pforten der Unterwelt werden sie nicht überwältigen. Dir will ich die Schlüssel des Himmelreichs geben. Was du binden wirst auf Erden, wird gebunden sein im Himmel, und was du lösen wirst auf Erden, wird gelöst sein im Himmel."» (Mt 16,18-19)*

*«Jesus sagte zu Simon Petrus: "Simon, Sohn des Johannes, liebst du mich mehr als diese?" Er antworte ihm: "Ja, Herr, du weißt, dass ich dich liebe." Da sagte er zu ihm: "Weide meine Lämmer!"» (Joh 21,15)*

*«Diesen Jesus hat Gott auferweckt, dessen sind wir alle Zeugen.» (Petrus am Pfingsttag, Apg 2,32)*

★ ★ ★

Petrus, der Fischer vom Galiläischen Meer, hat die starke Persönlichkeit einfacher Menschen, die einen unerlässlichen Beruf ausüben. Mit seinem lebendigen und spontanen Charakter hat er das Zeug zu einem Chef. Und Jesus überträgt ihm die Verantwortung für die Zwölf, sodann für die ganze Kirche; seine Macht wird durch die Schlüssel des Himmelreiches symbolisiert, die an die Schlüssel erinnern, die der König Israels dem Verwalter seines Palastes anvertraute. Jesus belässt Petrus diese Macht trotz seiner dreimaligen Verleugnung; sie ist in den Augen des barmherzigen Herrn durch die bitteren Tränen der Reue hinweggewaschen.

Auf der Schlüsselgewalt des Petrus und seiner Nachfolger ruhen die Fundamente der Kirche.

## Gebet

Herr Jesus, gib mir die Gnade der Tränen jedes Mal, wenn ich untreu geworden bin, und diejenige der Unterwerfung unter die Gewalt der Schlüssel.

24.-25. Mai

# Jesus der Befreier

*«Wenn ihr in meinem Wort bleibt, seid ihr in Wahrheit meine Jünger; ihr werdet die Wahrheit erkennen, und die Wahrheit wird euch frei machen.» (Joh 8,31-32)*

*«Für die Freiheit hat Christus uns befreit; steht also fest und lasst euch nicht wieder unter das Joch einer Knechtschaft bringen!» (Gal 5,1)*

*«[Verhaltet euch] als freie Menschen, doch nicht als solche, die in der Freiheit einen Deckmantel haben zum Schlechten, sondern als Knechte Gottes.» (1 Pe 2,16)*

*«Wo der Geist des Herrn ist, da ist Freiheit.» (2 Kor 3,17)*

★ ★ ★

In dem Neuen und Ewigen Bund wird die Freiheit stärker betont als im Alten Bund: die Freiheit ist gleichbedeutend mit Heil. Das liegt daran, dass der Jünger Jesu von den zahlreichen strengen Ritualen eines beschwerenden Gesetzes befreit ist.

Von diesem Gesetz befreit ist der Jünger zur Freiheit des Geistes der Sohnschaft berufen, befreit vom Geist der Knechtschaft und der Furcht. Indem er sich vom

Wort Gottes im Evangelium befruchten lässt, wird der Christ frei. Es ist eine progressive Freiheit, denn sie ist eine Frucht der Wirksamkeit des Heiligen Geistes in ihm. Diese Freiheit wird im Gehorsam Christi gelebt. Ein durch die Liebe motivierter Gehorsam, der dazu drängt, Jesus allem und in allem vorzuziehen; er zeigt sich im Dienst an den Geschwistern.

## Gebet

Möge dein Geist, Herr, mich völlig frei machen von den irdischen Bindungen, die deine Liebe verletzen und mich immer mehr in die heilige Freiheit der Kinder Gottes führen.

26.-27. Mai

# Jesus und die Sünder

*«Die Pharisäer und Schriftgelehrten murrten und sagten: "Dieser nimmt Sünder auf und isst mit ihnen."» (Lk 15,2)*

*«Jesus sagte (zu den Pharisäern): "Nicht die Gesunden bedürfen des Arztes, sondern die Kranken. Geht hin und lernt, was das heißt: Barmherzigkeit will ich und nicht Opfer; denn ich bin nicht gekommen, Gerechte zu berufen, sondern Sünder."» (Mt 9,12-13)*

*«Zur Ehebrecherin: "Hat dich keiner verurteilt?" Sie antwortet: "Keiner, Herr!" Da sagte Jesus zu ihr: "Auch ich verurteile dich nicht. Geh hin und sündige fortan nicht mehr!"» (Joh 8,10-11)*

★ ★ ★

Jesus ist anspruchsvoll, wenn es um die Sünde geht, die Übertretung der zwei Gebote, in denen das Gesetz und die Propheten zusammengefasst sind (Mt 22,40). Bei ihm ist dieser Anspruch jedoch begleitet von einem ausgeprägten Sinn für die Barmherzigkeit Gottes und seiner Gnade. Dies ist einer der zentralen Punkte seiner Lehre. Das Verhalten Jesu gegenüber den Sündern zeugt von der den Menschen geschenkten göttlichen Vergebung. Die überwältigende Szene mit der Ehebrecherin, die auf frischer Tat ertappt und zur Steinigung verurteilt wird, ist das beste Beispiel dafür. Durch das Eingreifen Jesu wird sie vor einem scheußlichen Tod bewahrt. Er fügt jedoch hinzu: «Geh hin und sündige hinfort nicht mehr». Dieser Befehl Jesu ist für den reuigen Sünder zwingend. Der Sünde absagen bedeutet, in sich den Frieden und die Freude Christi zu vermehren.

## Gebet

Herr Jesus, gewähre mir allezeit deine barmherzige Liebe und schenke mir die Gnade, der Sünde abzusagen aus Liebe zu dir.

28.-29. Mai

# Jesus erbarmt sich der Menge

*«Als er das Volk sah, ergriff ihn Mitleid mit ihm; denn es war geplagt und preisgegeben wie Schafe, die keinen Hirten haben. Da sagte er zu seinen Jüngern: "Die Ernte ist groß, doch der Arbeiter sind wenige. Bittet daher den Herrn der Ernte, dass er Arbeiter aussende zu seiner Ernte."»* (Mt 9,36-38)

*«Als er aus dem Boot ausstieg, sah er die vielen Menschen, bekam Mitleid mit ihnen und machte ihre Kranken gesund... Und er ließ das Volk auf dem Rasen sich lagern, nahm die fünf Brote und die zwei Fische, sah zum Himmel auf, sprach den Segen, brach die Brote und gab sie den Jüngern; die Jünger aber gaben sie dem Volk.»* (Mt 14,14...19)

★ ★ ★

Das Herz Jesu wird von Mitleid ergriffen, als er die Menge ohne Hirten erblickt, genauso wie er Mitleid für die Witwe von Nain empfindet, deren einzigen Sohn man zu Grabe trug (Lk 7,11ff). Von der Emotion geht Jesus zur Aktion über: er gibt der Menge zu essen und erweckt den Sohn der Witwe. Im Blick auf die großen Mengen ohne Hirten seiner Zeit und der zukünftigen Jahrhunderte bittet er seine Jünger — bittet er uns — zum Vater zu beten, Arbeiter in seine Ernte zu senden.

Mehrere Milliarden Menschen kennen nicht einmal den Namen Jesu, des einzigen Retters der Menschen. Mögen die Jünger zum Anfang dieses neuen Jahrtausends erneut den dringenden Aufruf des Herrn hören, in die Ernte zu gehen; mögen sich die Arbeiter in großer Zahl erheben; mögen sie dem im Medienzeitalter besonders starken Geist dieser Welt nicht erlauben, die Geister zu ersticken und zu versklaven.

## Gebet

Herr Jesus, schenke mir ein Herz wie das deine; dass ich angesichts des Leides vom Mitleid zur Tat übergehe.

30.-31. Mai

# Jesus möchte diskrete Zeugen

*«Ihr werdet meine Kraft empfangen, wenn der Heilige Geist auf euch herabkommt, und ihr werdet meine Zeugen sein… bis an die Grenzen der Erde.»* (Apg 1,8)

*«Gebt acht, dass ihr eure Gerechtigkeit nicht vor den Menschen tut, um euch ihnen zur Schau zu stellen; sonst habt ihr keinen Lohn bei eurem Vater im Himmel.»* (Mt 6,1)

*«Wenn du betest, so geh in deine Kammer, schließ die Türe zu und bete zu deinem Vater im Verborgenen.»* (Mt 6,6)

*«Daran werden alle erkennen, dass ihr meine Jünger seid, wenn ihr Liebe habt zueinander.»* (Joh 13,35)

* * *

Die ersten Zeugen sind die Apostel und Jünger, die Christus die Frohe Botschaft vom Heil verkünden gehört und gesehen haben; die ihn nach der Auferstehung gesehen und gehört haben. Auch die Jünger Christi über die Jahrhunderte sind Zeugen; sie bezeugen die Wahrheit des durch den Tod und die Auferstehung Jesu Christi bewirkten Heils. Sie geben Zeugnis durch das

Wort und die Art ihres Lebens in der Gewissheit, Träger der Wahrheit zu sein; diese Gewissheit kann bis zur Hingabe des Blutes reichen, wo Zeugnis und Martyrium gleichbedeutend werden.

Jesus ist in seiner Liebe anspruchsvoll gegenüber seinen Zeugen, er der erste Zeuge, der gekommen ist, *«Zeugnis zu geben für die Wahrheit»* (Joh 18,37). Zeuge Jesu zu sein heißt, ihn so sehr nachzuahmen, dass man ein «alter Christus» wird, ein anderer Christus. Untereinander zeigen die Christen die Liebe Christi durch die Liebe, die sie füreinander hegen. Dazu haben sie in der Taufe die Gnadengabe der Kraft des Heiligen Geistes empfangen.

## Gebet

Herr Jesus, erster Zeuge der Wahrheit, der du die Wahrheit bist, halte in uns die Kraft des Heiligen Geistes lebendig, damit wir in allen Lebenslagen und in unserem ganzen Leben bezeugen, dass du allein *«der Weg, die Wahrheit und das Leben»* bist (Joh 14,6).

1.-2. Juni

# Jesus mahnt die Seinen zur Klugheit

*«Seht, ich sende euch wie Schafe mitten unter Wölfe. Seid daher klug wie die Schlangen und arglos wie die Tauben!» (Mt 10,16)*

*«Jeder nun, der diese meine Worte hört und danach handelt, wird gleich sein einem klugen Mann, der sein Haus auf den Felsen baute.» (Mt 7,24)*

*«Du aber sei besonnen[7] in allem, nimm alles Ungemach auf dich, erfülle das Werk eines Boten.» (2 Tim 4,5)*

★ ★ ★

In seiner Verheißung des Friedefürsten hat Jesaja ihm alle Gaben des Gottesgeistes zugeschrieben, unter anderem die Klugheit (Jes 11,2). Manchmal mit der Weisheit gleichgesetzt, schließt die Klugheit ein dem Willen Gottes gemäßes moralisches Verhalten ein; sie fördert außerdem das geistliche Wachstum. *«Ich, die Weisheit, weile bei*

7. Andere Übersetzung: ...sei klug

*der Klugheit»* (Spr 8,12). Die Weisheit und die Klugheit sind unzertrennlich; sie haben denselben Wohnort.

Jesus sendet seine Jünger in die Welt, wie «Lämmer unter Wölfe»; Klugheit ist angebracht, ohne jedoch in irgendeiner Weise die durch die Taube symbolisierten Tugenden zu beeinträchtigen. Als eine der vier Kardinaltugenden erfordert die Klugheit nach der Situationsanalyse und der Abwägung der Handlungsfolgen Mut, Geduld und Entschlossenheit. Im Fall einer Absage zeigt der von der Klugheit geleitete Jünger seine Ablehnung, ohne dabei zu demütigen. Er weiß zu schweigen und dabei gleichzeitig den Menschen und Institutionen gegenüber loyal zu bleiben. Durch seine Aufforderung, klug zu sein, fördert Jesus bei seinen Jüngern die Gottes- und Nächstenliebe.

## Gebet

Herr, gewähre mir die Gabe der Klugheit, die Selbstbeherrschung erfordert, sowie Mäßigung, Gerechtigkeit und Kraft, die anderen Kardinaltugenden.

3.-4. Juni

# Jesus, der einzige Sohn Gottes

*«Und siehe, eine Stimme sprach aus der Wolke: "Dieser ist mein geliebter Sohn, an dem ich Wohlgefallen habe; auf ihn sollt ihr hören!"»* (Mt 17,5)

*«Wie wollt ihr von dem, den der Vater geheiligt und in die Welt gesandt hat, sagen: Du lästerst! weil ich sagte: Sohn Gottes bin ich? Tue ich nicht die Werke meines Vaters, dann glaubt mir nicht; tue ich sie aber, so glaubt, wenn ihr mir nicht glaubt, den Werken.»* (Joh 10,36-38)

*«Ihr aber, für wen haltet ihr mich?» Simon Petrus antwortet: «Du bist der Messias, der Sohn des lebendigen Gottes.»* (Mt 16,15-16)

★★★

Während der Verklärung, umgeben von Mose und Elija, in Gegenwart von Petrus, Jakobus und Johannes, enthüllt Gott die Herrlichkeit Jesu, dessen göttliche Abstammung er erklärt. Bereits bei der Taufe Jesu hat der Vater seine Liebe zu ihm, seinem «geliebten Sohn», (Mt 3,16-17) gezeigt. Und der Taufe folgte eine trinitarische Theophanie (eine Erscheinung des dreifaltigen Gottes).

Seinen durch Wunder verdeutlichten göttlichen Ursprung bekräftigt Jesus erneut angesichts seiner Feinde, die ihn steinigen wollen. Diese «Gotteslästerung» besiegelt sein Todesurteil.

Was die Apostel und Jünger angeht, so glauben sie, dass Jesus der Sohn Gottes ist. Sie erklären dies feierlich mit der Stimme des Petrus vor Cäsarea. Mit Petrus, dem Fels, auf den Jesus seine Kirche gegründet hat, glauben wir von ganzem Herzen an Jesus, den einzigen Sohn des lebendigen Gottes.

## Gebet

Herr Jesus, Sohn des lebendigen Gottes, ich danke dir, mich als Jünger erwählt zu haben; durch deine Gnade möge ich ein guter Zeuge dieses unschätzbaren Vorzugs sein.

5.-6. Juni

# Der Weg Jesu

*«Als er am Ufer des Sees von Galiläa entlangging, sah er zwei Brüder, Simon, der Petrus genannt wird, und Andreas, seinen Bruder. Und er sagte zu ihnen: "Kommt, folgt mir nach, und ich werde euch zu Menschenfischern machen!" Sie verließen sogleich ihre Netze und folgten ihm nach.»* (Mt 4,18-19)

*«Wenn einer mit mir gehen will, so verleugne er sich selbst, nehme sein Kreuz auf sich und folge mir nach.»* (Mt 16,24)

*«Abermals redetet Jesus zu ihnen und sprach: "Ich bin das Licht der Welt; wer mir nachfolgt, wird nicht im Finstern gehen, sondern das Licht des Lebens haben."»* (Joh 8,12)

*«Um die vierte Nachtwache jedoch kam er, auf dem See einhergehend, zu ihnen. Da entsetzten sie sich.»* (Mt 14,25)

*«Als sie nun den Weg hinaufzogen nach Jerusalem, schritt Jesus ihnen voran; sie staunten und gingen von Furcht ergriffen hinterher. Da nahm er abermals die Zwölf zu sich heran und begann, ihnen zu sagen, was ihm bevorstehe.»* (Mk 10,32)

Während der drei Jahre seines öffentlichen Wirkens brennt Jesus so sehr darauf, die Frohe Botschaft von der Gottesherrschaft zu verkündigen, die in seiner Person anbricht, dass er ohne Unterlass die Städte und Dörfer Galiläas und Judäas — und sogar darüber hinaus — durchstreift. Diejenigen, die seinen Ruf hören und ihm nachfolgen wollen, müssen mit ihm Schritt halten und ebenfalls ohne Unterlass unterwegs sein. Die Nachfolge Jesu hat ihren Preis: das Tragen des eigenen Kreuzes; in seiner Nachfolge wird die Last jedoch leicht. Und aus der Finsternis tritt man ins Licht; man wird Licht, indem man das seine widerspiegelt, das die Welt erleuchtet. Als Herr des Universums ist Jesus über die physikalischen Gesetze erhaben; er geht auf dem Wasser. Bei dem Versuch, ihm nachzufolgen, sind die Jünger manchmal entsetzt und werden von Furcht ergriffen. Ebenso ist es bis heute in einer feindseligen Welt.

## Gebet

Herr Jesus, schenke mir die Gnade der inneren Stärke. Niemals soll die Furcht mich hindern können, dir nachzufolgen und ein lichter Zeuge des Evangeliums zu sein.

7.-8. Juni

# Jesus erfüllt das Gesetz

*«Denkt nicht, ich sei gekommen, das Gesetz oder die Propheten aufzuheben. Ich bin nicht gekommen aufzuheben, sondern zu erfüllen.» (Mt 5,17)*

*«Ein Lehrer des Gesetzes fragte ihn: "Meister, welches ist das größte Gebot im Gesetz?" Er antwortete ihm: "Du sollst den Herrn, deinen Gott, lieben aus deinem ganzen Herzen, deiner ganzen Seele und deinem ganzen Denken. Dies ist das größte und erste Gebot. Das zweite ist ihm gleich: Du sollst deinen Nächsten lieben wie dich selbst. An diesen zwei Geboten hängt das ganze Gesetz und die Propheten."» (Mt 22,35-40)*

★ ★ ★

Die Gesetzeslehrer — Schriftgelehrte und Pharisäer — waren schockiert von der Freiheit, die Jesus und seine Jünger sich im Umgang mit dem Gesetz herausnahmen, während Jesus gleichzeitig behauptete, gekommen zu sein, nicht um das Gesetz aufzuheben, sondern um es zu erfüllen. Sie versuchen, ihn in diesen Widerspruch zu verstricken. Denn einerseits gibt es das oberste Gesetz, den Dekalog, und andererseits die zahlreichen von den

Gesetzeslehrern erlassenen Vorschriften. Mehr als 600 heilige Vorschriften in den Augen der Gesetzeslehrer. Von diesen Vorschriften, die von Menschen erlassen wurden und die in eine Art Gefängniswelt einschließen, befreit Jesus seine Jünger. Für ihn sind das ganze Gesetz und die Propheten auf das Wesentliche zusammengefasst: die Gottesliebe und die Nächstenliebe zu Freund und Feind. In diesem Licht muss man das göttliche Gesetz betrachten und leben, denn *«Gott ist Liebe»* (1 Joh 4,8).

## Gebet

Herr Jesus, gewähre mir die Gnade und die Unterscheidungsgabe, mich immer an die beiden Gebote zu halten, an denen das ganze Gesetz und die Propheten hängen, wie schwer dies auch sein mag, was die Feindesliebe betrifft.

9.-10. Juni

# Jesus verkündigt, dass sich das Himmelreich genaht hat

*«Bekehrt euch, denn genaht hat sich das Reich des Himmels.» (Mt 4,17)*

*«Geht hin und verkündet: Genaht hat sich das Reich der Himmel. Heilt Kranke... treibt Dämonen aus! Umsonst habt ihr empfangen, umsonst sollt ihr geben.» (Mt 10,7-8)*

*«Seht zu, dass ihr nicht verführt werdet! Denn viele werden kommen unter meinem Namen und sagen: Ich bin es! Und: Die Zeit ist gekommen! Lauft ihnen nicht nach!» (Lk 21,8)*

★ ★ ★

Israel hat den Herrn mit königlicher Würde bekleidet. Die Königspsalmen, wie z. B. Psalm 97[96], feiern das göttliche Königtum, das sich über den Kosmos und die Bewohner der Erde erstreckt. Jesus stellt das Himmelreich ins Zentrum seiner Verkündigung der Frohen Botschaft. Dieses Reich ist nicht irdisch, es ist transzendent, vom Himmel kommend. Bereits Johannes der Täufer hat es verheißen (Mt 3,2). Das Eingehen in dieses Reich ist denen sicher, die den Willen Gottes tun (Mt 7,21). Dies umfasst einen Sinneswandel, eine Metanoia, die mit dem Geist der Welt gebrochen hat und nur Gott gehorcht und die Nächstenliebe praktiziert. Mit Jesus ist das Himmelreich bereits unter den Menschen gegenwärtig (Lk 17,20); er ist es, das Gottesreich, die Gottesherrschaft auf Erden. Die Sendung der Jünger besteht darin, dieses Reich zu verkünden; ihre Verkündigung ist begleitet von Wundern, die denen ähneln, die Jesus während seiner öffentlichen Wirksamkeit vollbrachte. Die Zugehörigkeit zur Kirche ist Teilhabe am Himmelreich, die in der Gerechtigkeit, dem Frieden und der Freude Christi besteht. Jesus warnt vor falschen Messiassen. Die gehorsame und eifrige Zugehörigkeit zur Kirche bewahrt vor dem Einfluss dieser Fälscher.

## Gebet

Mein ganzes Leben, Herr, möge bezeugen, dass das Gottesreich gegenwärtig ist, in Jesus, als Glück der Menschen.

11.-12. Juni

# Jesus kennen, ist das höchste Gut

*«Wahrlich, ich sage euch: Niemand hat Haus oder Brüder oder Schwestern oder Mutter oder Vater oder Kinder oder Äcker um meinetwillen oder um des Evangeliums willen verlassen, der nicht Hundertfaches dafür erhält, jetzt in dieser Welt Häuser und Brüder und Schwestern und Mütter und Kinder und Äcker, freilich unter Verfolgung, in der kommenden Welt jedoch ewiges Leben.» (Mk 10,29-30)*

*«Die Gesamtheit der Gläubigen war ein Herz und eine Seele, und nicht ein einziger nannte etwas von dem, was er besaß, sein eigen, sondern sie hatten alles gemeinsam... kein Notleidender war unter ihnen. Alle nämlich, die Grundstücke oder Häuser besaßen, verkauften sie und brachten den Erlös vom Verkauften und legten ihn zu den Füßen der Apostel, und es wurde einem jeden zugeteilt, je nachdem einer bedürftig war.» (Apg 4,32-35)*

*«Sie nämlich, den Befleckungen der Welt durch die Erkenntnis des Herrn und Heilandes Jesus Christus entronnen, [haben] sich wieder von diesen umgarnen und überwältigen lassen.» (2 Pe 2,20)*

★ ★ ★

Jesus nachzufolgen bedeutet, voranzuschreiten auf dem Weg des Glückes und des ewigen Heils. Auf diesem Weg werden die Befleckungen und Dunkelheiten der Welt abgelegt. Jesus nachzufolgen bedeutet, ihn zu erkennen, das höchste Gut auf Erden.

Die Apostelgeschichte belegt, dass die vom Herrn ausgesprochene Weisung des völligen Verzichts auf irdische Güter von der ersten Generation der Christen in die Praxis umgesetzt wurde. Dank des Miteinanderteilens ihrer Güter haben sie die einzige vollkommen solidarische Gemeinschaft der Menschheitsgeschichte verwirklicht, in deren Nachfolge die Mönchsgemeinschaften getreten sind. Dieser Verzicht ist jedoch nicht vor der Versuchung gefeit. Und die Beispiele von Jüngern fehlen nicht, die nachdem sie die Befleckungen der Welt abgestreift hatten, schließlich wieder in ihnen versunken sind. Die Freiheit bedarf der Gnade, um dem Ruf des Evangeliums treu zu bleiben.

## Gebet

Herr, durch deine Gnade habe ich den Befleckungen der Welt abgesagt. Möge deine Gnade mich allezeit auf dem Weg deines Rufes in die Nachfolge bewahren.

13.-14. Juni

# Jesus und das Volk

*«Es folgte ihm viel Volk.»* (Mt 4,25)

*«Als Jesus herabstieg vom Berg, zog das Volk in großer Schar hinter ihm her.»* (Mt 8,1)

*«Als er das Volk sah, ergriff ihn Mitleid mit ihm; denn es war geplagt und preisgegeben wie Schafe, die keinen Hirten haben.»* (Mt 9,36)

*«Dies alles redete Jesus in Gleichnissen zum Volk, damit erfüllt würde, was gesagt ist durch den Propheten: "Ich will meinen Mund auftun in Gleichnissen und aussprechen, was seit Anbeginn der Welt verborgen war."»* (Mt 13,34-35)

★ ★ ★

Das Wort Jesu war derart neu und die Zeichen, die es begleiteten ohnegleichen, sodass das Volk ihm nachlief und sich um ihn scharte, sobald er vorbeikam. Nicht alle empfingen sein Wort in ihrem Herzen, da sie allein von der Neugier getrieben waren, oder sich weigerten, der anspruchsvollen Lehre Christi zu entsprechen. Viele jedoch wurden betroffen und veränderten ihr Leben, um dem gehörten Wort zu entsprechen.

Der Anblick der Volksmenge um ihn herum erweckt das Mitleid Jesu; er, der gute Hirte, sah in ihnen eine Herde ohne Hirten. Er sprach zu ihnen in Gleichnissen, die seine Lehre für sie anschaulich machten; diejenigen, die sich seinem Wort fügten, begriffen im Licht des Heiligen Geistes. Ein Dutzend dieser Gleichnisse erläutert, was es mit dem Gottesreich auf sich hat.

Noch heute versammeln sich außergewöhnliche große Menschenmengen, um das Wort Jesu zu hören; ebenso dort, wo der Nachfolger Petri vorbeikommt.

## Gebet

Herr, schenke der Menge von heute, mehr nach der Frohen Botschaft zu suchen als nach den Slogans dieser verderbten Welt.

15.-16. Juni

# Jesus ist meine Kraft

*«Der Herr ist meine Stärke.»* *(Ps 28[27],7)*

*«Mein Hort, dir will ich singen.»* *(Ps 59[58],18)*

*«Nur im Herrn ist Heil und Stärke!»* *(Jes 45,24)*

*«Du sollst den Herrn, deinen Gott, lieben aus deiner ganzen Kraft.»* *(Mk 12,30)*

*«Christus verkünden wir, indem wir... jedermann in aller Weisheit lehren und so jeden Menschen zur Vollkommenheit führen in Christus. Ja, dafür arbeite und ringe ich unter dem Antrieb seiner Kraft, die machtvoll in mir tätig ist.»* *(Kol 1,28-29)*

★ ★ ★

Im Alten Testament sprechen unzählige Texte von Gottes Kraft und Stärke. Im Neuen Testament ist es der Heilige Geist, der die Jünger mit «Kraft aus der Höhe» bekleidet (Lk 24,49). Der Geist schenkt ihnen ebenfalls die Kraft, Christus trotz der Verfolgungen zu verkündigen.

Ein unerschütterlicher Glaube an Jesus erfüllt den Gläubigen mit einer ebenfalls unerschütterlichen Kraft. Mit einer Kraft, die so sehr mit Freude erfüllt, dass man

dem Herrn singt und erst recht nach der Gerechtigkeit Gottes handelt, das heißt im Einklang mit seinem Willen, denn der Gerechte, erfüllt mit der Kraft Christi, verdankt alles Gott. Die göttliche Kraft, die machtvoll im Herzen Gottes und des Nächsten tätig ist. So wird er «vollkommen in Christus» und «der Freund» Jesu.
(Joh 15,14)

## Gebet

Herr Jesus, meine Stärke und meine Gerechtigkeit, lass mich an Vollkommenheit wachsen, damit ich wahrhaft dein treuer Jünger und dein Freund werde.

17.-18. Juni

# Jesus: «Ich bin gütig und bescheiden»[8]

*«Lernt von mir; denn ich bin gütig und bescheiden in meinem Herzen.» (Mt 11,29)*

*«Vom Munde dringt des Armen Beten bis zu Gottes Ohr.» (Sir 21,5)*

*«Bei Bescheidenen ist Weisheit.» (Spr 11,2)*

*«So zieht denn an als von Gott erwählte Heilige und Geliebte herzliches Erbarmen, Güte, Demut, Milde, Geduld!» (Kol 3,12)*

*«Demütigt euch vor dem Herrn.» (Jak 4,10)*

*«Nichts geschehe aus Eigensucht oder eitlem Begehren; sondern in Demut achte der eine den anderen höher als sich selbst.» (Phil 2,3)*

★ ★ ★

Jesus hat sich als gütig und bescheiden bezeichnet. Er möchte, dass seine Jünger sich dieselben Tugenden aneignen; sie sind Gott wohlgefällig, der den Demütigen Weisheit schenkt. Indem Jesus dem Jünger die Rolle als

8. Andere Übersetzung: «sanft und demütig».

*«Diener seiner Brüder»* zuweist (Joh 13,1-14), weist er ihm die Demut als Standort zu. Dienen verpflichtet zur Demut.[9] Die den Heiland tragende Jungfrau Maria bezeichnet sich selber als *«Magd des Herrn»*. Durch die Verwendung demütiger, bescheidener Mittel erreicht Gott erstaunliche Resultate (1 Kor 1,25-29). Der Apostel Paulus preist sich ob seiner Schwachheit. *«Es genügt dir meine Gnade»*, sagt der Herr, *«denn die Kraft kommt in der Schwachheit zur Vollendung»* (2 Kor 12,9).

Die Demut und die Sanftmut werden allein im Evangelium gepriesen. Der Geist der Welt feiert im Gegensatz dazu die Macht und Stärke, den Erfolg und die Zurschaustellung, die Vorherrschaft und die Geltungssucht, die nicht zur Liebe gemäß 1 Kor 13 führen können, sondern den Weg zu Christus verstellen.

## Gebet

Herr, es ist nicht einfach, sanft und von Herzen demütig zu sein, doch dies ist der einzige Weg, dir zu entsprechen. Ich bitte dich daher, mir die Gnade der Sanftheit und der Demut zu gewähren.

9. Das Wort Demut wurde gebildet aus *Dienst* und *Mut* und bezeichnet daher den *Mut zum Dienen.*

19.-20. Juni

# Jesus fragt: Wo ist euer Glaube? (Lk 8,25)

*«Sei ohne Furcht, glaube nur!» (Mk 5,36)*

*«Jeder, der aus der Wahrheit ist, hört auf meine Stimme.» (Joh 18,37)*

*«Prüft euch selber, ob ihr im Glauben seid.» (2 Kor 13,5)*

*«Ich glaube; hilf meinem Unglauben!» (Mk 9,24)*

*«Jeder, der an ihn glaubt, hat ewiges Leben.» (Joh 3,15)*

*«Geh hin! Wie du geglaubt hast, soll dir geschehen!» (Mt 8,13)*

* * *

«Meister, wir sind verloren!» schrieen die Jünger während des Sturms auf dem Meer von Galiläa, als Jesus in ihrem Boot schlief. Und der Herr wirft ihnen ihren Mangel an Glauben vor. Der Vorwurf ist schwer, denn so sind sie aus der Wahrheit gefallen und vertrauen implizit nicht mehr den Worten des Herrn, für deren Gültigkeit sie doch unzählige Beweise erhalten haben.

Was hätten wir anstelle der Jünger getan? Hätten wir uns nicht wie sie verhalten? Deshalb fordert uns der Apostel Paulus auf, unseren Glauben zu prüfen; ist er wirklich unerschütterlich, unter allen Umständen? Nur dann werden wir erhalten, worum wir bitten, wie der Hauptmann von Kafarnaum *«gemäß seines Glaubens»* die Heilung seines Knechtes erlangt hat. Und darüber hinaus schenkt uns der Glaube die unendlich wertvolle und wunderschöne Gewissheit des ewigen Lebens, einer *«Wonne für immer»* (Ps 16[15]) zur Rechten des von Jesus offenbarten Vaters.

## Gebet

Heiliger Geist, verwurzle mich so sehr im Glauben, dass er nicht zu entwurzeln ist. Er möge sich vor allem ausdrücken in der Liebe zu Gott und zum Nächsten, wer es auch sein mag, wovon mein ganzes Leben zeugen soll.

21.-22. Juni

# Von Jesus zum Fest geladen

*«Sie werden kommen von Osten und Westen, von Norden und Süden und zu Tisch liegen im Reich Gottes.» (Lk 13,29)*

*«Der Herr der Heerscharen wird zubereiten für alle Völker auf diesem Berg ein Mahl von Fettspeisen, ein Mahl von abgelagerten Weinen, markige Fettspeisen.» (Jes 25,6)*

*«Höret auf mich, auf dass ihr Gutes zu essen bekommt, und euer Hunger soll schwelgen im Fett.» (Jes 55,2)*

*«Siehe, ich stehe vor der Tür und klopfe an; wenn einer meine Stimme hört und die Tür aufmacht, bei dem will ich eintreten und das Mahl mit ihm halten und er mit mir.» (Offb 3,20)*

★ ★ ★

Jesus zeigt eine Vorliebe für die Ausdruckskraft des Bildes vom Festmahl, bei dem die Menschen zusammenkommen, um herzlich miteinander auszutauschen und den Geschmack vorzüglicher Speisen zu kosten. Wie zahlreich sind die Szenen von Festmählern im Evangelium, angefangen von der Hochzeit zu Kana bis zum eucharistischen Mahl! Es ist offensichtlich, dass Jesus Geschmack an diesen herausgehobenen Momenten der herzlichen Gemeinschaft findet. Das Festmahl auf Erden stellt ein hervorragendes Bild der *«Wonne für immer»* dar, die mit dem Bild eines Festmahles der um den Vater gescharten Völker geschildert wird. Das messianische Festmahl auf Erden ist bereits das symbolische Zeichen der Liebe, welche die um den Herrn versammelten Jünger eint; die Eucharistie ist die Aktualisierung der fortdauernden Gegenwart Jesu in sakramentaler Form, dessen, der seinen Leib als Speise hingibt, bis zu seiner Wiederkehr. Bis dahin verlangt ihn danach, das Mahl im vertrauten Kreis seiner Freunde einzunehmen, mit denen, die in seiner Liebe leben und sie um sich verbreiten.

## Gebet

Jesus, klopfe an meine Tür, so werde ich dir öffnen, um das Glück zu schmecken, das Mahl in deiner vertrauten Nähe einzunehmen.

23.-24. Juni

# Gib den Armen

*«Da richtete das Volk an Johannes den Täufer die Frage: "Was sollen wir denn tun?" Er antwortete ihnen: "Wer zwei Röcke hat, der gebe davon dem, der keinen hat, und wer zu essen hat, mache es ebenso."» (Lk 3,10-11)*

*«Willst du vollkommen sein, so geh hin, verkauf, was du hast, und gib es den Armen, und du wirst einen Schatz im Himmel haben; dann komm und folge mir nach!» (Mt 19,21)*

*«Wer sich erbarmt des Armen, leiht dem Herrn.» (Spr 19,17)*

*«Wende dein Antlitz von keinem Armen ab.» (Tob 4,7)*

*«Selig, wer für den Schwachen Verständnis hat!» (Ps 41[40],2)*

*«Ich gebe den Zehnten von allem, was ich erwerbe», sagte der Pharisäer. (Lk 18,12)*

*«Wenn aber du Almosen gibst, so soll deine Linke nicht wissen, was deine Rechte tut, damit dein Almosen im Verborgenen sei.» (Mt 6,3)*

★ ★ ★

Das Miteinanderteilen, die Armenfürsorge, die Unterstützung der Witwen und Waisen sind Bestandteil des «Bundesbuches» des Alten Testamentes, das mit Vorschriften zugunsten der Armen und Kleinen angefüllt ist. Jesus gibt der Brüderlichkeit einen zentralen, einzigartigen Stellenwert. Der Nächste ist nicht mehr nur derjenige, den man kennt, sondern jeder Mensch. Die Liebe Gottes ist unmöglich ohne tätige Nächstenliebe. Lieben und teilen heißt bereits, eine göttliche und ewige Wirklichkeit erleben.

Welcher Anteil am Gehalt gebührt den Armen? Die Bibel antwortet: der Zehnte, der zehnte Teil. Dies ist ein Minimum. Jedoch ist die Art zu geben von Bedeutung; nicht die des Pharisäers. Das Geben muss diskret und freundschaftlich geschehen, motiviert durch den Wunsch, Gott durch die wahre Nächstenliebe zu gefallen.

## Gebet

Herr, möge ich niemals mein Gesicht von einem Armen abwenden und immer der biblischen Verpflichtung zum Zehnten treu bleiben, um mir einen Schatz im Himmel zu sammeln.

25.-26. Juni

# Jesus machte eine Geißel aus Stricken

*«Es nahte sich das Pascha der Juden, und Jesus ging hinauf nach Jerusalem. Und er traf im Tempel die Verkäufer von Ochsen, Schafen und Tauben und die Geldwechsler, die dort saßen. Da machte er eine Geißel aus Stricken und trieb alle zum Tempel hinaus.» (Joh 2,13-15)*

*«Wehe euch, ihr Schriftgelehrten und Pharisäer, ihr Heuchler! Ihr gleicht übertünchten Gräbern, die nach außen zwar schön aussehen, inwendig aber voll sind von Totengebein und Unrat. So erscheint auch ihr von außen her den Menschen als Gerechte, inwendig aber seid ihr voll von Heuchelei und Gesetzwidrigkeit.» (Mt 23,27-28)*

*«Ihr Schlangenbrut! Wie könnt ihr Gutes reden, da ihr böse seid? Denn wovon das Herz voll ist, davon redet der Mund.» (Mt 12,34)*

★ ★ ★

Jesus hat sich selber als *«sanftmütig und von Herzen demütig»* bezeichnet. Er ist es in der Tat, außer vor dem Frevel der Heuchelei. In diesem Fall geht er so weit,

Gewalt anzuwenden und schreckliche Drohungen auszustoßen. Der Prophet Sacharja hat den Tempel in den Tagen des Messias von den Händlern befreit geschaut (Sach 14,21). Mit Schlägen einer in der Eile aus Stricken verfertigten Geißel vertreibt er sie und wirft die Wechseltische um. Von heiligem Zorn ergriffen, bedient sich Jesus der Gewalt und schreit: «Schafft dies fort von hier; macht das Haus meines Vaters nicht zu einer Räuberhöhle.» — *«Denn der Eifer für dein Haus verzehrte mich»* (Ps 69[68],10).

Derselbe Zorn zeigt sich in den Vorwürfen und Flüchen, die sich gegen die Schriftgelehrten und Pharisäer richten, die im Bewusstsein ihres Rechtswissens das göttliche Gesetz unter ihren menschlichen Traditionen erdrücken. Ihre Falschheit kaschieren sie durch ihren Anschein, Gerechte zu sein. So bezeichnet Jesus sie als «Heuchler» und «blinde Wegweiser». Ihre Heuchelei hindert die ihnen zuhörenden einfachen Seelen daran, Zugang zum von Jesus verkündigten Reich Gottes zu finden.

## Gebet

Jesus, erlaube nicht, dass der pharisäische Geist sich in mein Leben schleicht. Ich verlange nach deinem Geist, in allem dir zu entsprechen.

27.-28. Juni

# Himmlische Freude über den Sünder, der sich bekehrt

*«Jesus sagt: "Ebenso wird Freude sein im Himmel über einen einzigen Sünder, der sich bekehrt, mehr als über neunundneunzig Gerechte, die der Umkehr nicht bedürfen."» (Lk 15,7)*

*«Wer von euch, der hundert Schafe hat und eines davon verliert, lässt nicht die neunundneunzig in der Wüste und geht dem verlorenen nach, bis er es findet? Und hat er es gefunden, legt er es auf seine Schultern, und kommt er nach Hause, ruft er Freunde und Nachbarn zusammen und sagt zu ihnen: Freut euch mit mir, denn ich fand mein Schaf, das verloren war.» (Lk 15,3-6)*

*«Dessen, der umkehrt, erbarmt sich der Höchste.» (Sir 12,3)*

*«Wer einen Sünder von seinem Irrweg zurückbringt, rettet seine Seele und deckt eine Menge von Sünden zu.» (Jak 5,20)*

★ ★ ★

Die Bekehrung betrifft das Bereuen der Sünde an sich, im Gegensatz zu den Gewissensbissen, welche die Angst vor den Folgen der Sünde zum Ausdruck bringen.

Jesus vergleicht den Sünder in einem von großer Zartheit gekennzeichneten Gleichnis mit dem verlorenen Schaf, das der Hirte wiederfindet. Darauf folgt eine Feier unter Nachbarn, um die Freude über das wiedergefundene Schaf zu teilen. Dieselbe Freude bricht im Himmel aus über die Umkehr eines Sünders. Dies macht den Wert deutlich, den Gott jeder einzelnen Seele beimisst; der Menschensohn, der menschgewordene Gott, hat nicht nur gelitten, um die Menschen zu erlösen, sondern auch aufgrund des Verlustes so vieler Seelen, die nicht zu Gott umkehren. Und einen Sünder zu Gott zurückzubringen, wird mit dem ewigen Heil belohnt.

## Gebet

Wie jeder Mensch, so bin auch ich Sünder; schenke mir, Herr, die Gnade der Bekehrung, jedes Mal, wenn ich eine Sünde begehe. Gewähre diese Gnade auch den verstockten Sündern, die dich betrüben.

29.-30. Juni

# Die Ehe ist unauflöslich

*«Es ist nicht gut, dass der Mensch allein sei; ich will ihm eine Hilfe machen als sein Gegenstück.»* *(Gen 2,18)*

*«Darum wird ein Mann seinen Vater und seine Mutter verlassen und seiner Frau anhangen, und beide werden zu einem Fleisch.»* *(Gen 2,24)*

*«Freue dich der Frau aus deiner Jugendzeit! ... Es soll dich ihre Liebe allezeit erquicken.»* *(Spr 5,18-19)*

*«Die Pharisäer fragten Jesus, ob es einem Mann erlaubt sei, seine Frau zu entlassen. Er antwortete: "Habt ihr nicht gelesen, dass der Schöpfer von Anfang an sie als Mann und Frau geschaffen und gesagt hat: Deshalb wird ein Mann Vater und Mutter verlassen und seiner Frau anhangen, und die zwei werden ein Fleisch sein? So sind sie also nicht mehr zwei, sondern ein Fleisch. Was nun Gott verbunden hat, soll der Mensch nicht trennen."»* *(Mt 19,3-6)*

*«Darum wird der Mann Vater und Mutter verlassen und seiner Frau anhangen; und die zwei werden zu einem Fleisch. Dieses Geheimnis ist groß; ich sage dies im Hinblick auf Christus und die Kirche.»* *(Eph 5,31-32)*

Der Schöpfungsbericht endet mit einer Szene, die nicht nur den Menschen auftreten lässt, sondern gleichzeitig auch die Institution der Ehe begründet. Der Mensch, der nach dem Abbild Gottes geschaffen ist, um die Erde zu beherrschen und zu bevölkern, ist in Wirklichkeit das Paar. Der Schöpfer bestimmt es dazu, ewig fortzudauern. Von Anbeginn ist die Ehe unauflöslich. Jesus bezieht sich ausdrücklich auf den Schöpferwillen der Genesis. Wenn Moses erlaubt hat, seine Frau zu verstoßen, so geschah dies aufgrund des verstockten Herzens des Menschen. Seine Frau verstoßen und eine andere heiraten bedeutet, Ehebruch zu begehen (Mt 19,9). Die unauflösliche Ehe ist eine derart wunderbare und geheiligte Wirklichkeit, dass sie als Vergleich für die Einheit zwischen Christus und seiner Kirche dient, und die Eheleute sollen nie aufhören, dieses Geheimnis zu vertiefen.

## Gebet

Herr, möge ich allezeit der Liebe meines Ehepartners treu bleiben; unsere Verbindung symbolisiert diejenige, die dich mit der Kirche verbindet. Möge ich dieses großen Geheimnisses würdig bleiben.

1.-2. Juli

# Ehe und Jungfräulichkeit

*«Es ist nicht gut, dass der Mensch allein sei.»* *(Gen 2,18)*

*«Da sagten die Jünger zu ihm: "Wenn die Sache von Mann und Frau so steht, ist es nicht gut, zu heiraten." Er antwortete ihnen: "Nicht alle fassen dieses Wort, sondern nur jene, denen es gegeben ist. Denn es gibt Ehelose, die vom Mutterleib so geboren sind, und es gibt Ehelose, die von Menschen eheunfähig gemacht wurden; und es gibt Ehelose, die um des Himmelreiches willen sich der Ehe enthalten. Wer es fassen kann, der fasse es!»* *(Mt 19,10-12)*

★ ★ ★

Bereits im Altertum hatte die Jungfräulichkeit eine sakrale Würde. Im Alten Testament wird die Fruchtbarkeit als ein Segen betrachtet; Jungfräulichkeit und Unfruchtbarkeit bedeuten Demütigung. Allein die christliche Offenbarung wird den religiösen Sinn der Jungfräulichkeit in seiner Fülle erschließen: die ausschließliche Liebe Gottes. Die für das Himmelreich jungfräulich bleibenden Gläubigen haben Anteil an der Jungfräulichkeit der Kirche, der Braut Christi. In Maria zeigt sich der eschatologische Sinn der christlichen Jungfräulichkeit, die das Einbrechen einer neuen Welt in die Geschichte manifestiert. In der Tat begründet allein das Himmelreich die christliche Jungfräulichkeit. Allein die, denen es gegeben ist, verstehen diese neue menschliche Wirklichkeit. Die Jungfräulichkeit ist außerdem ein Zeugnis dafür, dass die Christen nicht dieser Welt angehören. Sie ist eine Vorwegnahme der Auferstehung, bei der es weder Ehefrau noch Ehemann geben wird. Im himmlischen Jerusalem werden alle Erwählten als jungfräulich bezeichnet (Offb 14,4).

## Gebet

Herr, schenke denen, die du zur Jungfräulichkeit berufen hast, um dir besser zu dienen, ihrer Weihe treu zu bleiben, die den Zustand der Erwählten im Himmelreich vorwegnimmt.

3.-4. Juli

# Jesus Christus, Gottes Erwählter

*«Eine Stimme kam aus der Wolke und sprach: Dies ist mein Sohn, mein Erwählter; auf ihn sollt ihr hören.» (Lk 9,35)*

*«Gepriesen sei Gott... Er hat uns auserwählt in Christus vor Grundlegung der Welt, dass wir heilig seien und untadelig vor ihm; in Liebe hat er uns vorherbestimmt zur Kindschaft vor ihm durch Jesus Christus.» (Eph 1,3-5)*

*«Nicht ihr habt mich erwählt, sondern ich habe euch erwählt und euch bestellt, dass ihr hingeht und viel Frucht bringt und eure Frucht bleibe.» (Joh 15,16)*

*«Ihr aber seid ein auserwähltes Geschlecht, eine königliche Priesterschaft, ein geheiligtes Volk und Gottes Eigentum.» (1 Pe 2,9)*

*«Petrus, Apostel Jesu Christi, an die auserwählten Fremdlinge, die zerstreut leben... auserwählt nach dem Vorherwissen Gottes, des Vaters.» (1 Pe 1,1)*

★ ★ ★

Das Ziel der göttlichen Erwählung besteht darin, ein Volk zu sammeln, geheiligt mit der Heiligkeit Gottes, von dem alle Heiligkeit ausgeht. Ein Gott geweihtes Volk. Und der einzige Auserwählte, der diesen Namen verdient, ist Jesus. Der himmlische Vater erklärt diese außerordentliche Erwählung unter außergewöhnlichen Umständen: bei der Taufe, bei der Verklärung. Jesaja hatte die Erwählung des Messias verheißen, der in sich alle Dinge zusammenführen werde (Eph 1,4-10). Er allein ist der von Gott proklamierte Erwählte und alle Erwählten, seine Jünger, sind es in ihm, gleichwie er der auserlesene Stein ist, auf dem das gesamte Bauwerk ruht, das Gott erbaut (1 Pe 2,4-6). Die Erwählung Israels erhält ihre Bedeutung durch ihre schönste Frucht, die Jungfrau Maria, die den Messias durch den Heiligen Geist empfangen hat. Jesus erwählt seine Jünger, um das neue heilige Volk zu sammeln, ein «auserwähltes Geschlecht», gebildet aus miteinander versöhnten Juden und «Griechen» (Eph 2,14). Jeder Christ soll Tag für Tag Gott für seine Erwählung danken.

## Gebet

Ich danke dir, Herr, mich bereits vor Grundlegung der Welt in Christus erwählt zu haben; mache mich heilig und untadelig in deinen Augen.

5.-6. Juli

# Ein Kind aufzunehmen bedeutet, Jesus aufzunehmen

*«Und sie brachten Kinder zu ihm, damit er sie berühre. Die Jünger jedoch wiesen sie zurück. Als Jesus das sah, wurde er unwillig und sagte zu ihnen: "Lasst die Kinder zu mir kommen und wehrt es ihnen nicht; denn gerade für sie ist das Gottesreich. Wahrlich, ich sage euch: Wer das Reich Gottes nicht annimmt wie ein Kind, wird nicht hineinkommen." Und er schloss sie in die Arme, legte ihnen die Hände auf und segnete sie.» (Mk 10,13-16)*

*«Jesus nahm ein Kind, stellte es neben sich und sagte zu ihnen: "Wer dieses Kind aufnimmt in meinem Namen, der nimmt mich auf; und wer mich aufnimmt, der nimmt den auf, der mich gesandt hat. Denn wer der Kleinste ist unter euch allen, der ist groß."» (Lk 9,47-48)*

★ ★ ★

Jesus verspürt eine Vorliebe für die Kinder. Ihre Unverstelltheit ohne Berechnung und ohne Hintergedanken, ihre direkte und unverfälschte Einfachheit und ihre Unschuld sind ein Vorbild, dem die Erwachsenen nacheifern sollen; wenn sie diese Qualitäten wiederfinden, werden sie Zugang zum Gottesreich haben. Um seine Zärtlichkeit den Kindern gegenüber auszudrücken, schließt Jesus sie in die Arme und segnet sie. Erneut wie ein Kind zu werden, erfordert eine radikale Wandlung des Herzens. Dies ist unmöglich ohne die Gnade und doch zwingend notwendig, denn dies ist der Eintrittspreis für das Himmelreich. Christ sein ist kein Spaziergang durch einen Blumengarten, sondern eine ständige Anstrengung gleich derjenigen, die man aufbringen muss, um einen Gipfel zu ersteigen. Darin besteht die Größe und der Preis eines Lebens als Christ! Zum Glück kann der mit Schwachheit geschlagene Mensch sich der Barmherzigkeit Gottes anheimgeben, die kein Ende kennt. Die Liebe Jesu zu den Kindern ist derart groß, dass die Adoption eines verlassenen Kindes durch einen Jünger bedeutet, Jesus selber aufzunehmen. Und mit ihm seinen Vater. Dies ist eine dringende Einladung an die Christen, die mit einer enormen Anzahl von Kindern ohne Elternhaus konfrontiert sind.

## Gebet

Herr, gewähre mir die Gnade, meine kindliche Seele wiederzufinden, die ich durch meine Sünden und die Untreue gegenüber deinem heiligen Gesetz der Barmherzigkeit verloren habe.

7.-8. Juli

# Dieser ist mein geliebter Sohn, auf ihn sollt ihr hören

*«Dieser ist mein geliebter Sohn, an dem ich Wohlgefallen habe; auf ihn sollt ihr hören!» (Mt 17,5)*

*«Höre, Israel, und achte darauf, meine Gebote zu befolgen, damit es dir wohl ergehe und ihr überaus zahlreich werdet; denn der Herr, der Gott deiner Väter, hat dir ein Land, das von Milch und Honig fließt, verheißen. Höre, Israel: Der Herr ist unser Gott, der Herr allein!» (Dtn 6,3-4)*

*«Wir wissen, dass er uns erhört, wenn wir seinem Willen gemäß um etwas bitten.» (1 Joh 5,14)*

*(Vor dem Grab des Lazarus) «richtete Jesus seine Augen nach oben und sprach: "Vater, ich danke dir, dass du mich erhört hast. Ich wusste ja, dass du mich allezeit erhörst."» (Joh 11,41-42)*

*«Selig, die das Wort Gottes hören und es bewahren!» (Lk 11,28)*

★ ★ ★

Die biblische Offenbarung ist wesentlich Hören auf das Wort Gottes. «Der Glaube kommt vom Hören» (Röm

10,17), wie es bei Lydia der Fall war (Apg 16,14-15). Die heidnischen Religionen sind auf den Augenschein gegründet. Höre Israel — Sch'ma Israel — ist das eröffnende Wort des traditionellen Glaubensbekenntnisses Israels, um sich vom Willen Gottes durchdringen zu lassen. Jesus nimmt diesen Ruf zum Hören auf, als er das Gleichnis vom Sämann beginnt. Hören bedeutet in diesem Zusammenhang nicht nur, aufmerksam zu sein, sondern das Herz zu öffnen und in die Tat umzusetzen. Hören, Horchen ist somit identisch mit Ge-horchen. Doch leider ist der Mensch oft taub für den Ruf Gottes. Ohr und Herz sind *«unbeschnitten»* (Jer 6,10; Apg 7,51). Jesus beklagt sich bitterlich über diese Taubheit der Juden gegenüber seinen Worten. «Die Tauben werden hören» bedeutet, dass das bis dahin taube Volk endlich sein Herz öffnen, hören und gehorchen wird. Der himmlische Vater selber bittet bei der Taufe Jesu darum, auf ihn zu hören. Gott seinerseits hört auf den Menschen, wenn er etwas Seinem Willen gemäß erbittet. Der Vater erhört Jesus «allezeit»; das Gebet des Christen geht über den Sohn.

## Gebet

Herr, leihe meinem Gebet ein aufmerksames Ohr. Lehre mich, allezeit deinen heiligen Willen zu erkennen, der für mich ein Gebot ist.

9.-10. Juli

# Jesus im Plan Gottes

*«Jesus sagte: "Ich bin nur zu den verlorenen Schafen des Hauses Israel gesandt."» (Mt 15,24)*

*«Denkt nicht, ich sei gekommen, das Gesetz oder die Propheten aufzuheben. Ich bin nicht gekommen aufzuheben, sondern zu erfüllen.» (Mt 5,17)*

*«Jesus sagte zu ihnen: "Meine Speise ist, dass ich den Willen dessen tue, der mich gesandt hat, und dass ich vollbringe sein Werk."» (Joh 4,34)*

*«Der Menschensohn muss in die Hände der Sünder überliefert und gekreuzigt werden, am dritten Tage aber wieder auferstehen.» (Lk 24,7)*

*«Da sagte Jesus: "Es ist vollbracht." Und er neigte das Haupt und gab den Geist auf.» (Joh 19,30)*

★ ★ ★

Der Mensch ist kein Spielball des blinden Schicksals; seine Geschichte verläuft nach einem Plan Gottes. Als vom Gott der Liebe erschaffenes Wesen der Liebe ist er notwendig frei aufgrund des göttlichen Willens, der es ihm ermöglicht, die freie Entscheidung zu treffen, Gott und den Nächsten zu lieben. Die Wahlfreiheit ist die Voraussetzung der Liebe.

Der Plan Gottes wird nach und nach von den Propheten offenbart. So stellen die Erwählung Israels, der Exodus, der Sinai-Bund, die Gabe des Gesetzes und das verheißene Land geweissagte Hauptereignisse dar. Die gesamte Geschichte Israels, die ihren Höhepunkt mit dem Kommen des Messias erreicht, zeigt, dass Gott der Herr der Geschichte bleibt. In so mancher kritischen Situation lenkt er den Lauf der Ereignisse. Das 20. Jahrhundert ist dafür ein bemerkenswertes Beispiel. Jesus ist außerdem allein deshalb auf die Erde gekommen, um den Willen Gottes zu erfüllen, einschließlich des Geheimnisses des Kreuzes, gefolgt von der Auferstehung und dem Pfingstereignis, der Geburt der Kirche. Die Zeit der Kirche, in der wir stehen, stellt die letzte Etappe des Planes Gottes dar, an deren Ende «alle Dinge neu sein werden» (Offb 21,5).

## Gebet

Herr, dein Plan der Erschaffung der Welt und des Menschen ist ein Plan der Liebe, der in seiner Fülle durch deinen menschgewordenen Sohn offenbart wurde. Beschleunige das Kommen deines Tages, an dem alle Dinge neu sein werden, bei der Wiederkunft Christi.

11.-12. Juli

# Schafe mitten unter Wölfen

*«Seht, ich sende euch wie Schafe mitten unter Wölfe. Seid daher klug wie die Schlangen und arglos wie die Tauben!» (Mt 10,16)*

*«Hütet euch vor den falschen Propheten, die in Schafskleidern zu euch kommen; inwendig sind sie reißende Wölfe. An ihren Früchten werdet ihr sie erkennen.» (Mt 7,15)*

*«Paulus sagte zu ihnen: "Ich weiß, es werden nach meinem Weggang reißende Wölfe bei euch eindringen und die Herde nicht schonen, und aus eurer eigenen Mitte werden Männer aufstehen und verkehrtes reden, um die Jünger auf ihre Seite zu ziehen. Seid also wachsam."» (Apg 20,29-31)*

*«Ich bin der gute Hirt. Der gute Hirt gibt sein Leben für die Schafe.» (Joh 10,11)*

★ ★ ★

In der Hirtenzivilisation Israels drückt die Metapher des Hirten und seiner von den Wölfen bedrohten Schafe die enge Beziehung zwischen Gott und seinem von Feinden umgebenen Volk aus. Jesus wird der Gute Hirte sein, der Israel verheißen worden war (Jer 31,10). Er wählt seine

Schafe — seine Jünger — und sendet sie mitten unter die Wölfe — die Welt —, denn er selber wird nur eine kurze Zeit unter seinen Schafen weilen; bei ihnen liegt es, sein Werk der Verkündigung der Frohen Botschaft fortzusetzen. Sie wird in einer feindlichen Welt bis ans Ende der Zeiten erschallen, denn sie steht in Widerspruch zum Geist der Welt. Außerdem sind die Schafe von Wölfen umgeben, von denen manche sogar aus den Reihen der Kirche stammen. Der Apostel Paulus hat die Jünger bereits vor den verdrehten Worten dieser Wölfe gewarnt. Zum Glück — auch wenn er nicht sichtbar ist —, fährt der Gute Hirte fort, seine Schafe, die Jünger, ebenso sicher zu leiten wie zu den Zeiten seines irdischen Wirkens.

## Gebet

Herr, bewahre uns vor den Wölfen, insbesondere vor denen mit verdrehten Worten aus den Reihen der Kirche.

13.-14. Juli

# Deine Sünden sind vergeben

*«Jesus stieg in das Schiff, fuhr hinüber und kam in seine Stadt (Kafarnaum). Da brachten sie zu ihm einen Gelähmten, der auf einem Tragebett lag. Als Jesus ihren Glauben sah, sagte er zu dem Gelähmten: "Sei getrost, mein Sohn, deine Sünden sind vergeben!" Und siehe, einige von den Schriftgelehrten sagten bei sich: "Dieser lästert!" Jesus wusste um ihre Gedanken und sprach: "Warum denkt ihr Böses in euren Herzen? Was ist denn leichter? Zu sagen: Vergeben sind deine Sünden oder zu sagen: Steh auf und geh? Ihr sollt aber wissen, dass der Menschensohn Macht hat, Sünden zu vergeben auf Erden." Und er sagte zum Gelähmten: "Steh auf, nimm dein Bett und geh nach Hause!" Und er stand auf und ging nach Hause.» (Mt 9,1-7)*

*«Er vergibt deine ganze Schuld, heilt alle deine Gebrechen.» (Ps 103[102],3)*

*«Vergib uns unsere Schulden, wie auch wir vergeben haben unseren Schuldnern.» (Mt 6,12)*

*«Wie oft soll ich ihm vergeben? Bis siebenmal?» fragt Petrus. Jesus antwortet ihm: «Ich sage dir: nicht bis siebenmal, sondern bis siebzig mal siebenmal.» (Mt 18,21-22)*

Die Vergebung ist in der Bibel das Erlassen einer Schuld, das aus dem Gedächtnis getilgt und ausgelöscht ist. Die Vergebung wäscht, reinigt, rechtfertigt. Dem abtrünnigen Volk, das die Zerstörung verdient hat, vergibt Gott und gibt sich als *«ein barmherziger und gütiger Gott, langmütig, reich an Huld und Treue»* (Ex 34,6) zu erkennen. Was das Herz Gottes begehrt, ist die Bekehrung des Sünders und nicht sein Tod.

Jesus wurde nicht vom Vater gesandt, um zu richten, sondern um die Sünder zu retten und um ihnen zu vergeben. Er hat diese Vollmacht in der Szene der Heilung des Gelähmten von Kafarnaum unterstrichen. Die Vergebung verlangt jedoch eine Gegenleistung, nämlich die, dass der Sünder, der Vergebung empfangen hat, nun seinerseits dem Vergebung gewährt, der gegen ihn gesündigt hat. Dies ist sogar die Voraussetzung, die es Gott ermöglicht, zu vergeben. Dies ist so wesentlich, dass Jesus es in das Hauptgebet eingeschlossen hat, das er uns gelehrt hat. Noch sterbend am Kreuz hat er vergeben. Wenn sie ihn nachahmen, so werden seine Jünger die enorme Wohltat spüren, welche die Vergebung im Herzen dessen bewirkt, der vergibt: sie schenkt Reinigung, Frieden und Trost.

## Gebet

Herr, lehre mich zu vergeben, in der Freude, die der Vater empfindet, wenn er vergibt (Lukas 15).

15.-16. Juli

# Söhne und Töchter des Lichts durch Jesus

*«Ich bin das Licht der Welt; wer mir nachfolgt, wird nicht im Finstern gehen, sondern das Licht des Lebens haben.»* (Joh 8,12)

*«Solange ihr das Licht habt, glaubt an das Licht, damit ihr Söhne des Lichtes werdet.»* (Joh 12,36)

*«Anerkennend sprach der Herr im Gleichnis von dem treulosen Verwalter: "Er hat klug gehandelt; denn die Kinder dieser Welt sind gegenüber ihresgleichen klüger als die Kinder des Lichtes. Auch ich sage euch: Macht euch Freunde mit dem trügerischen Mammon, damit sie euch, wenn es zu Ende geht, aufnehmen in die ewigen Wohnungen."»* (Lk 16,8-9)

*«Der Menschensohn wird seine Engel aussenden, und sie werden zusammenholen aus seinem Reich alle, die Ärgernis geben und das Böse tun, und sie hineinwerfen in den Feuerofen; dort wird Heulen sein und Zähneknirschen. Dann werden die Gerechten leuchten wie die Sonne im Reich ihres Vaters. Wer Ohren hat, der höre.»* (Mt 13,41-43)

★ ★ ★

Die Menschen stehen im Zwiespalt zwischen Licht und Finsternis. Zwischen dem Himmelreich und dem Geist dieser Welt; zwischen dem Guten und der Gerechtigkeit einerseits und dem Bösen und dem Unrecht andererseits. Bei ihnen liegt es, zwischen den beiden zu wählen; diese Grundentscheidung macht aus dem Menschen ein «Kind des Lichts» oder ein Kind der Finsternis. Im Alten Testament, unmittelbar vor der Ankunft des Messias, erwarteten die frommen Juden aus Qumran diese Entscheidung in dem «endzeitlichen Krieg», der das letztgültige Schicksal der Menschen und der Welt bestimmt. Jesus bedient sich dieser Vorstellung, um die gegenwärtige Welt vom Himmelreich zu unterscheiden, das mit ihm beginnt. Der Übeltäter flieht das Licht, damit seine Werke nicht offenbar werden; wer Jesus wählt, kommt zum Licht, glaubt an Christus, dem Licht der Welt, und wird so zu einem Kind des Lichts, das durch sein Leben das Licht in der Welt widerspiegelt.

## Gebet

Herr, du hast uns gerufen, zum Licht der Welt zu werden, trotz unserer Schwächen und Unzulänglichkeiten. Gewähre mir, dieser Berufung, die du mit den notwendigen Gnaden versiehst, treu zu bleiben.

17.-18. Juli

# Jesus liebt die Berge

*«Nach Entlassung des Volkes stieg er für sich allein auf den Berg, um zu beten.» (Mt 14,23)*

*«Als Jesus die Scharen sah, stieg er auf den Berg, und nachdem er sich gesetzt hatte, traten seine Jünger zu ihm, und er tat seinen Mund auf, lehrte sie und sprach: "Selig, die arm sind in ihrem Geist, denn ihrer ist das Himmelreich..."» (Mt 5,1-3)*

*«So lehrte er bei Tag im Tempel, nachts aber ging er hinaus und nächtigte am Berg, der Ölberg genannt wird.» (Lk 21,37)*

*«Jesus nahm Petrus, Jakobus und dessen Bruder Johannes mit sich und führte sie auf einen hohen Berg. Da wurde er vor ihnen verwandelt; sein Angesicht glänzte wie die Sonne, und seine Kleider wurden leuchtend hell wie das Licht. Und siehe, es erschienen ihnen Mose und Elija, die mit ihm redeten.» (Mt 17,1-3)*

★ ★ ★

Der Berg bezeichnet die göttliche Macht; er ist ein Ort, der für die Besinnung und das Gebet geeignet ist. Jesus liebt die Berge. Dorthin zieht er sich zurück, um zu beten, dorthin geht er, gefolgt von seinen Jüngern, manchmal auch von der Menge, um eine wichtige Unterweisung, wie die Bergpredigt, zu geben. Auf dem Tabor, einem «hohen Berg», wird seine Göttlichkeit bei der Verklärung offenbar, erklärt der himmlische Vater seine Liebe zu Jesus und fordert die Menschen auf, auf ihn zu hören. Auf einem Berg finden die Kreuzigung und die Auferstehung statt. Wie in der Landschaft ist der Berg in seinem Leben ein herausgehobener Ort, der die Umgebung prägt.

## Gebet

Herr Jesus, nach deinem Vorbild werde ich mich in die Einsamkeit eines Berges zurückziehen, um zu beten, auf dich zu hören und in dir vom Lärm dieser Welt auszuruhen.

19.-20. Juli

# Jesus haucht sie an: «Empfangt den Heiligen Geist»

*«Der Vater wird vom Himmel den Heiligen Geist denen geben, die ihn bitten.» (Lk 11,13)*

*«Lebt im Geist.» (Gal 5,16)*

*«In jener Stunde frohlockte Jesus im Heiligen Geist und sprach: "Ich preise dich, Vater, Herr des Himmels und der Erde, dass du dies vor Weisen und Klugen verborgen, Kleinen aber geoffenbart hast."» (Lk 10,21)*

*«Ihr widerstrebt allezeit dem Heiligen Geist.» (Apg 7,51)*

*«Euer Leib ist ein Tempel des Heiligen Geistes.» (1 Kor 6,19)*

★ ★ ★

Wir sind getauft worden im Namen — und nicht in *den* Namen — des Vaters und des Sohnes und des Heiligen Geistes. Das Geheimnis der Allerh. Dreifaltigkeit ist das Grundmysterium des christlichen Glaubens.

Der Heilige Geist ist der innere Meister der Anbetung. Durch sein Wirken erkennen wir in Jesus unseren Herrn und einzigen Heiland. Und, oh Wunder, der Heilige Geist wohnt in einem jeden von uns. Er ist es, der uns eingibt, den himmlischen Vater «Abba» — Papa — zu nennen. Außerdem sind wir buchstäblich Tempel des Heiligen Geistes. Wie könnte man sich nicht von Ihm in der Freude und dem Frieden Christi leiten lassen?

Um die innige Beziehung mit dem Heiligen Geist lebendig zu erhalten, muss man ihn an jedem Tag mehrmals täglich anrufen: «Komm, Heiliger Geist, entzünde in mir das Feuer deiner Liebe, und erneuere so das Antlitz der Erde.» Mögen wir niemals dem Heiligen Geist widerstehen, denn er ist ein Strom lebendigen Wassers, das den Glauben befruchtet (1 Joh 7,38).

## Gebet

Heiliger Geist, enthülle uns die volle Wahrheit, die Jesus seinen Jüngern nicht verkünden konnte, weil sie noch nicht in der Lage waren, sie zu tragen (Joh 16,12-13).

21.-22. Juli

# In Jesus bleiben

*«Bleibt in mir, und ich bleibe in euch.»* (Joh 15,4)

*«Wenn ihr in meinem Wort bleibt, seid ihr in Wahrheit meine Jünger.»* (Joh 8,31)

*«Wer mein Fleisch isst und mein Blut trinkt, bleibt in mir und ich in ihm.»* (Joh 6,56)

*«Wenn einer mich liebt, wird er mein Wort bewahren, und mein Vater wird ihn lieben, und wir werden zu ihm kommen und Wohnung bei ihm nehmen.»* (Joh 14,23)

★ ★ ★

In Jesus zu bleiben beruht auf einer durch die Gnade erhellten Grundentscheidung. Dies bedeutet, sich angesichts der schwierigen und wechselhaften menschlichen Wirklichkeit in dem zu verwurzeln, was grundlegend und unwandelbar ist, nämlich der Liebe. Diese Wahl zu treffen bedeutet, Jesus in unseren Herzen Raum zu geben, um sie zu seiner Wohnung zu machen. Diese Entscheidung hat ihre Voraussetzungen: sich nähren an den Worten Jesu, ihnen Leben geben; sich ebenfalls nähren mit seinem Leib und Blut in der Eucharistie. Wenn man so sein Wort und seinen Leib isst, so wird man nach und nach zu dem, was Jesus ist. *«So lebe nun nicht mehr ich, es lebt in mir Christus»* (Gal 2,20).

Und der Höhepunkt dieser Vereinigung wird erreicht durch die Verwandlung unseres ganzen Wesens in eine trinitarische Wohnung, die erhellt wird durch die Liebe des Vaters und die Kraft des Heiligen Geistes, der seufzend in uns den unaussprechlich sanften Namen unseres Vaters spricht: Abba. Dies ist der Schatz, den Jesus kam, uns zu offenbaren und von dem der Jünger lebt.

## Gebet

Wie gut ist es, Herr, in dir zu bleiben und zu wissen, dass du ebenfalls mit dem Vater und dem Heiligen Geist in mir bleibst! Möge ich niemals dein Wort übertreten, während du in meinem Herzen wohnst.

23.-24. Juli

# Auf Jesus hören

*«Eine Stimme sprach aus der Wolke: "Dieser ist mein geliebter Sohn, an dem ich Wohlgefallen habe; auf ihn sollt ihr hören!"» (Mt 17,5)*

*«Jeder, der zu mir kommt und meine Worte hört und danach tut, der ... gleicht einem Mann, der ein Haus baute, in die Tiefe grub und den Grund auf den Felsen legte.» (Lk 6,47-48)*

*«Wer auf mein Wort hört, hat ewiges Leben.» (Joh 5,24)*

*«Die große Menge des Volkes hörte ihn gerne.» (Mk 12,37)*

*«Wer aus Gott ist, hört auf Gottes Wort.» (Joh 8,47)*

★ ★ ★

Jesus zuzuhören bedeutet, sich Mühe zu geben, auf seine Worte zu hören, auf das zu merken, was er sagt und diese Worte in Leben umzusetzen, sich von ihnen leiten zu lassen an jedem neuen Tag. Jesus zuzuhören bedeutet, der Stimme des himmlischen Vaters zu gehorchen, wie sie sich Petrus, Jakobus und Johannes zu Gehör gebracht hat bei der Verklärung des Herrn, dieser blendenden

Offenbarung seiner Göttlichkeit. Das Hören auf Jesus geschieht in der Gewissheit, das ewige Leben zu haben und das irdische Leben in einem auf Fels gegründeten Haus zu leben. Welch wunderbare Gaben im Gegenzug zu der Fügsamkeit des Herzens im Hören auf Jesus! Nicht etwa um sich ein Joch aufzuerlegen, sondern um in seinen Frieden und seine Freude einzutreten und so das wahre Glück zu erfahren.

## Gebet

Herr Jesus, mach mein Herz gefügig, auf dich zu hören, denn deine Worte sind Licht für mein Leben; ohne dich wäre es nur Finsternis.

25.-26. Juli

# Für Jesus alles verlassen

*«Hierauf ging er weiter, sah einen Zöllner, mit Namen Levi, am Zollhaus sitzen und sagte zu ihm: "Folge mir nach!" Und jener ließ alles zurück, stand auf und folgte ihm nach.» (Lk 5,27-28)*

*«Wahrlich, ich sage euch: Niemand hat Haus oder Brüder oder Schwestern oder Mutter oder Vater oder Kinder oder Äcker um meinetwillen oder um des Evangeliums willen verlassen, der nicht Hundertfaches dafür erhält, jetzt in dieser Welt.» (Mk 10,29-30)*

★ ★ ★

Es gibt im Evangelium einen radikalen Ruf, alles zu verlassen, um Jesus nachzufolgen. Im Gefolge dieser Aufforderung des Herrn erreicht der Jünger den höchsten Grad seines Jüngerseins. Dieser Bruch mit der gewöhnlichen Lebensweise ist jedoch nur wenigen vorbehalten. Einer Elite, die bereits in diesem Leben hundertfach für das belohnt wird, was sie hingegeben hat.

Die Mehrheit derer, die ihren Blick auf Jesus gerichtet haben und sich bemühen, die Frohe Botschaft konkret zu leben, ohne dabei das Lebensumfeld zu opfern, in dem sie geboren und aufgewachsen sind, sind ebenfalls der Liebe Christi würdig. Dies ist die Menge derer, die ihn umgab, um auf sein befreiendes Wort zu hören, das ihr Leben erhellte. Jesus ist die Liebe, die vereinigt, ohne auszuschließen, der Heiland, der sich aufmacht, das verlorene Schaf zu suchen, der Vater, der die Rückkehr des verlorenen Sohnes erwartet. Er ist gekommen, die Sünder zu retten. Die Elite, die alles verlässt, um ihm nachzufolgen zeigt, dass die Liebe des Jüngers bis zur völligen Entäußerung gehen kann.

## Gebet

Herr, nimm mich an in meiner von deiner unendlichen Liebe erhellten Armseligkeit.

27.-28. Juli

# Jesus und die Pharisäer

*«Du bist.» (Mt 5,20)*

*«Da brachte man zu ihm einen Besessenen, der blind war und stumm, und er heilte ihn, so dass der Stumme redete und sah. Alles Volk staunte und sprach: "Ist etwa dieser der Sohn Davids?" Als aber die Pharisäer es hörten, sagten sie: "Dieser treibt die Dämonen nicht anders aus als durch Beelzebul, den Fürsten der Dämonen."» (Mt 12,22-24)*

*«Wehe euch, ihr Schriftgelehrten und Pharisäer, ihr Heuchler! Ihr verschließt das Himmelreich den Menschen… Wehe euch, ihr Schriftgelehrten und Pharisäer, ihr Heuchler! Ihr gleicht übertünchten Gräbern, die nach außen zwar schön aussehen, inwendig aber voll sind von Totengebein und Unrat. So erscheint auch ihr von außen her den Menschen als Gerechte, inwendig aber seid ihr voll von Heuchelei und Gesetzwidrigkeit.» (Mt 23,13…27)*

★ ★ ★

Das Evangelium ist erfüllt von den Streitreden zwischen den Pharisäern und Jesus. Jene bestanden auf der rigorosen Einhaltung des Gesetzes: Sabbat, Zehnter, kultische Reinheit, einschließlich der mündlichen Überlieferung. Im Namen dieser formalen Gesetzestreue stellen sie sich gegen Jesus, der behauptet, kein Nahrungsmittel verunreinige, sondern die unreinen Gedanken. Es gibt jedoch auch gute Pharisäer, wie Nikodemus und Gamaliel; sie erkennen in Jesus schließlich den Messias: Jesus befreit von gewissen Lasten des Gesetzes, die von Menschen stammen, zugunsten des obersten Gesetzes, desjenigen der Liebe zu Gott und den Menschen, zu allen Menschen, Freund oder Feind.

## Gebet

Herr, lass mich allezeit das Wesentliche des Gesetzes der Liebe von den von Menschen geschaffenen Überlieferungen und Gewohnheiten unterscheiden.

29.-30. Juli

# Jesus und die Sadduzäer

*«An jenem Tag kamen zu ihm Sadduzäer, die behaupteten, es gäbe keine Auferstehung. Sie fragten ihn: "Meister, Mose hat gesagt: Wenn einer stirbt, ohne ein Kind zu hinterlassen, soll sein Bruder mit dessen Frau die Schwagerehe eingehen und seinem Bruder Nachkommenschaft erwecken. Nun waren sieben Brüder bei uns. Der erste heiratete und starb, und weil er keine Kinder hatte, hinterließ er seine Frau seinem Bruder. Desgleichen auch der zweite... bis zum siebten... Bei der Auferstehung der Toten nun, wem von den sieben wird sie als Frau gehören?" Jesus antwortete ihnen: "Ihr seid im Irrtum, da ihr weder die Schriften kennt noch die Kraft Gottes. Denn bei der Auferstehung wird weder geheiratet noch verheiratet, sondern sie sind wie die Engel Gottes."» (Mt 22,23...36)*

★ ★ ★

Die Sadduzäer — eine aus reichen, von Zadok abstammenden Priesterfamilien gebildete politische Gruppierung und religiöse Sekte, die den Tempeldienst verrichtete — hielten sich an das geschriebene Gesetz, hauptsächlich den Pentateuch, in dem sie keine explizite

Erwähnung der Auferstehung fanden. Hannas und Kajafas, die Hohenpriester zur Zeit Jesu, sowie die Mehrheit des Hohen Rates waren Sadduzäer.

Jesus trennt sie in seinen Weherufen nicht von den Pharisäern: *«Ihr Natternbrut! Wer hat euch gelehrt, dem kommenden Zorngericht zu entfliehen?»* (Mt 3,7). Er beschuldigt sie der Heuchelei: *«Hütet euch vor dem Sauerteig der Pharisäer und Sadduzäer!»* (Mt 16,6), das heißt davor, dass ihre Lehre in eurem Geist nicht «aufgehe». Nachdem sie Jesus zu Tode gebracht hatten, lassen sie zweimal die Apostel einkerkern, die Jesus und sein Evangelium predigen.

## Gebet

Herr, lass niemals zu, dass sich Irrtümer in meinen Glauben an Dich mischen; mache, dass ich rückhaltlos der Lehre der Kirche anhänge, die das Evangelium mit Beharrlichkeit in all seiner Reinheit bewahrt.

31. Juli-1. August

# Die Welt verabscheut Jesus

*«Wenn die Welt euch hasst, so wisst, sie hat mich vor euch gehasst. Wäret ihr von der Welt, würde die Welt das Ihrige lieben; weil ihr aber nicht von der Welt seid, sondern ich euch auserwählt habe aus der Welt, darum hasst euch die Welt.» (Joh 15,18-19)*

*«Liebt nicht die Welt und nicht, was in der Welt ist!» (1 Joh 2,15)*

*«Ich bin nicht gekommen, die Welt zu richten, sondern die Welt zu retten.» (Joh 12,47)*

*«Frömmigkeit, die lauter ist und makellos vor Gott, dem Vater, ist dies: um Waisen und Witwen sich kümmern in ihrer Bedrängnis und sich rein bewahren von Befleckung durch die Welt.» (Jak 1,27)*

* * *

Als Gottes Schöpfung war die Welt im Wesentlichen gut; sie zeugte von der göttlichen Allmacht. Die Sünde und der Tod haben sie von Anbeginn der Geschichte verderbt; der Satan ist ihr Fürst (Joh 12,31). Jesus wurde von seinem Vater in die Welt gesandt, um sie der Macht des Bösen zu entreißen und stattdessen das Reich Gottes nach seinem Liebesplan zu errichten.

In dieser von der Sünde genährten Welt, die von Gott wegzieht, sind die Christen als Zeugen Jesu Gegenstand des Hasses der Welt und werden sogar verfolgt. Indem sie in ihr Sauerteig des Evangeliums sind, beschränken sie den Zugriff des Satans auf die Welt. Der Gegensatz zwischen den Christen und der Welt wird bis ans Ende der Zeiten andauern. Dann wird die Welt vom ewigen Vater gerichtet werden; sie wird auf ewig erneuert werden (Offb 21). So wird sich das Wort Jesu verwirklichen, der nicht in die Welt gekommen ist, um sie zu richten, sondern um sie zu retten.

## Gebet

Herr, bewahre mich vor dem Geist dieser Welt. Meine Gegenwart in der Welt möge dein Licht widerstrahlen, der du das Licht der Welt bist.

2.-3. August

# Jesus, der gute Hirte

*«Ich bin der gute Hirt. Der gute Hirt gibt sein Leben für die Schafe.» (Joh 10,11)*

*«Ich bin der gute Hirt, ich kenne die Meinen, und die Meinen kennen mich.» (Joh 10,14)*

*«Die Schafe hören auf seine Stimme, und er ruft seine Schafe mit Namen und führt sie heraus.» (Joh 10,3)*

*«Der Herr ist mein Hirt, mir wird nichts mangeln.» (Ps 23[22],1)*

*«Es wird eine Herde sein, ein Hirt.» (Joh 10,16)*

★ ★ ★

Das Volk der Hebräer hatte Hochachtung vor dem Beruf des Hirten. Abel und die Patriarchen waren Hirten gewesen, derart, dass das Bild des Hirten die über das Volk ausgeübte Autorität versinnbildlichte und Christus sich gerne als Hirt darstellte, dem der Vater seine Kinder anvertraut hatte. Jahwe hatte erklärt, er selber werde Hirt seines Volkes sein (Jes 40,11) und einen neuen Hirten aus Davids Stamm erwecken (Ez 34,23).

Jesus, dieser gute Hirt, kennt seine Schafe bei ihrem Namen. Er ruft jedes einzelne und führt sie heraus — heraus aus dem schlammigen Pferch auf grüne Auen, heraus aus der Unwissenheit zur wahren Erkenntnis, heraus aus der Sünde zur Gnade, heraus aus der Finsternis zum Licht.

Aus diesem Vers «er zieht sie heraus» (e-ducit) wurde am Ende des 14. Jahrhunderts das Wort «educere», erziehen, gebildet (daher das englische Wort «education»). Jesus, der gute Hirt, ist der einzige Erzieher. Die Eltern, Priester und Lehrer sind seine Hilfskräfte.

## Gebet

Jesus, Guter Hirte, allein deine Stimme führt ins Himmelreich, noch in dieser Welt und für alle Ewigkeit in der kommenden Welt. Ich will weiter auf dich hören; ich flehe dich an, erhöre mich und erziehe mich, wie der Hirte seine Schafe «erzieht».

4.-5. August

# Jesus liebt die Kinder

*«Man brachte auch die Kinder zu ihm, damit er sie berühre. Die Jünger, die es sahen, wollten sie zurückweisen. Jesus aber rief sie herbei und sprach: "Lasst die Kinder zu mir kommen und wehrt es ihnen nicht; denn gerade für sie ist das Reich Gottes. Wahrlich, ich sage euch: Wer das Gottesreich nicht annimmt wie ein Kind, wird nicht hineinkommen."» (Lk 18,15-17)*

*«Seht, welch große Liebe uns der Vater geschenkt hat: Kinder Gottes heißen wir und sind es.» (1 Joh 3,1)*

*«Kinder, noch eine kleine Weile bin ich unter euch… Ein neues Gebot gebe ich euch, dass ihr einander liebt; wie ich euch geliebt habe, so sollt auch ihr einander lieben.» (Joh 13,33…34)*

★ ★ ★

Jesus liebt die Kinder, er segnet sie und bezeichnet sie als beispielhaft in ihrem Vertrauen und ihrer Einfachheit. Der Eintritt ins Himmelreich steht für die Erwachsenen unter der Bedingung der Rückkehr zum Geist der Hingabe, des Vertrauens und der Spontaneität ihrer Kindheit.

Am Ende des Passahmahls, nachdem er den Aposteln die Füße gewaschen hat, spricht Jesus sie in einem Elan voller Zärtlichkeit als seine kleinen Kinder an. Er spürt, dass sie in diesem dramatischen Augenblick ihre kindliche Seele wiedergefunden haben — außer dem, der ihn verraten wird.

Die christliche Kindererziehung ist von großer Wichtigkeit, da sie die geistlichen Grundlagen bietet, um als Erwachsener den Geist der Kindheit wiederzuerlangen.

## Gebet

Herr Jesus, gewähre mir die unerlässliche Gnade, um nach deinem Wunsch vor dem Vater in meiner Haltung wieder wie ein kleines Kind zu werden.

6.-7. August

# Die Einheit Jesu mit seinem Vater

*«Wer mich sah, hat den Vater gesehen.» (Joh 14,9)*

*«Glaubt mir, dass ich im Vater bin und der Vater in mir ist! Wenn nicht, dann glaubt eben um der Werke willen.» (Joh 14,11)*

*«Ich und der Vater sind eins.» (Joh 10,30)*

*«Noch eine kleine Weile, und die Welt sieht mich nicht mehr; ihr aber seht mich, denn ich lebe, und auch ihr werdet leben. An jenem Tag werdet ihr erkennen, dass ich in meinem Vater bin und ihr in mir und ich in euch. Wer meine Gebote hat und sie hält, der ist es, der mich liebt.» (Joh 14,19-21)*

★ ★ ★

Jesus lüftet das Geheimnis der Allerh. Dreifaltigkeit. In ihm ist der Mensch, Bild Gottes, im trinitarischen Gott gegenwärtig. Alle Jünger sind im Herzen Jesu und somit in Gott gegenwärtig, eingesenkt in die göttliche Liebe, Huld und Barmherzigkeit. Jünger ist derjenige, der die Gebote Gottes in seinem Herzen empfangen hat und sie lebt, insbesondere die beiden Gebote, die das ganze Gesetz und die Propheten enthalten: die Gottes-

und die Nächstenliebe (Mt 22,37-40). Derart hat der Jünger Anteil am trinitarischen Leben Gottes durch die Gnade. Das Geheimnis der Allerh. Dreifaltigkeit erleuchtet, was der Mensch unendlich Kostbares besitzt: seine Adoption durch den Vater, in Jesus Christus, Dank der Gabe der Heiligkeit des Geistes.

## Gebet

Herr, enthülle immer klarer das trinitarische Geheimnis, in das ich eingesenkt bin, und gib mir die notwendigen Gnaden, um die beiden Liebesgebote zu beachten, die aus mir einen Jünger Jesu machen.

8.-9. August

## Der Vater selbst liebt euch, weil ihr mich liebt (Joh 16,27)

*«Wahrlich, wahrlich, ich sage euch: Um was ihr den Vater bitten werdet, das wird er euch geben in meinem Namen.» (Joh 16,23)*

*«Wie mich der Vater liebte, so liebte ich auch euch.» (Joh 15,9)*

*«Wie mich der Vater gesandt hat, so sende ich auch euch.» (Joh 20,21)*

*«Seid barmherzig, wie euer Vater barmherzig ist!» (Lk 6,36)*

*«Liebt eure Feinde, tut Gutes denen, die euch hassen.» (Mt 5,44)*

*«Seid also vollkommen, wie euer Vater im Himmel vollkommen ist.» (Mt 5,48)*

*«Weil ihr aber Söhne seid, sandte Gott den Geist seines Sohnes in unsere Herzen, der rufen lässt: Abba, Vater!» (Gal 4,6)*

★ ★ ★

Jesus zu lieben bedeutet, vom himmlischen Vater geliebt zu sein. Im Alten Testament gründete sich die göttliche Liebe auf den Bund Gottes mit Israel. Jesus überträgt sie auf seine gleichzeitig göttliche und menschliche Person. Der Vater liebt die, welche ihn in Christus lieben, denn *«Ich und der Vater sind eins»*, sagt der Herr (Joh 10,30). Zwischen dem Vater, seinem Sohn und den Menschen strömt die Liebe uneingeschränkt, denn *«Gott ist Liebe»* (1 Joh 4,8). Jesus liebt uns mit der Liebe, mit der ihn der Vater liebt; in der Tat ist er es, der uns erwählt hat als seine Jünger, damit wir Frucht bringen, die bleibt (Joh 15,16). Und die beste Frucht ist die Liebe, die niemanden ausschließt, die nach der Beschreibung des Apostels gelebte Liebe (1 Kor 13). Dann werden wir vollkommen sein wie der himmlische Vater, den wir mit dem zärtlichen Namen Abba ansprechen.

## Gebet

Herr Jesus, gewähre mir die Gnade, derart zu lieben, dass ich vollkommen werde, wie Abba vollkommen ist. Und dass es mir gelingt, meine Feinde zu lieben und diejenigen, die deine Jünger verfolgen, um wahrhaft Sohn unseres himmlischen Vaters zu sein.

10.-11. August

# Jesus fordert auf, nicht mehr zu sündigen

*«Da sagte Jesus zu ihr: "Auch ich verurteile dich nicht. Geh hin und sündige fortan nicht mehr!"»* *(Joh 8,11)*

*«Jeder, der die Sünde tut, verübt auch die Gesetzeswidrigkeit, die Sünde ist ja die Gesetzwidrigkeit.»* *(1 Joh 3,4)*

*«Wenn dein Bruder sündigt, so weise ihn zurecht, und tut es ihm leid, so vergib ihm. Und sündigt er siebenmal am Tag gegen dich und kommt er siebenmal zurück und sagt: Es tut mir leid, so vergib ihm.»* *(Lk 17,3-4)*

*«Jeder, der in Jesus bleibt, sündigt nicht; jeder, der sündigt, hat ihn nicht gesehen und hat ihn nicht erkannt.»* *(1 Joh 3,6)*

★ ★ ★

Der Sinn der Sünde ist mit dem Glauben verbunden wie die Pflanze mit dem Samenkorn, aus dem sie hervorgegangen ist; er steht in Zusammenhang mit der Entdeckung des Geheimnisses Gottes und seines Heilsplanes für den Menschen. Gewiss ist die Sünde ein Verstoß gegen das göttliche Gesetz, doch mehr noch der Bruch der persönlichen Verbindung mit Gott, des zwischen Ihm und den Menschen geschlossenen Bundes. Im Zentrum der Frohen Botschaft stehen die Sündenvergebung und der Aufruf zur Bekehrung. Das Wort, das Jesus an die Ehebrecherin richtet, die er vor dem Tod durch Steinigung gerettet hat, ist erschütternd und wegweisend. Die Reue ist die Bedingung der Vergebung. So wie Gott dem Sünder vergibt, worin auch immer seine Sünde bestehen mag, so soll auch der Mensch seinem Nächsten vergeben, der es bereut, ihn verletzt zu haben. Die Bekehrung schenkt ein neues Herz; sie ist eine Gabe Gottes. Die Sünde ist eine Untat, eine große Ungerechtigkeit gegen die von Gott erlassene Ordnung der Dinge. Der einzige Schutz gegen die Sünde besteht darin, in Jesus zu bleiben. So bleibt er in mir; durch das gegenseitige Innewohnen wird die Sünde unmöglich gemacht.

## Gebet

Herr, möge ich gegenüber demjenigen, der gegen mich gesündigt hat, barmherzig sein wie Du und möge die Sünde mich niemals von dir trennen.

12.-13. August

# Jesus sendet Propheten

*«Darum seht, ich sende zu euch Propheten, Weise und Schriftgelehrte.» (Mt 23,34)*

*«Trachtet nach der Liebe! Bemüht euch um Geistesgaben, vorzüglich um prophetisches Reden!» (1 Kor 14,1)*

*«Ich werde ausgießen von meinem Geist über alles Fleisch, und eure Söhne und Töchter werden prophetisch reden.» (Apg 2,17)*

*«Jesus von Nazareth war ein Prophet, mächtig in Tat und Wort vor Gott und vor dem ganzen Volk.» (Lk 24,19)*

★ ★ ★

Der Prophet sagt nur selten die Zukunft voraus; er enthüllt den Sinn und die großen Linien der Zukunft. Innerhalb der Welt, die sich ohne Kenntnis des göttlichen Gesetzes der Sünde überlässt, spricht der Prophet im Namen Gottes. Deshalb entsendet Jesus Propheten in die Welt, um auf eigene Gefahr die Wahrheit und den Sinn des Lebens zu verkünden. Inmitten der Welt sollen die Christen ein Volk von Propheten sein.

Der Apostel Paulus setzt die Prophetie an die erste Stelle der Gaben des Heiligen Geistes. Die Jünger Jesu haben lange Zeit den Messias für einen Propheten gehalten; die Emmaus-Jünger hielten ihn noch nach seinem Tod am Kreuz für einen «mächtigen Propheten», obwohl er der Sohn Gottes war, der unter den Menschen lebende Herr. Gott bedarf der Propheten als Botschafter. Heute genauso wie in der Vergangenheit.

## Gebet

Herr Jesus, verwandle deine Jünger in klarsichtige Propheten für eine Gesellschaft, die unter Orientierungslosigkeit leidet.

14.-15. August

# Jesus und die Scham

*«Wer sich meiner und meiner Worte schämt vor diesem ehebrecherischen und sündhaften Geschlecht, dessen wird auch der Menschensohn sich schämen, wenn er kommt in der Herrlichkeit seines Vaters zusammen mit den heiligen Engeln.» (Mk 8,38)*

*«Keiner von euch soll leiden als Mörder oder Dieb oder Übeltäter... Leidet er dagegen als Christ, so schäme er sich nicht, sondern verherrliche Gott in diesem Namen.» (1 Pe 4,15-16)*

*«Sie mögen fluchen, doch du wirst segnen... Meine Ankläger sollen mit Schmach sich bekleiden, in ihre Schande sich hüllen wie in einen Mantel!» (Ps 109[108],28-29)*

★ ★ ★

Das bohrende Gefühl der Scham ist mit dem Sündenfall aufgetreten. Sobald Adam und Eva Gott ungehorsam geworden waren, empfanden sie Scham und wurden sich bewusst, nackt zu sein (Gen 3,7). Für jeden Menschen, der das Bewusstsein von gut und böse bewahrt hat, ergibt sich das Schamgefühl aus dem Fehlverhalten. Man kann sich nicht schämen, das Gute getan zu haben. Nun stellt aber Jesus, der das höchste Gut ist, fest, dass gewisse Menschen sich seiner schämen. Mit einem wohl schweren Herzen wird er gesagt haben: *«Wenn sich jemand meiner und meiner Worte schämt»*. Dieses scheußliche Gefühl wird am jüngsten Tag vergolten werden. Es sei denn, es geschieht die Umkehr, wie sie Petrus nach seinem Verrat bezeugt. Christ sein, als Christ leiden soll dazu führen, Gott zu verherrlichen, denn Er ist es, der seine Jünger erwählt.

## Gebet

Herr, allein die bösen Taten bewirken meine Scham; von Dir als Jünger deines Sohnes erwählt worden zu sein, ist mein Stolz und mein Glück.

16.-17. August

# Die Vergebung Jesu

*«Da trat Petrus hinzu und fragte ihn: “Herr, wie oft darf mein Bruder gegen mich sündigen, und ich soll ihm vergeben? Bis siebenmal?” Jesus antwortete ihm: “Ich sage dir: nicht bis siebenmal, sondern bis siebzig mal siebenmal.”» (Mt 18,21-22)*

*«Zürnt ihr, so sündigt nicht; die Sonne gehe nicht unter über eurem Zorn; gebt nicht Raum dem Teufel!» (Eph 4,26-27)*

*«Preise, meine Seele, den Herrn und alles in mir seinen heiligen Namen! Preise, meine Seele, den Herrn und vergiss all seine Wohltaten nicht! Er vergibt deine ganze Schuld.» (Ps 103[102],1-3)*

*«Selig, wem Unrecht vergeben, wem Sünde zugedeckt ist!» (Ps 32[31],1)*

★ ★ ★

Der Vorstellung der Vergebung hat ihren Ursprung im Glauben an einen guten und barmherzigen Gott. Das Alte Testament erwähnt häufig das Vertrauen des Menschen auf einen vergebenden Gott; er will nicht den Tod des Sünders, sondern seine Bekehrung, um aus ihm ein neues Geschöpf zu machen. Christus rückt die Vergebung in den Vordergrund. Er schließt sie in das Gebet ein, das er die Jünger auf ihr Bitten hin lehrt. Am Kreuz ist eines seiner letzten Worte das der Vergebung, um die er den Vater für seine Henker bittet. Bevor er zu seinem Vater zurückkehrt, gibt Jesus seinen Jüngern Vollmacht, im Namen der Liebe Gottes die Sünden zu vergeben.

Die Vergebung reinigt die Seele von einem Gefühl, das in der Gefahr steht, zu Groll zu werden; die Vergebung befreit, das Fehlen der Vergebung zerfrisst den Geist. Die geschenkte und empfangene Vergebung ist eine große Wohltat. Sie ist eine Gabe Gottes.

## Gebet

Herr, gewähre mir allezeit die Gnade deiner Vergebung, auf dass ich nach deinem Vorbild vergebe ohne Maß.

18.-19. August

## Betet ohne Unterlass (1 Thess 5,17)

*«Freut euch allezeit! Betet ohne Unterlass! Sagt Dank bei allem! Denn das ist Gottes Wille in Christus Jesus für euch.» (1 Thess 5,16-18)*

*«Seid wachsam und betet zu jeder Zeit, damit ihr imstande seid, all dem zu entrinnen, was kommen wird, und zu bestehen vor dem Menschensohn!» (Lk 21,36)*

*«Darum auch beten wir allezeit für euch.» (2 Thess 1,11)*

*«Wenn du gesündigt hast, ... so bete wegen deiner früheren Sünden.» (Sir 21,1)*

*«Der Mensch betet, und Gott ist ihm gewogen.»* (Ijob 3,26)

*«Deshalb betete ich, und es ward mir Einsicht gegeben.» (Weish 7,7)*

*«Jesus hielt sich zurückgezogen an einsamen Plätzen auf und betete.» (Lk 5,16)*

★ ★ ★

Durch das Gebet kommt der Mensch ins Gespräch mit Gott. Durch das anhaltende Gebet entdeckt man in diesem Austausch schließlich die Huld Gottes. Eine väterliche Zärtlichkeit (Lk 23,46), die im Gegenzug nach kindlicher Hingabe verlangt, dem Höhepunkt des biblischen Gebetes. Eine Hingabe, die den Weg für das Lob eröffnet und zur Bitte bereitet.

Um in diesem Dialog ganz seinem Vater zu gehören, betete Jesus anhaltend, häufig und in Einsamkeit. Ahmen wir ihn nach. Und unser Gebet geschehe ohne Unterlass. Indem wir Gott am Morgen unseren Tag darbringen, werden alle Taten an jenem Tag zum Gebet. Ebenso vor jeder Aufgabe. Das meint der Apostel, wenn er uns auffordert: «Betet ohne Unterlass.» Es handelt sich darum, ständig in der Gegewart Gottes zu sein, den ganzen Tag über; eine ständige Gegenwart Gottes in unseren Herzen. Daher ist das immerwährende Gebet nicht nur möglich, sondern sanft und wohltuend.

## Gebet

Herr, das ununterbrochene Liebesgespräch mit dir möge in meinem Herzen das Glück hervorquellen lassen, das denen versprochen ist, die dich lieben und deinem Gesetz folgen (Dtn 10,13).

20.-21. August

# Jesus will die Einheit seiner Jünger

*«Alle [sollen] eins sein wie du, Vater, in mir und ich in dir, dass sie eins seien in uns, damit die Welt glaube, dass du mich gesandt hast. Ich habe die Herrlichkeit, die du mir gabst, ihnen gegeben, damit sie eins seien, wie wir eins sind.»* (Joh 17,21-22)

*«Wer aber dem Herrn anhängt, ist eines Geistes mit ihm.»* (1 Kor 6,17)

*«Alle seid ihr eins in Christus Jesus.»* (Gal 3,28)

★ ★ ★

Die Einheit der Jünger ist in der Einheit Christi mit seinem Vater und in der Einheit Jesu mit seiner Kirche begründet. Die Gabe der Einheit kommt darin zum Ausdruck, dass das gesamte Universum im Leib Christi vereinigt ist. Die Spaltungen unter Christen, auch wenn sie weder die Einheit Christi mit seiner Kirche beeinträchtigen, noch seinen Willen schwächen können, die Menschheit zu versammeln, berauben jedoch die Welt des eindrücklichen Zeugnisses der Einheit; sie bremsen die Ausbreitung des Evangeliums auf Erden.

Die Christen unterschiedlicher Konfessionen hätten nur Vorteile von ihrer Einigung. Nur dann, endlich vereint, sind sie vollständig ein einziger Geist mit dem Herrn. Die Einheit der Kirchen muss ein ständiges Gebetsanliegen der Christen sein. Einheit bedeutet nicht Einförmigkeit, und die liturgische Vielfalt zum Beispiel ist ein Reichtum für den Leib Christi. Jedoch hat allein die dem Nachfolger Petri anvertraute Kirche das *Depositum fidei* (das Glaubensgut) in seiner Fülle bewahrt (2. Vatikanum).

## Gebet

Herr, bewege deine Jünger, die Einheit der Kirchen zu beschleunigen, um die Durchdringung der Welt mit dem Evangelium zu fördern.

22.-23. August

# Jesus vermehrt das leibliche Brot

*«Der Tag begann sich schon zu neigen, da traten die Zwölf zu ihm und sagten: "Entlass das Volk, damit sie in die umliegenden Dörfer und Gehöfte gehen und Einkehr und Verpflegung finden; denn hier sind wir in einer verlassenen Gegend." Er aber entgegnete ihnen: "Gebt ihr ihnen zu essen!" Sie sagten: "Wir haben nicht mehr als fünf Brote und zwei Fische" … Es waren nämlich an fünftausend Männer. Da sagte er zu seinen Jüngern: "Lasst sie nach Gruppen zu etwa je fünfzig sich lagern!" Sie taten so und ließen alle sich lagern. Er aber nahm die fünf Brote und zwei Fische, sah zum Himmel auf, sprach den Segen über sie, brach sie und gab sie den Jüngern zum Verteilen an das Volk. Und alle aßen und wurden satt, und von dem, was ihnen an abgebrochenen Stücken übrigblieb, hob man zwölf Körbe voll auf.» (Lk 9,12-17)*

*«Jesus stieg auf den Berg und setzte sich dort nieder. Da kam viel Volk zu ihm, mit Lahmen, Krüppeln, Blinden, Stummen… und er machte sie gesund. Die Volksscharen staunten, als sie es sahen… Jesus aber rief seine Jünger zu sich und sprach: "Mich erbarmt des Volkes; denn sie harren schon drei Tage bei mir aus und haben nichts zu essen; ich will sie*

*nicht ohne Essen ziehen lassen, sie könnten sonst auf dem Weg ermatten." ... Jesus befahl ihnen, sich auf die Erde niederzulassen. Dann nahm er die sieben Brote und die Fische, sprach das Dankgebet, brach sie und gab sie den Jüngern, und die Jünger gaben sie dem Volk... alle aßen und wurden satt.»*
*(Mt 15,29-37)*

★ ★ ★

Die beiden Brot- und Fischvermehrungen sind zwei Taten der Barmherzigkeit und des Mitgefühls Jesu gegenüber den Volksscharen, die ihm nachfolgen. Er heilt die Bedrückten und Kranken und nährt die Leiber. Gott ist am Werk, um seine Kinder zu pflegen und zu nähren. Auf diese Volksscharen wirft er den gleichen Blick, den seine Mutter auf die Gäste der Hochzeitsfeier in Kana geworfen hatte. Bei Gott gibt es keinen Mangel. Sein Beispiel ermutigt die Jünger, den gleichen barmherzigen Blick auf das hungrige Volk zu werfen.

## Gebet

Herr Jesus, inspiriere deine heutigen Jünger zum Mitleid mit den so großen hungernden Volksmengen in den armen Ländern. Sie mögen zur Speerspitze der Hilfe der reichen Länder und des geheiligten Rechtes der Armen auf das Miteinanderteilen werden.

24.-25. August

# Jesus befreit uns von dem «kommenden Zorngericht»

*«Jesus sagte zu den Pharisäern und Sadduzäern: "Ihr Natternbrut! Wer hat euch gelehrt, dem kommenden Zorngericht zu entfliehen? Bringt darum Frucht, die der Bekehrung entspricht ... Jeder Baum, der nicht gute Frucht bringt, wird herausgehauen und ins Feuer geworfen."» (Mt 3,7-10)*

*«Denn Gott hat uns nicht bestimmt für das Strafgericht, sondern zur Erlangung des Heils durch unseren Herrn Jesus Christus, der für uns starb, damit wir, ob wir wachen oder schlafen, mit ihm vereint leben.» (1 Thess 5,9)*

*«Gott aber erweist seine Liebe zu uns darin, dass Christus für uns starb, als wir noch Sünder waren. Um vieles mehr werden wir nun, da wir gerecht wurden durch sein Blut, gerettet werden durch ihn vor dem Zorn.» (Röm 5,8-9)*

*«Wehe aber der Erde und dem Meer; denn hinabgestiegen ist zu euch der Teufel voll grimmigen Zornes; er weiß, dass er eine kurze Frist hat.» (Offb 12,12)*

★ ★ ★

Die brennende Liebe Gottes zu den Menschen bewirkt in ihm die Gunst gegenüber demjenigen, der sich an ihn hält und den Zorn gegenüber demjenigen, der sich von ihm abwendet und so seine Liebe zurückweist. Der Zorn Gottes rührt nicht von Rachsucht, sondern von der Eifersucht einer heiligen Liebe her. Auch wenn sein Zorn durch die Sünde des Menschen ausgelöst wird, so ist er doch kein Gott des Zorns, sondern der Barmherzigkeit; diese steht allezeit bereit, hervorzutreten (Jer 3,12), denn *«barmherzig und gnädig ist der Herr, langmütig und reich an Huld»* (Ps 103[102],8). In Jesus offenbart sich der Zorn Gottes in zahlreichen Fällen, insbesondere gegenüber den teuflischen Tricks der Pharisäer. Sein Zorn richtete sich gegen jeden, der sich Gott entgegenstellt.

Der Satan weiß, dass Jesus die Welt überwunden hat und dass ihm nicht mehr viel Zeit bleibt. Deshalb entfesselt sich sein Zorn in einem nie dagewesenen Angriff auf die Menschen. Umsonst, denn wir sind endgültig gerechtfertigt durch das Blut des Lammes.

## Gebet

Herr, ich glaube von ganzem Herzen an dich, mache, dass ich reiche und in deinen Augen wohlgefällige Frucht bringe. Verkürze die Zeit, die dem Satan noch für seinen zornbebenden Angriff auf die nach deinem Bild geschaffenen Menschen bleibt.

26.-27. August

# Die Tränen Jesu

*«Als Jesus sah, wie sie weinte und wie auch die mit ihr kommenden Juden weinten, wurde er im Geist tief erschüttert, und voll innerer Erregung fragte er: "Wo habt ihr ihn hingelegt?" Sie antworteten ihm: "Komm, Herr, und sieh!" Jesus weinte. Die Juden sagten: "Seht, wie er ihn liebte!"» (Joh 11,33-35)*

*«Als Jesus sich Jerusalem näherte und die Stadt erblickte, weinte er über sie und sprach: "...deine Feinde werden einen Wall um dich herum aufwerfen und dich einschließen und bedrängen von allen Seiten. Sie werden dich niedermachen und deine Kinder in dir und nicht Stein auf Stein in dir lassen, weil du die Zeit deiner Heimsuchung nicht erkannt hast."» (Lk 19,41...44)*

★★★

Zwei bewegende Passagen der Bibel zeigen Jesus, wie er weint: Vor dem Grab des Lazarus und auf einer die Stadt überragenden Erhebung, von der aus Jesus über Jerusalem weint. Er weint über einen Freund, im Gefolge der Klagen der Maria, der Schwester des Lazarus, und anderer Freunde des Verstorbenen. Und doch weiß er, dass er ihn auferwecken wird, was ihn freudig stimmen sollte. Es liegt daran, dass Jesus die Schmerzen der anderen auf sich nimmt — unsere Schmerzen! Auch wir zählen zu den Freunden Jesu. Das «seht, wie er ihn liebte» gilt für jeden von uns in Leid und Trauer.

Die über Jerusalem vergossenen Tränen rühren von der Weigerung des Volkes her, in ihm den Messias zu erkennen, sowie von der Aussicht der Zerstörung der heiligen Stadt und dem Massaker an seinen Einwohnern, die Jesus voraussagt, etwa vierzig Jahre im Voraus. Tränen über einen geliebten Menschen; Tränen über eine untreue Stadt, welche das Heil ablehnt und in ihr Verderben läuft.

## Gebet

Oh, Jesus, deine Tränen erschüttern uns. Möge unsere Untreue niemals so weit gehen, dich traurig zu machen. Schöpfe in uns, deinen Jüngern, deinen Trost.

28.-29. August

# Zu einem geistigen Haus erbaute lebendige Steine

*(Bei der Verklärung Jesu) «kam eine Stimme aus der Wolke und sprach: "Dies ist mein Sohn, mein Erwählter; auf ihn sollt ihr hören!"» (Lk 9,35)*

*«Wenn ihr hintretet zu ihm, dem lebendigen Stein, der von den Menschen verworfen, vor Gott aber auserlesen ist und kostbar, werdet auch ihr selber als lebendige Steine aufgebaut zu einem geistigen Haus, zu einer heiligen Priesterschaft, um geistige Opfer darzubringen, wohlgefällig vor Gott, durch Jesus Christus.» (1 Pe 2,4-5)*

*«Nicht ihr habt mich erwählt, sondern ich habe euch erwählt und euch bestellt, dass ihr hingeht und viel Frucht bringt und eure Frucht bleibe.» (Joh 15,16)*

★ ★ ★

Die Erwählung eines Volkes oder eines Menschen ist ein Geheimnis. Es gehört in den Bereich des Gesamtplanes Gottes für die Menschheit, der in der Heilsgeschichte seinen Ausdruck findet. Die besondere Erwählung einer Gemeinschaft oder einer Person, des Volkes Israel zuerst, der Kirche sodann, oder eines gewissen Menschen für einen spezifischen Auftrag, hat Anteil an einem Gesamtplan, dessen Ziel die Heilsgeschichte enthüllt: die Errichtung des Gottesreiches auf Erden.

Als Erwählter Gottes des Vaters ist Jesus die Erfüllung der Erwählung Israels. Von nun an ist in ihm jeder Mensch, die Glieder des Volkes Israel eingeschlossen, von Gott erwählt, um die Kirche als Leib Christi zu bilden. Alle Glieder dieses Leibes sind von Gott erwählt; sie bilden das *«erwählte Geschlecht»* (1 Pe 2,9). Diese Erwählung wurde vorbereitet *«vor Grundlegung der Welt»* und erfüllt sich in Jesus Christus; sie zielt darauf, uns *«heilig und untadelig»* zu machen, durch *«das Siegel des uns verheißenen Geistes»*, um *«eintreten zu lassen die Fülle der Zeiten»* (Eph 1,3-13). Doch gilt es erst einmal, sich dieser persönlichen Erwählung bewusst zu werden und in unserer Freiheit als «Adoptivkinder» Gottes zur Verwirklichung des universellen Planes der Liebe beizutragen, welcher dem Leib Christi anvertraut ist, dessen Glieder alle von Gott *«gerechtfertigt»* sind.

## Gebet

Ich danke dir, Herr, dass du mich erwählt hast vor Grundlegung der Welt und mich so ohne mein eigen Verdienst gerechtfertigt hast und dafür, dass ich das Glück habe, ein Jünger Jesu Christi zu sein.

30.-31. August

# Jesus, der treue Knecht

*«Petrus sagte zum Volk: "Für euch zuerst erweckte Gott seinen Knecht und sandte ihn, euch zu segnen, auf dass ein jeder von euch sich abkehre von seinen bösen Werken."»* (Apg 3,26)

*«Wahrhaftig, sie haben sich in dieser Stadt gegen deinen heiligen Knecht Jesus, den du gesalbt hast, zusammengetan.»* (Apg 4,27)

*«Er, der in Gottes Gestalt war, sah im Gottgleichsein nicht einen für sich festzuhaltenden Gewinn, sondern er entsagte seiner selbst, nahm Knechtsgestalt an, wurde Menschen gleich und seinem Äußern nach erfunden wie ein Mensch; er erniedrigte sich selbst und wurde gehorsam bis in den Tod, den Tod am Kreuz.»* (Phil 2,6-8)

*«Der Menschensohn ist nicht gekommen, sich bedienen zu lassen, sondern zu dienen.»* (Mt 20,28)

★ ★ ★

Der Dienst, nach dem Gott verlangt, beschränkt sich nicht auf den Gottesdienst, er erstreckt sich durch den Gehorsam gegenüber den Geboten auf das ganze Leben. *«Wertvoller als Opfer ist Gehorsam»* (1 Sam 15,22). Der Titel

*«Knecht Gottes»* ist daher ein Ehrentitel. Gott nennt denjenigen «seinen Diener», den er dazu beruft, an seinem Liebesplan mitzuwirken. Mit dieser Absicht sendet der Vater seinen Sohn; er ist daher der Gottesknecht; er vereint alle Menschen in demselben Gottes-Dienst. Als er sich als *«gut und bescheiden in seinem Herzen»* (Mt 11,29) darstellt, beschreibt Jesus die Haltung des wahren Dieners vor Gott. Er selbst ist gekommen, um zu dienen. Dafür gibt er ständig Beispiele; er geht sogar über die Pflichten des treuen Dieners hinaus, er gibt sein Leben für die, welche er liebt und die zu retten er gekommen ist. Als der erwartete Messias liegt ihm nichts an einem zeitlichen Reich, das allen Machtinteressen ausgesetzt ist; der am Kreuz gestorbene und in Herrlichkeit auferstandene Knecht zieht sein Volk in diese Herrlichkeit hinein. Die Diener des Gottes Israels, wie Maria seine Magd war, sind nunmehr Diener Christi, Söhne und Töchter Gottes (Röm 1,1). Die Diener Jesu sind durch die Liebe des Herrn in den Rang von Freunden erhoben.

## Gebet

Seinen Geschwistern zu dienen kann nur in einer Haltung der Demut und Sanftmut geschehen; schenke mir, Herr, die Gnade dieser beiden Tugenden, um mich nach deinem Vorbild zum Diener meines Nächsten zu machen. Gewähre mir, an jedem Tag dir mehr zu gleichen durch die Sanftheit und die Demut.

1.-2. September

# Der Herr lässt in der Liebe wachsen

*«Euch aber lasse der Herr reich werden und überströmen in der Liebe zueinander und zu allen.» (1 Thess 3,12)*

*«Die Kirche nahm zu unter dem Beistand des Heiligen Geistes.» (Apg 9,31)*

*«Wachset in der Gnade und Erkenntnis unseres Herrn und Heilandes Jesus Christus! Ihm sei die Ehre.» (2 Pe 3,18)*

*«Das Wort Gottes breitete sich weiter aus, und die Zahl der Jünger wuchs mehr und mehr, auch eine große Anzahl von Priestern beugte sich dem Glauben.» (Apg 6,7)*

*«Daher beuge ich meine Knie vor dem Vater, von dem jede Vaterschaft im Himmel und auf Erden ihren Namen hat; er verleihe euch nach dem Reichtum seiner Herrlichkeit, an Kraft zu erstarken durch seinen Geist im inneren Menschen.» (Eph 3,14-16)*

★ ★ ★

Wachstum ist das Gesetz alles Lebendigen. Menschen, Tiere und Pflanzen gehorchen diesem Gesetz. Beim Menschen zeigt es sich auf der physischen, mentalen und spirituellen Ebene. Das Wachstum geschieht in zwei entgegengesetzten Richtungen, die des Guten und die des Bösen. Die Bosheit wächst in einer großen Anzahl von Menschenherzen und die Gewalt innerhalb der Gesellschaft. Aber der Herr, der gekommen ist, die Sünder zu retten, versucht das Böse durch das Gute zu überwinden (Röm 12,21). Und unter dem Einfluss des Heiligen Geistes hört das Gute seit Pfingsten nicht auf zu wachsen; davon profitiert die Kirche. Je größer das Wachstum des Wortes Gottes ist, umso mehr wächst auch die Liebe, die *«das Gesetz und die Propheten zusammenfasst»* (Mt 22,40): Liebe Gottes und Nächstenliebe. Der innere Mensch kann nicht wachsen, ohne dass auch diese beiden Seiten der Liebe anwachsen: zu Gott und zum Nächsten. Dies bringt notwendig auch das Wachstum der Kirche mit sich und durch sie dasjenige des Himmelreiches auf Erden. Wie für alles Lebendige, so ist das Wachstum auch das Gesetz des christlichen Lebens.

## Gebet

Herr Jesus, wachse in mir, und ich möge abnehmen, um deiner Kirche zu erlauben, durch die Abnahme meines «Ich» zu wachsen, was in meinem Leben die Liebe Gottes und des Nächsten verherrlichen wird.

3.-4. September

# Jesus erfüllt den Willen des Vaters

*«Meine Speise ist, dass ich den Willen dessen tue, der mich gesandt hat.» (Joh 4,32ff)*

*«Wer Gott fürchtet und seinen Willen tut, den erhört er.» (Joh 9,31)*

*«Man muss Gott mehr gehorchen als den Menschen.» (Apg 5,29)*

*«Dein Wille geschehe, wie im Himmel, so auf Erden.» (Mt 6,10)*

*«Nicht mein Wille geschehe, sondern der deine!» (Lk 22,42)*

*«Als Sklaven Christi, die den Willen Gottes von Herzen tun.» (Eph 6,6)*

*«Mein Vater, wenn es möglich ist, so gehe dieser Kelch an mir vorüber; doch nicht, wie ich will, sondern wie du willst.» (Mt 26,39)*

*«Macht euch nicht die Art dieser Welt zu eigen, sondern wandelt euch um durch Erneuerung eures Denkens, um zu prüfen, was der Wille Gottes ist, was gut, wohlgefällig und vollkommen ist.» (Röm 12,2)*

★ ★ ★

Gottes Wille ist es, *«dass alle Menschen gerettet werden»* (1 Tim 2,4). Und er will das Glück durch den Frieden und die Freude Christi, während der «großen Prüfung», ihrem Leben hienieden und im Jenseits durch eine «Wonne für immer» (Ps 16[15]). Er hat seinen Willen zuerst dem erwählten Volk kundgetan, dann durch seinen Sohn Jesus, den Christus, dessen Speise er ist. In Getsemani hat er auf seinen eigenen Willen verzichtet, um den des Vaters zu erfüllen, der ihn gesandt hat.

Den Willen Gottes zu tun, macht die Essenz des christlichen Lebens aus. Ihn immer und unter allen Umständen zu tun ist möglich durch das Nachahmen Jesu und insbesondere Dank des Beistandes des Heiligen Geistes, der in uns wohnt und «Abba» seufzt.

## Gebet

Das Bewusstsein, den Willen Gottes zu tun, ist sehr wohltuend. Möge ich mich immer daran halten, Herr, mit Hilfe des Heiligen Geistes Jesus nachzuahmen!

5.-6. September

# Gnade und Friede vom Herrn Jesus Christus

*«Gnade euch und Friede von Gott, unserem Vater, und vom Herrn Jesus Christus … An allem seid ihr in ihm reich geworden, an jedem Wort und jeder Erkenntnis.» (1 Kor 1,3-5)*

*«Gepriesen sei Gott, der Vater unseres Herrn Jesus Christus, der uns in Christus gesegnet hat mit allem Segen des Geistes im Himmel. Er hat uns auserwählt in Christus vor Grundlegung der Welt, dass wir heilig seien und untadelig vor ihm; in Liebe hat er uns vorherbestimmt zur Kindschaft vor ihm durch Jesus Christus.» (Eph 1,3-5)*

*«Wachset in der Gnade und Erkenntnis unseres Herrn und Heilandes Jesus Christus! Ihm sei die Ehre.» (2 Pe 3,18)*

★ ★ ★

Der Apostel Paulus wünscht seinen Adressaten meistens die Gnade und den Frieden des Herrn. Die Gnade Gottes, bereits im AT gegenwärtig, ist Barmherzigkeit, Treue gegenüber den Versprechen, Huld; ein Gott, der allen die Fülle der Rechte und Wünsche sichern will. «Die Gnade Gottes ist köstlicher als Leben» (Ps 63[62],4), das vor der göttlichen Freigiebigkeit blass erscheint; sie ist unerschöpflich. Die Gnade Gottes ist ein Segen; sie ist Ruf zur Heiligkeit. Sie hat sich in ihrer ganzen Herrlichkeit und ihrer vollen Wirksamkeit in Jesus offenbart. Sie ist in ihm die eigentliche Gabe, denn Jesus ist die höchste Gabe des himmlischen Vaters. Jeder Christ empfängt besondere Gaben: die Gabe der Großzügigkeit, des Apostolats, der Armenfürsorge, der Prophetie, der Unterscheidung der Geister, des Gebets, des Engagements, der Liebe zu den Kleinen und Benachteiligten. Da der Vater seinen einzigen Sohn für uns hingegeben hat, *«wie sollte er nicht auch mit ihm uns alles schenken* (Röm 8,32)? Wie die Gnade, so ist auch der Friede eine Gabe Gottes, doch er erfordert die Mitarbeit der Menschen, der innere Friede, den die Völker genießen, ebenso wie der Friede des Herzens. Die Kirche ist der Ort und die Quelle des Friedens als Leib Christi, der keinen Unterschied von Rasse, Klasse oder Geschlecht kennt. Sie übermittelt den Geist der Gnade und des Friedens.

## Gebet

Herr Jesus, du hast uns deinen Frieden hinterlassen, du schenkst uns deinen Frieden, gewähre uns die Gnade, ihn ins Werk zu setzen mit seinen Voraussetzungen der Gerechtigkeit, der Solidarität und der Liebe, auch der Feindesliebe.

7.-8. September

# Hütet euch vor den falschen Propheten (1)

*«Hütet euch vor den falschen Propheten, die in Schafskleidern zu euch kommen; inwendig sind sie reißende Wölfe. An ihren Früchten werdet ihr sie erkennen.» (Mt 7,15-16)*

*«Wenn jemand zu euch sagt: "Seht, hier ist der Messias, oder dort", so glaubt es nicht; denn es werden falsche Messiasse aufstehen und falsche Propheten, und sie werden große Zeichen und Wunder tun.» (Mt 24,23-24)*

*«Es wird eine Zeit kommen, da sie die gesunde Lehre nicht ertragen, sondern nach eigenen Gelüsten sich Lehrer zusammensuchen, weil sie nach Ohrenkitzel verlangen. Von der Wahrheit werden sie das Ohr abwenden und den Fabeleien sich zuwenden.» (2 Tim 4,3-4)*

★ ★ ★

Der Prophet richtet sich im Namen Gottes an sein Volk. Sein Wort ist inspiriert; es weist den Weg, dem man folgen muss, um dem Willen Gottes treu zu bleiben. Er ist ein «Nabi», ein von Gott «Gerufener», um Seine Botschaften zu übermitteln.

Der falsche Prophet spricht in seinem eigenen Namen, obwohl er behauptet, im Namen des Herrn zu sprechen. Er ist ein Lügner. Jesus fordert uns auf, ihm zu misstrauen. Und er gibt uns den Schlüssel in die Hand, den falschen vom wahren Propheten zu unterscheiden, der anstelle Gottes und gemäß göttlicher Weisung spricht: «An ihren Früchten werdet ihr sie erkennen.» Der Herr warnt uns, dass es am Ende der Tage von falschen Propheten und falschen Messiassen wimmeln wird. Sie haben einen «unreinen» Geist, sagt Sacharja. Die falschen Propheten wären ausgerottet, wenn die Gläubigen der reinen Lehre treu blieben. Doch aufgrund ihres nachlassenden und brüchigen Glaubens ertragen manche die Wahrheit nicht mehr; sie interessieren sich für Märchen; und da erheben sich falsche Propheten, die sich darauf verstehen, die Ohren dieser Märchenliebhaber zu «kitzeln», warnt uns der Apostel Paulus.

Der Apostel Paulus stellt die Gabe der Prophetie an die Spitze der begehrenswerten Gaben (1 Kor 14,1). Er rät uns, sie vom Herrn zu erbitten. Der Prophet sagt nicht die Zukunft vorher; er bewirkt *«Erbauung, Ermahnung, Tröstung»* (1 Kor 14,3). Er ist verwurzelt in der Wahrheit und übermittelt sie unablässig und führt die Gläubigen so zur Fülle der Wahrheit, die Christus ist.

## Gebet

Herr Jesus, bewahre mich in der Wahrheit; möge ich niemals falschen Propheten mein Ohr leihen, die heutzutage mit ihren Märchen zahlreich und verführerisch sind.

9.-10. September

# Hütet euch vor den falschen Propheten (2)

*«Wie lange noch treiben sie es so? Ist denn etwas echtes im Herzen der Propheten, die Lüge weissagen und den Trug ihres Herzens? Sie haben die Absicht, durch ihre Träume, die sie einander erzählen, meinen Namen bei meinem Volk in Vergessenheit zu bringen, wie auch ihre Väter meinen Namen über dem Baal vergaßen.» (Jer 23,26-27)*

*«Lasst euch nicht täuschen von euren Propheten, die unter euch sind, und von euren Wahrsagern! Hört nicht auf ihre Träume, die sie träumen! Denn Lüge ist, was sie euch in meinem Namen weissagen! Ich habe sie nicht gesandt!» — Spruch des Herrn. (Jer 29,8-9)*

★★★

Zu allen Zeiten haben sich die Menschen als leichtgläubig erwiesen. Die falschen Propheten und falschen Visionäre nutzen diese menschliche Schwäche zu ihren Gunsten oder zu ihrem Selbstruhm aus. Im Zeitalter der aufdringlichen und sensationslüsternen Medien erreichen ihre angeblichen Visionen, ihr Geschwafel und ihr apokalyptisches Katastrophengerede mühelos die leichtgläubigen Geister, die nach Neuigkeiten und unerhörten Predigten über drohende schauderhafte Umwälzungen gieren.

Schon immer und bis zum Ende der Zeiten bedient sich der Herr gefügiger und treuer Instrumente, um seine Jünger zu warnen. Die wahren Propheten und authentischen Visionäre bezeugen die Barmherzigkeit und Güte des Herrn. In einem Zeitalter, in dem der technische Fortschritt es erlaubt, die Erde zu vernichten und im Nu das Böse von einem Ende des Planeten bis zum anderen zu befördern, braucht Gott mehr denn je Propheten und Visionäre, um die Menschen davor zu warnen, dass ihre Sünden sie in die Katastrophe stürzen. Jesus, der Christus, bedient sich meistens seiner heiligen Mutter, um Warnungen auszusprechen. Sie tut dies und vergießt dabei manchmal blutige Tränen. So sollen die treuen Jünger weder in die Fallen der Leichtgläubigkeit noch in die des systematischen Skeptizismus gehen. Sie sollen die echten Propheten und Visionäre an ihren Früchten erkennen, wie am Beispiel von Lourdes und Fatima.

## Gebet

Herr, die Heilsgeschichte bezeugt dein Wohlwollen für die nach deinem Bildnis erschaffenen Menschen durch Prophezeiungen und Visionen. Gewähre mir die Unterscheidungsgabe, die echten Propheten und Visionäre, die du uns sendest, an ihren Früchten zu erkennen.

11.-12. September

# Der Jünger, den Jesus liebte

*«Jesus sah zwei andere Brüder, Jakobus, den Sohn des Zebedäus, und Johannes, seinen Bruder, wie sie im Schiff mit Zebedäus, ihrem Vater, ihre Netze zurechtmachten, und er rief sie. Sie verließen sogleich das Schiff und ihren Vater und folgten ihm nach.» (Mt 4,21-22)*

*«Einer von seinen Jüngern, der, den Jesus liebte, lag an der Brust Jesu; diesem winkte Simon Petrus und sagte zu ihm: "Sag, wer ist es, von dem er redet!" Jener lehnte sich an die Brust Jesu zurück und fragte ihn: "Herr, wer ist es?" Jesus antwortete: "Der ist es, dem ich den Bissen eintauchen und geben werde."» (Joh 13,23-24)*

*«Es standen bei dem Kreuz Jesu seine Mutter und die Schwester seiner Mutter, Maria, die Frau des Klopas, und Maria Magdalena. Als nun Jesus seine Mutter sah und neben ihr stehen den Jünger, den er liebte, sagte er zur Mutter: "Frau, siehe, dein Sohn!" Darauf sagte er zum Jünger: "Siehe, deine Mutter!" Und von jener Stunde an nahm sie der Jünger zu sich.» (Joh 19,25-27)*

★ ★ ★

Zusammen mit Simon Petrus und Andreas bilden Jakobus und sein jüngerer Bruder Johannes, alles Fischer vom Galiläischen Meer, das enge Umfeld Jesu. Unter den vieren wird Johannes sich später in dem Evangelium, das er an seinem Lebensabend verfasste, durch den Ausdruck «der Jünger, den Jesus liebte» bezeichnen. Denn Johannes hatte einen umfassenden, unerschütterlichen Glauben: einen Glauben, der Jesu Herz berührt. Seine geistliche Sensibilität, von diesem Glauben genährt, war feinfühlig und durchdringend. Seine Schriften bezeugen dies. Kurz, er ist es, der Jesus und seine Botschaft am besten verstand. Deshalb zog der Herr ihn allen vor; er wusste, dass durch Johannes seine Frohe Botschaft in seiner Reinheit und göttlichen Weite bis ans Ende der Zeiten zu den Menschen gebracht würde. Jedoch war Johannes nicht ohne Fehler. Doch der Herr sucht keine fehlerlosen Seelen; er ist hingezogen zu dem Herz, das liebt, zu dem von unerschütterlichem Glauben erfüllten Geist, den er in hohem Maße bei Johannes gefunden hat. Ihm vertraut er, vom Kreuz herab, auch seine Mutter — *die* Mutter — an. Am Auferstehungsmorgen ist Johannes mit Petrus am leeren Grab. Der Lieblingsjünger hat seinen Namen verdient: Johannes, vom hebräischen «Johchanan»: «Gott ist gnädig.»

## Gebet

Durch die Fürbitte des geliebten Apostels flehe ich dich an, Herr, mir die Gnade eines unerschütterlichen Glaubens und des immer tieferen Eindringens in das Evangelium in seiner Neuheit und seinem göttlichen Reichtum zu gewähren.

13.-14. September

# Jesus sagt die Zerstörung des Tempels voraus

*«Als Jesus den Tempel verließ und weiterging, traten seine Jünger zu ihm, um ihn hinzuweisen auf die Bauten des Tempels. Er aber sagte zu ihnen: "Seht ihr dies alles? Wahrlich, ich sage euch: Kein Stein wird hier auf dem anderen gelassen, ein jeder wird abgebrochen werden."» (Mt 24,1-2)*

*«Täglich war Jesus im Tempel und lehrte. Die Hohenpriester aber und Schriftgelehrten suchten ihn wegzurichten... doch sie fanden nicht, was sie tun könnten; denn das ganze Volk war voll Spannung, wenn es ihn hörte.» (Lk 19,47-48)*

*«Ich sage euch aber: Hier ist Größeres als der Tempel.» (Mt 12,6)*

★ ★ ★

Jesus ist vertraut mit dem Jerusalemer Tempel. Dort wurde er von Maria und Joseph dargestellt; an jenem Tag hatte Simeon in ihm den Messias erkannt. Mit zwölf Jahren hat er dort mit den Gesetzeslehrern diskutiert. Er war vom Satan auf der Zinne des Tempels versucht worden

(Lk 4,9). Mit Peitschenhieben hat er die in der Königspforte eingerichteten Wechsler und Händler vertrieben. Er hat in den Toren des Vorhofes Wunder vollbracht; eben dort hatte er heftige Diskussionen mit den Schriftgelehrten. Im Tempel hat er verkündet: *«Ich bin das Licht der Welt.»* Unter dem Tor Salomos hat er am Tag der Tempelweihe feierlich erklärt: *«Ich und der Vater sind eins.»* Bei seinem Tod am Kreuz zerriss der Vorhang im Tempel…

Für die Juden gab es nichts Heiligeres als den Tempel, den Ort der Gegenwart Gottes inmitten seines Volkes. Doch Jesus sagt: *«Hier ist Größeres als der Tempel.»* Er ist es, der Messias, der die Gegenwart des lebendigen Gottes unter den Menschen der ganzen Welt verkörpert. Diejenigen unter ihnen, die Jesus lieben und seine Jünger sind, machen ebenfalls diese Gegenwart deutlich. *«Wisst ihr nicht, dass ihr Tempel Gottes seid und der Geist Gottes in euch wohnt?»* schreibt der Apostel Paulus (1 Kor 3,16).

Im Jahr 70 zerstörten die römischen Soldaten des Titus den Tempel. Kein Stein blieb auf dem anderen. Und eine Moschee wurde an seiner Stelle erbaut…

## Gebet

Herr, lass mir die hohe Würde bewusst werden, zu der mich dein Sohn Jesus erhebt, indem er mich zum Tempel Gottes macht. Möge ich es immer bleiben!

15.-16. September

# Der von Jesus und den Aposteln gebrandmarkte Irrtum

*«Jesus sagte zu Thomas: "Ich bin der Weg und die Wahrheit und das Leben."» (Joh 14,6)*

*«Oder wisst ihr nicht, dass Ungerechte an dem Reich Gottes nicht Anteil bekommen werden? Täuscht euch nicht! Weder Unzüchtige noch Götzendiener, noch Ehebrecher, noch Lüstlinge, noch Knabenschänder, weder Diebe noch Habsüchtige, noch Säufer, noch Lästerer, noch Raffgierige werden am Reich Gottes Anteil bekommen.» (1 Kor 6,9-10)*

*«Es gab aber auch falsche Propheten unter dem Volk Israel, wie es auch unter euch falsche Lehrer geben wird.» (2 Pe 2,1)*

*«Weise sie mit aller Strenge zurecht, damit sie gesund bleiben im Glauben und nicht auf jüdische Fabeln hören und auf Satzungen von Menschen, die von der Wahrheit sich abkehren.» (Tit 1,13-14)*

★ ★ ★

Der von Jesus und den Aposteln gebrandmarkte Irrtum liegt nicht in der Unwissenheit oder im Abschweifen des Verstandes; er ist kein Missverständnis aufgrund täuschenden Scheines; der Irrtum ist wesentlich von der Untreue gegenüber Jesus gekennzeichnet, der die Wahrheit ist. Der Untreue irrt umher bis zu seiner Rückkehr in den Stall; manchmal gibt es keine Rückkehr, sondern ein verhärtetes Herz. Die Versteifung im Irrtum beraubt des Friedens und der Freude Christi. In der Geschichte Israels war der Irrtum mit dem Abfall verbunden. Dieser hatte am Fuß des Sinai mit dem goldenen Kalb begonnen. Anderer Abfälle haben das Volk ins Unglück gestürzt. Bei der Geburt Jesu wird die Ablehnung des Messias durch die Häupter des Volkes, die Leviten, Schriftgelehrten und Pharisäer tragische Konsequenzen haben: die Zerstörung Jerusalems und die Zerstreuung Israels.

Die Hauptquelle des sich ausbreitenden Irrtums ist der falsche Prophet, der Betrüger, der die Geister verwirrt. Jesus und die Apostel warnen vor ihnen. Inspiriert vom Satan, der *«den ganzen Erdkreis verführt»* (Offb 12,9), werden die falschen Propheten, Verführer und Betrüger mit dem Tier in den *«Feuersee»* (Offb 19,20) gestürzt. *«Seid getrost, ich habe die Welt überwunden»,* ruft Jesus uns zu (Joh 16,33).

## Gebet

Um uns gegen jeden Irrtum zu wappnen, hast du, Herr, uns die Kirche geschenkt, die sich auf den Felsen gründet, der Petrus ist. Unter seiner Leitung bin ich sicher, in Dir, der Wahrheit und dem Leben, zu sein.

17.-18. September

# Die Prüfung Christi und die Prüfung der Kirche

*«Jesus, erfüllt vom Heiligen Geist, kehrte vom Jordan zurück und wurde vom Geist in der Wüste umhergeführt, vierzig Tage hindurch, wobei er versucht wurde vom Teufel. Er aß nichts in jenen Tagen, und als sie vorüber waren, hungerte ihn.» (Lk 4,1-2)*

*«Du bist.» (Joh 12,27)*

*«Nach der Not wird er Licht schauen … als Gerechter wird mein Knecht die Vielen rechtfertigen, und ihre Sünden wird er auf sich laden.» (Jes 53,11)*

*«Macht euch nicht die Art dieser Welt zu eigen, sondern wandelt euch um durch Erneuerung eures Denkens, um zu prüfen, was der Wille Gottes ist, was gut, wohlgefällig und vollkommen ist.» (Röm 12,2)*

*«Ja wir selbst, die wir die Erstlingsgabe des Geistes besitzen, seufzen in uns im Warten auf die Kindschaft, die Erlösung unseres Leibes.» (Röm 8,23)*

★ ★ ★

Das Menschsein ist eine Prüfung. Gott prüft, der Satan versucht. Siegreich aus der Prüfung hervorzugehen, der

Gott uns unterwirft bedeutet, sich den Zugang zum Himmelreich zu sichern, auf Erden und im Jenseits. In diesem Kampf schenkt Gott uns seine Gnade.

Jesus ist vom Satan versucht worden. Unsinnige Versuchungen, denn er ist der «Rettergott», seine Sendung ist in seinem Namen enthalten. Das Kreuz wird die große Prüfung sein, in der sich seine Liebe überlegen zeigen wird. Er ist von Anfang bis Ende seiner Prüfung der Sieger. Die Kirche als die von dem Knecht, der die Sünden der Vielen auf sich genommen hat, gerechtfertigte Menge (Jes 53,11) ist gleichzeitig verfolgt und gerettet. Die Prüfung gehört zum Wesen der Kirche; sie ist in sich rein und steht ständig in der Prüfung; sie triumphiert bereits und muss sich ständig reformieren. Die Prüfungen der Christen sind dem Leben angemessen; sie sind eine Voraussetzung des Glaubenswachstums, des inneren Osterdurchgangs. Die Prüfung öffnet außerdem für eine größere Gabe des Heiligen Geistes. Die Prüfung ist Durchgang zu Gott.

## Gebet

Herr, der du uns nicht über unsere Kräfte auf die Probe stellst, schenke mir während meines ganzen Lebens, durch die Prüfungen meinen inneren Osterdurchgang zu feiern.

19.-20. September

# Jesus – gesalbt mit Geist und Kraft

*«Da tat Petrus den Mund auf und sprach: "Nun erkenne ich in Wahrheit, dass Gott nicht auf die Person sieht, sondern in jedem Volk bei ihm Aufnahme findet, wer ihn fürchtet und Gerechtigkeit übt. Er hat sein Wort zu den Kindern Israels gesandt, indem er Frieden verkündete durch Jesus Christus; dieser ist der Herr über alle. Ihr wisst, was sich zugetragen hat im ganzen Land der Juden, angefangen von Galiläa, nach der Taufe, die Johannes predigte: wie Gott Jesus von Nazaret salbte mit Heiligem Geist und mit Kraft, und wie dieser durchs Land zog, Wohltaten spendend und alle heilend, die in der Gewalt des Teufels waren; denn Gott war mit ihm."» (Apg 10,34-38)*

*«Als Jesus getauft wurde und betete, da öffnete sich der Himmel, und der Heilige Geist kam in leiblicher Gestalt wie eine Taube auf ihn herab, und eine Stimme kam vom Himmel: "Du bist mein geliebter Sohn, an dir habe ich Wohlgefallen."» (Lk 3,21-22)*

★ ★ ★

Aufgrund einer Vision macht Petrus sich auf den Weg zu Cornelius, einem römischen Hauptmann in der Garnison von Cäsarea. Als Gottesfürchtiger wird Cornelius mit den Seinen getauft, und der Heilige Geist kommt auf diese Heiden herab. Es handelt sich hier um eine entscheidende Etappe der Evangelisierung: es ist nicht länger die kultische Reinheit, die den Menschen Gott wohlgefällig macht, sondern der Glaube an Jesus; er allein reinigt sowohl die Heiden als auch die Juden. Als erster hat Jesus die Salbung des Geistes empfangen, der ohne Maß auf ihm ruht, wie die Menge der Zeichen und Wunder bezeugt, die er vollbringt; sie sind die eklatante Verkündigung, dass *«das Reich Gottes mit uns ist»* (vgl. Mt 1,23). Er übt seine Macht mit Zurückhaltung aus, denn er sucht allein die Ehre seines Vaters und nicht die seine. Diese Demut ist die Quelle seiner Macht; die gesamte Schöpfung ist ihm untertan: er heilt, befiehlt den Winden, vermehrt das Brot… Ebenso besitzt er die Macht, sein Leben hinzugeben und wiederzuerlangen; er stirbt in Demut wie ein Verbrecher am Kreuz. Durch sein gesamtes Verhalten macht Jesus das Wirken des Heiligen Geistes in ihm deutlich. Er, der Sohn, fährt auf Erden fort, im Vater und im Geist zu leben, wie seit aller Ewigkeit…

## Gebet

Mögen die Heiden guten Willens nach dem Vorbild des Cornelius zu Jesus Christus strömen, um das Reich Gottes auf Erden zu verbreiten, darum bitten wir dich, Herr.

21.-22. September

# Der neue und ewige Bund

*«Gott sagte zu Noah und seinen Söhnen: "Wohlan denn, ich errichte meinen Bund mit euch und euren Nachkommen... Dies ist das Zeichen des Bundes, den ich zwischen mir und euch stifte... Meinen Bogen setze ich in die Wolken."» (Gen 9,8...13)*

*«Der Herr sprach zu Mose: "Schreibe dir diese Worte auf! Denn auf Grund dieser Worte schließe ich mit dir und Israel einen Bund."» (Ex 34,27)*

*«Christus ist eines neuen Bundes Mittler, damit durch einen Tod, der zum Loskauf diente von den im ersten Bund geschehenen Sünden...» (Heb 9,15)*

*«Ebenso nahm er nach dem Mahl auch den Kelch und sprach: "Dieser Kelch ist der neue Bund in meinem Blut, das für euch vergossen wird."» (Lk 22,20)*

★ ★ ★

Der Bund zwischen Gott und den Menschen ist das Zeichen des göttlichen Willens, die Menschen zu einem Leben tiefer Gemeinschaft mit Ihm zu führen. Als Höhepunkt der religiösen Vorstellungen des Alten Testaments erfährt der Bund in seiner neuen und definitiven

Phase eine absolute Fülle auf Grund des Mysteriums Jesu Christi in seinem Leben, seinem Tod und seiner Auferstehung.

Der Bund hat verschiedene Etappen durchlaufen, angefangen bei demjenigen, den Gott nach der Sintflut mit Noah schloss, sodann denen des Sinai und Davids; die Absicht Gottes wird schließlich ihr Ziel finden in einem neuen und ewigen Bund, gemäß der Verheißung des Propheten Jesaja: *«Ich will mit euch einen ewigen Bund schließen, treu den festen Gnadenverheißungen an David»* (55,3). Jesus wird diese Gnadenverheißungen verwirklichen und wird auch *«Sohn Davids»* genannt (Mt 1,1), dessen Herr er ist (Mt 22,42), denn in ihm ist Gott selber gekommen, sein Volk zu erretten. Und — wie wunderbar — indem er seinen Leib als Nahrung und sein Blut als Trank hingibt, wird der neue und ewige Bund konkret von Jesu Jüngern bis zu seiner Wiederkehr gelebt. Unterdessen ist dieser Bund nicht mehr auf Steintafeln geschrieben, sondern auf «menschliche Herzen» (2 Kor 3,3).

## Gebet

Welch Glück, oh Herr, dem neuen und ewigen Bund anzugehören und mich vom Leib deines Sohnes nähren zu können, bis zu seiner Wiederkehr! Marana tha — Komm, Herr Jesus! Beschleunige deine Rückkehr!

23.-24. September

# Löscht den Geist nicht aus

*«Freut euch allezeit! Betet ohne Unterlass! Sagt Dank bei allem! Denn das ist Gottes Wille in Christus Jesus für euch. Löscht den Geist nicht aus! Verachtet nicht prophetische Gaben! Prüft alles! Das Gute behaltet! Haltet euch fern von jeder Art von Bösem!»* *(1 Thess 5,16-22)*

*«Keiner kann sagen: "Herr Jesus", außer im Heiligen Geist. Es gibt Verschiedenheiten unter den Gnadengaben, doch ist es derselbe Geist. Und es gibt Verschiedenheiten unter den Diensten, doch ist es derselbe Herr. Es gibt Verschiedenheiten unter den wirkenden Kräften, doch ist es derselbe Gott, der alles in allem wirkt. Dem einzelnen wird die Offenbarung des Geistes zum Nutzen aller verliehen.»* *(1 Kor 12,3-5)*

*«Die Liebe Gottes ist ausgegossen in unseren Herzen durch den Heiligen Geist, der uns gegeben wurde.»* *(Röm 5,5)*

*«Einem jeden aber unter uns wurde die Gnade verliehen nach dem Maß der Gabe Christi... für den Aufbau des Leibes Christi.»* *(Eph 4,7...12)*

★ ★ ★

Der Heilige Geist ist der Geist des Vaters und des Sohnes; er offenbart sich in Jesus Christus und offenbart gleichzeitig den Vater und den Sohn. Er belebt die Herzen, in denen er sein Feuer entzündet, welches im Verlauf der Jahrtausende das Antlitz der Erde erneuern wird. Er ist die Kraft, welche die Kirche bis an die Enden der Erde ausbreitet und die Taten der Jünger begleitet und lenkt. Der Heilige Geist ist die *«Herrlichkeit des Herrn»*, der auferstanden ist (2 Kor 3,18). In Jesus Christus zu sein bedeutet, durch den Geist zu leben (Röm 8). Er ist es, der die göttlichen Gaben austeilt und übermittelt, mit denen die Menschen begabt sind. Die erste dieser Gaben, die wichtigste, ist der Heilige Geist selber. Durch ihn sind die Menschen, gemeinsam *«Verwalter der Gnade Gottes»*, die einzig und vielgestaltig ist, für jeden gemäß der von ihm empfangenen Gnade. Derart wird der Leib Christi auferbaut, jeder im Dienst des anderen stehend, und durch sie hilft er so, den Leib Christi zu erbauen. Den Heiligen Geist in sich auslöschen heißt, aufzuhören am Bau dieses Leibes teilzuhaben. Es bedeutet gleichzeitig, in sich den wahren Frieden auszulöschen und die Freude, die auf jene ausgegossen ist, die ihren Glauben auf Jesus Christus setzen.

## Gebet

Komm, Heiliger Geist, erfülle mein Herz und entzünde in mir das Feuer deiner Liebe; so werde ich teilnehmen an dem Bau des Leibes Christi.

25.-26. September

# Wer ist Jesus?

*«So nun sollt ihr beten: Unser Vater im Himmel, geheiligt werde dein Name. Dein Reich komme. Dein Wille geschehe, wie im Himmel, so auf Erden. Unser tägliches Brot gib uns heute. Und vergib uns unsere Schulden, wie auch wir vergeben haben unseren Schuldnern. Und führe uns nicht in Versuchung, sondern bewahre uns vor dem Bösen.» (Mt 6,9-13)*

*«Wenn aber du betest, so geh in deine Kammer, schließ die Türe zu und bete zu deinem Vater im Verborgenen; und dein Vater, der im Verborgenen sieht, wird dir vergelten. Wenn ihr aber betet, sollt ihr nicht plappern wie die Heiden, die sich einbilden, dass sie erhört werden, wenn sie viele Worte machen.» (Mt 6,6-7)*

*«Jesus ging weg auf den Berg, um zu beten, und er verbrachte die Nacht im Gebet zu Gott. Als es Tag wurde, rief er seine Jünger zu sich und wählte aus ihnen zwölf.» (Lk 6,12-13)*

*«Sie sollten allezeit beten und nicht nachlassen.» (Lk 18,1)*

★ ★ ★

Das Gebet ist Lobpreis und Bitte, Anbetung und Betrachtung des unendlich geringen Menschen vor dem unendlich großen Gott, der jedoch ein liebender Vater ist. Es ist folglich Austausch, Liebesdialog eines schwachen und zerbrechlichen Wesens mit dem Allmächtigen. Doch der Mensch kann im Angesicht Gottes nicht vergessen, dass er erschaffen ist; so verbinde er alles Gebet mit Danksagung und Lob.

Jesus besteht auf der Notwendigkeit des Gebets. Er hat seinen Jüngern das vollkommene Gebet gelehrt, das «Vaterunser», Modell allen Betens: Lobpreis, Verherrlichung und Bittgebet. Er selber zog sich ganze Nächte hindurch an einen abgelegenen Ort zurück, um zu beten, insbesondere vor einer bedeutenden Entscheidung wie der Wahl der zwölf Apostel. Jesus rät, sich für dieses Gespräch von Herz zu Herz mit Gott in sein Zimmer zurückzuziehen. *«Wandle in meiner Gegenwart, so wirst du vollkommen sein»,* sagt der Herr zu Abraham, dem Vater der Gläubigen und der Betenden. Dies bedeutet, Gott allezeit im Geist und im Herzen zu tragen. Jede Sünde wird so unmöglich. In der Gegenwart Gottes ruft der Geist in uns: «Abba».

## Gebet

Die großen Beter finden ihre Wonne im Gebet. Möge mein Glück sich von nun an immer mehr in der Beziehung von Herz zu Herz mit dem himmlischen Vater finden.

27.-28. September

## Die Furcht Gottes ist der Hass des Bösen (1)

*«Furcht des Herrn bedeutet Hass des Bösen.»* *(Spr 8,13)*

*«Die Furcht des Herrn vermehrt die Lebensjahre, der Frevler Jahre aber sind verkürzt.» (Spr 10,27)*

*«Sünde wird gesühnt durch Lieb' und Treue; durch Gottesfurcht bleibt man dem Bösen fern.» (Spr 16,6)*

*«Nur vor den Menschenaugen hat er Furcht. Er denkt nicht, dass die Augen Gottes vieltausendmal noch heller als die Sonne sind, dass sie auf alle Menschenwege blicken und bis in die verborgensten der Winkel dringen.» (Sir 23,19)*

*«Wer das Gesetz befolgt, beherrscht sein Streben, und Weisheit ist Vollendung in der Furcht des Herrn.» (Sir 21,11)*

★ ★ ★

Das Gesetz der Furcht kennzeichnet das Alte Testament wie dasjenige der Liebe den neuen und ewigen Bund bestimmt. Die Furcht des Herrn kennzeichnet jedoch auch das Evangelium; sie ist in der Tat die Grundlage aller geistlichen Erfahrung. Die jüngste Explosion des Wissens um das Universum und der wissenschaftlichen Erkenntnisse unterstreicht die unendliche Kraft des Schöpfers, des Urhebers der Gesetze, welche das Universum und die Wissenschaften regieren, und erhöht die Ehrfurcht gegenüber dem Allmächtigen. Die Furcht des Herrn ist nicht die Angst vor einem Despoten. Wie vielmal sagt der Herr nicht im Verlauf der Heilsgeschichte: *«Fürchte dich nicht!»* (Ri 6,23; Dtn 10,12; Mk 6,50; Ps 23,4 usw.) Die echten Gläubigen verbannen die Furcht aus ihrem Innersten; sie stützen sich auf ihre Liebe, mit völligem Vertrauen auf Gott, der Liebe ist. Der Hass gegen das Böse jedoch ist begleitet von Gottesfurcht, mit der Verheißung, *«die Lebensjahre zu vermehren»*, im Gegensatz zu dem, was das Los der Bösen ist. In der Tat führt die Furcht Gottes dazu, in allem auf den Wegen Gottes zu wandeln, was für die Entfaltung des ganzen Wesens sorgt, der Quelle des Glücks. Dieser Lebenswandel auf den Wegen der Weisheit führt dazu, den Herrn zu lieben und *«ihm von ganzem Herzen und ganzer Seele zu dienen»*.

## Gebet

Herr, halte den Hass dem Bösen gegenüber in mir lebendig, geleite mich auf dem Weg der Weisheit, die zur wahren Gottesfurcht führt.

29.-30. September

# Die Furcht Gottes ist Herrlichkeit

(2)

*«Die Furcht des Herrn ist Ehre und Ruhm, ist Herrlichkeit und ein prachtvoller Kranz.»* *(Sir 1,11)*

*«Die Furcht des Herrn ist weise Zucht, und Demut geht voraus der Ehre.»* *(Spr 15,33)*

*«Ob Siedler nur und Fremdling, ob heimatlos und arm, was ihren Ruhm bedeutet, das ist die Furcht des Herrn.»* *(Sir 10,22)*

*«Nichts ist besser als Gottesfurcht, nichts süßer, als des Herrn Gebote zu erfüllen.»* *(Sir 23,27)*

*«Die Kirche hatte nun Frieden in ganz Judäa, Galiläa und Samaria. Sie baute sich auf, lebte in der Furcht des Herrn und nahm zu unter dem Beistand des Heiligen Geistes.»* *(Apg 9,31)*

*«Der Engel des Herrn aber wandte sich an Maria Magdalena und die andere Maria und sprach: "Fürchtet euch nicht! Ich weiß, ihr sucht Jesus, den Gekreuzigten. Er ist nicht hier, denn er ist auferweckt worden, wie er gesagt hat…" Da gingen sie eilends, in Furcht und großer Freude, vom Grab weg und*

*liefen, um seinen Jüngern die Kunde zu bringen.»*
*(Mt 28,5...10)*

★ ★ ★

Weit davon entfernt, einen «Geist der Knechtschaft» zu verbreiten, ist die Furcht Gottes unsere *«Ehre»*, auf die wir stolz sind. Sie lehrt uns die Weisheit. Um in uns zu wachsen, muss sich diese Ehre jedoch auf die Demut stützen können, die wir in der Nachfolge Jesu lernen können, der *«gut und bescheiden in seinem Herzen»* ist (Mt 11,29). Die Auferstehung des Herrn, Vorgeschmack unserer eigenen Auferstehung, sollte uns auf immer mit Freude und Jubel erfüllen, und gleichzeitig auch die Gottesfurcht, nach dem Vorbild der Maria Magdalena und der anderen Maria angesichts des leeren Grabes und der Worte des Engels.

Für den Jünger Jesu gibt es keine knechtische Angst, sondern eine Furcht, die aus unendlicher Ehrfurcht vor der Größe und Transzendenz Gottes besteht. Jesus Christus verdanken wir, dass wir von einem «Geist der Kindschaft» gegenüber Gott dem Vater beseelt sind (Röm 8,15), denn er hat uns erlöst von der Sünde und dem Zorn Gottes.

## Gebet

Herr, möge die Gottesfurcht sich in mir mit dem Jubel des Sohnes vor dem Vater verbinden.

1.-2. Oktober

# Die Welt hasst euch

*«Wenn die Welt euch hasst, so wisst, sie hat mich vor euch gehasst.» (Joh 15,18)*

*«Frieden lasse ich euch zurück, meinen Frieden gebe ich euch; nicht wie die Welt gibt, gebe ich euch. Euer Herz erschrecke und verzage nicht!» (Joh 14,27)*

*«Er, Christus, ist unser Friede.» (Eph 2,14)*

*«Durch des Teufels Neid kam der Tod in die Welt.» (Weish 2,24)*

*«Gnade euch und Friede von Gott, unserem Vater, und dem Herrn Jesus Christus, der sich hingab für unsere Sünden, damit er uns errette aus der gegenwärtigen bösen Welt.» (Gal 1,3-4)*

*«Seid getrost, ich habe die Welt überwunden!» (Joh 16,33)*

★ ★ ★

Die Welt als sichtbare Schöpfung Gottes ist unter die Herrschaft des Satans gefallen, des *«Fürsten dieser Welt»* (Joh 12,31). Die Sünde trat durch das erste Menschenpaar in sie ein und mit ihr der Tod (Röm 5,12). Wer die Sünde wählt, richtet sich gegen Gott; er hasst die Jünger, die Gott erwählt haben, denn ihre Lebensweise, durch die sie das *«Licht der Welt»* widerspiegeln, das Christus ist, ist dem Lebenswandel entgegengesetzt, den sie führen und welcher der Finsternis gehört.

Die Christen, die nicht von dieser Welt sein können, sind jedoch in der Welt. Die Kraft, um sich vor dem Geist der Welt zu bewahren, kommt von Christus, der seinen Vater bittet, sie vor dem Bösen zu bewahren (Joh 17,15). So sollen sie sich, obwohl in der Welt, von Befleckungen durch die Welt rein bewahren (Jak 1,27). Da sie in der Welt sind, sollen sie mit ihr verkehren, als verkehrten sie nicht (1 Kor 7,29f). Dies schließt eine Unabhängigkeit nicht nur vom Geist der Welt ein, sondern auch von den Gütern, die sie hervorbringt und die auf gefährliche Weise die Konkupiszenz fördern, wie ungesunde Spektakel, perverse Lektüre und Orte der Verderbnis. Die Spannung zwischen jener Welt und dem Gottesreich, dem die Jünger angehören, wird erst mit der Wiederkunft Christi am Ende der Zeiten verschwinden. In dieser Perspektive ist die Welt, die Jesus doch zu retten gekommen ist, bereits überwunden.

## Gebet

Herr Jesus, aus Gnade hast du mich erwählt und von der Welt errettet, die sich dem Fürsten der Finsternis verschrieben hat; bewahre mir allezeit deine Gnade, denn sie allein ermöglicht es mir, die Befleckungen dieser Welt abzulegen.

3.-4. Oktober

# Alles verlassen, um Jesus nachzufolgen

*«Und jeder, der Häuser oder Brüder oder Schwestern oder Vater oder Mutter oder Frau oder Kinder oder Äcker um meines Namens willen verlassen hat, wird Vielfaches empfangen und ewiges Leben erben. Viele Erste aber werden Letzte sein und Letzte Erste.» (Mt 19,29-30)*

*«Hierauf ging er weiter, sah einen Zöllner, mit Namen Levi, am Zollhaus sitzen und sagte zu ihm: "Folge mir nach!" Und jener ließ alles zurück, stand auf und folgte ihm nach.» (Lk 5,27-28)*

*«Viele von den Juden gingen von den Hohenpriestern fort, und glaubten an Jesus.» (Joh 12,11)*

★ ★ ★

In der Geschichte Israels ertönt der Ruf, dem Herrn zu folgen, wie die Schafe ihrem Hirten folgen. Gott im Glück wie im Unglück zu folgen, ist ein Zeichen für die Hingabe und die rückhaltlose Untertänigkeit des Geschöpfes gegenüber seinem Schöpfer, in der Gewissheit, sich auf dem rechten Weg zu befinden: *«Denn ich hielt mich an die Wege des Herrn und frevelte nicht gegen meinen Gott»* (Ps 18[17],22).

Von Beginn seines öffentlichen Lebens an ruft Jesus mit einfachen Worten: «Folgt mir!» Simon und Andreas, Jakobus und Johannes sind so Jesus nachgefolgt und haben ihre Familie und ihre Güter zurückgelassen. In seiner Nachfolge haben sie sich darauf eingelassen, die Freuden und Schmerzen, die Zeiten des Erfolges wie der Prüfung Christi zu teilen. Für denjenigen, der in der Nachfolge Christi steht, gibt es Stufen des Verzichtes: die einen begnügen sich damit, seine Lehre in die Praxis umzusetzen, indem sie ihren Glauben in ihn setzen. Der Herr ist empfänglich für diese Liebesbezeigung. Er geht jedoch so weit, seine Jünger aufzufordern, alles zu verlassen, um ihm vollkommener nachzufolgen, mit dem Versprechen, dass dieser Weg des völligen Verzichts zu den ersten Plätzen im Himmelreich führt, hienieden und im Jenseits. Doch leider haben alle, die ihm selbst ganz radikal nachfolgen, ihre Momente der Schwäche, was die Reaktion der Apostel nach der Verhaftung Jesu bezeugt. Zum Glück vergibt der Herr der Barmherzigkeit jede bereute Sünde.

## Gebet

Herr, ich habe nicht die Kraft gehabt, alles zu verlassen, um dir nachzufolgen, doch zähle mich trotzdem unter deine treuen Jünger.

5.-6. Oktober

# Jesus, der Herr der Herrlichkeit

*«Nicht uns, Herr, nicht uns, sondern deinem Namen schaff Ehre.» (Ps 115[114],1)*

*«Dort will ich mich den Israeliten offenbaren, und das Zelt wird durch meine Herrlichkeit geheiligt werden. Ja, ich heilige das Offenbarungszelt und den Altar.» (Ex 29,43-44)*

*«"Wer ist denn der König der Herrlichkeit?" Der Herr, der Starke, der Held! Der Herr, der Held im Kampf!» (Ps 24[23],8)*

*«Gott wollte sie erkennen lassen, was es um den herrlichen Reichtum dieses Geheimnisses ist unter den Heidenvölkern: das ist Christus in euch, die Hoffnung auf die Herrlichkeit.» (Kol 1,27)*

*«Die Weisheit erkannte keiner von den Führenden dieser Welt; denn hätten sie erkannt, hätten sie den Herrn der Herrlichkeit nicht gekreuzigt.» (1 Kor 2,8)*

★ ★ ★

Die Herrlichkeit ist ein göttliches Attribut; sie ist die nach außen sichtbare Kraft Gottes, die nach ihrem Gewicht beurteilt wird (hebr. *Kavod*, *Gewicht* bedeutet

«Herrlichkeit»). Sie überträgt sich auf den Menschen, insbesondere auf den König, mit ihrem Reichtum und ihrer Kraft sowie dem Glanz seines Reiches. Der von Gott zum Herrn über die Schöpfung gesetzte Mensch ist von Gott *«mit Herrlichkeit gekrönt»* (Ps 8,6). Der Bundesgott setzt seine Herrlichkeit, seine Ehre darein, sein Volk zu erretten. Jesaja sieht die Herrlichkeit des Herrn im Knecht offenbart. Dieser leidende Gottesknecht wird Jesus sein; die Herrlichkeit Gottes ist vollständig in ihm gegenwärtig. Er ist der *«Herr der Herrlichkeit»*. Bereits bei seiner Geburt wurde seine göttliche Herrlichkeit von den Engeln am Himmel von Bethlehem besungen; und am Ende seiner irdischen Gegenwart ist er an Himmelfahrt in die göttliche Herrlichkeit zurückgekehrt, die der Vater ihm *«vor Grundlegung der Welt gegeben»* hatte (Joh 17,24). Die Verherrlichung Jesu erfüllt sich in den Christen. In ihnen trägt sein Tod am Kreuz Frucht zur Verherrlichung des Vaters und des Sohnes (Joh 12,24). Die Herrlichkeit des auferstandenen Christus spiegelt sich in ihnen und verwandelt sie, nach seinem Bilde, von Herrlichkeit zu Herrlichkeit (2 Thess 1,12). Am Ende der Geschichte wird der endgültige Hymnus der Herrlichkeit bei der *«Hochzeit des Lammes»* erklingen (Offb 19,7).

## Gebet

Herr, heilige Dreifaltigkeit, dir allein sei Lobpreis und Herrlichkeit von Ewigkeit zu Ewigkeit.

7.-8. Oktober

# Jesus, der mitfühlende Hohepriester

*«Denn er nimmt sich doch nicht der Engel an, sondern der Nachkommen Abrahams nimmt er sich an. Darum musste er in allem den Brüdern gleich werden, damit er ein mitfühlender und getreuer Hoherpriester werde im Dienst vor Gott, um die Sünden des Volkes zu sühnen.» (Hebr 2,16-17)*

*«Christus entsagte seiner selbst, nahm Knechtsgestalt an, wurde Menschen gleich... er erniedrigte sich selbst und wurde gehorsam bis in den Tod.» (Phil 2,7-8)*

*«Und dort sind es viele, die Priester geworden sind — da sie durch ihr Sterben gehindert wurden zu bleiben —, dieser aber hat, weil er in Ewigkeit bleibt, das Priestertum als ein nichtvergehendes. Daher vermag er auch in vollem Sinn alle zu retten, die durch ihn vor Gott treten, da er immerfort lebt, um einzutreten für sie. Ein solcher Hoherpriester war auch geziemend für uns, einer der heilig ist, schuldlos, ohne Makel.» (Hebr 7,23-26)*

★ ★ ★

Um Hoherpriester zu werden, musste man einer reinen Priesterfamilie entstammen. Der Hohepriester leitet den Hohen Rat (das «Synhedrium») und besitzt die Verwaltungs- und Jurisdiktionshoheit. Er ist mit prächtigen Kleidern und Schmuck ausstaffiert. Der Verfasser des Hebräerbriefes wendet den Titel Hohepriester auf Jesus an. Ein Hohepriester, der sich erniedrigt: von göttlicher Natur nimmt er menschliches Wesen an, um den Sündern gleich zu werden, die zu retten er gekommen ist; in allem ihnen gleich, außer der Sünde. Er besitzt ein ausschließliches Priestertum für die Ewigkeit, während das Priestertum des Hohenpriesters Israels zeitlich begrenzt war und das alte Gesetz in seiner ganzen Härte anwandte. Jesus ist der mitfühlende Hohepriester, der ein neues Gesetz gegeben hat, das die anderen zusammenfasst, nämlich das der Gottes- und Nächstenliebe; dieses Gesetz wird das einzige Kriterium des jüngsten Gerichts sein (Mt 25). Der Verfasser des Hebräerbriefes, ein frommer messianischer Jude, mit den paulinischen Themen vertraut, hat diese Grundunterschiede zwischen dem Alten und dem Neuen Bund bewundernswert klar herausgearbeitet, indem er diesen neuen christologischen Hoheitstitel des mitfühlenden Hohenpriesters geschaffen hat.

## Gebet

Herr Jesus, du unser Hohepriester der Liebe und der Barmherzigkeit, der Huld und der Gnade, lass mich in allem das tun, was in deinen Augen recht ist, nach dem ewigen Gesetz der Liebe.

9.-10. Oktober

# Jesus erlöst vom Fluch

*«Christus kaufte uns los aus dem Fluch des Gesetzes.»* (Gal 3,13)

*«Nichts gereicht nunmehr denen zur Verurteilung, die in Christus sind. Denn das Gesetz des Geistes des Lebens machte dich in Christus Jesus frei von dem Gesetz der Sünde und des Todes. Was nämlich unmöglich war dem Gesetz, da es schwach war durch das Fleisch, das wirkte Gott: er sandte seinen Sohn in der Gestalt des sündigen Fleisches und um der Sünde willen und hat Gericht gehalten über die Sünde am Fleisch, damit erfüllt würde die Forderung des Gesetzes in uns, die wir nicht nach dem Fleisch leben, sondern nach dem Geist.»* (Röm 8,1-4)

*«Segnet, die euch fluchen; betet für sie, die euch schmähen!»* (Lk 6,28)

*«Nichts Fluchbeladenes wird es mehr geben.»* (Offb 22,3)

★ ★ ★

Wir sind von dem Fluch durch Jesus erlöst, der unsere Sünden am Kreuz gesühnt hat. Allein der Satan, der Vater des Bösen, ist für immer verflucht (Gen 3,1). Ebenso auch seine Werkzeuge, die fortfahren, definitiv das Heil in Jesus Christus abzulehnen.

Vor Christus betraf der Fluch Menschen und Gegenstände; und von Zeit zu Zeit auch alle Nachkommen einer Familie (Ex 20,5). Die frommen Juden schleuderten den Fluch gegen die Feinde. Jahwe kam es zu, den Fluch zu verwirklichen oder ihn für den Verfluchten in Segen zu wandeln.

Jesus untersagt es, jemanden zu verfluchen oder ihm Schlechtes zu wünschen. Er fordert dazu auf, den zu segnen, der uns verflucht. Und wenn das Reich Gottes verwirklicht sein wird, *«wird es nichts Fluchbeladenes mehr geben»*. Alle Finsternis wird verfliegen und die Sünde endgültig besiegt sein. Bis dahin bleibt der Fluch ohne jede Wirkung für den, gegen den sie sich richtet, sofern er Christus durch seinen Glauben an Ihn zugehört.

## Gebet

Herr, du forderst von deinen Jüngern heroische Taten. Im Gehorsam gegenüber deinen Befehlen bitte ich dich, mir die Gnaden zu schenken, die notwendig sind, um deinen heiligen Willen zu erfüllen, insbesondere in Bezug auf die Forderung, meine Feinde zu lieben und die zu segnen, die mich verfluchen und verleumden.

11.-12. Oktober

# Die Jünger, Jesu Freunde

*«Wenn ihr in meinem Wort bleibt, seid ihr in Wahrheit meine Jünger.» (Joh 8,31)*

*«Einer von seinen Jüngern, der, den Jesus liebte, lag an der Brust Jesu.» (Joh 13,23)*

*«Der Jünger ist nicht über dem Meister… Es sei genug für den Jünger, dass er werde wie sein Meister.» (Mt 10,24-25)*

*«Ihr seid meine Freunde, wenn ihr tut, was ich von meinem Vater hörte und euch kundgetan habe.» (Joh 15,14-15)*

★ ★ ★

Der Jünger empfängt die Lehre eines Meisters, dem er folgt. Der vortreffliche Jünger ist derjenige, der Jesus nachfolgt und sich bemüht, sein Leben dem seinen anzugleichen. Der Jünger, den Jesus liebt, ist — nach dem Vorbild des Johannes — jeder Christ, dessen Herz im Gleichklang mit Jesus schlägt, ganz im Rhythmus der Liebe. Im Gegensatz zu den Jüngern des Alten Testaments, die ihren Rabbi wählten, wählt sich Jesus seine Jünger selber aus: «*Nicht ihr habt mich erwählt, sondern ich habe euch erwählt*» (Joh 15,16). Und die, welche er erwählt hat, sieht Jesus als seine Freunde an, zumindest solange sie Frucht bringen. Der Freund Jesu besitzt das Privileg, alles gewährt zu bekommen, worum er den himmlischen Vater im Namen des Sohnes bittet. In der Freundschaft Jesu zu stehen, bedeutet nicht nur, ihn zu lieben, sondern ebenfalls alle seine Freunde zu lieben; dies gebietet er uns (Joh 15,17). Und Jesus zu lieben bedeutet schließlich, sein Kreuz auf sich zu nehmen und ihm nachzufolgen (Mt 16,24).

## Gebet

Herr Jesus, gewähre mir die Gnade, allezeit in deinem Wort zu bleiben, selbst wenn dies bedeutet, in deiner Nachfolge mein Kreuz zu tragen. So werde ich würdig sein, dein Freund zu bleiben, der du die Lasten deiner Freunde leicht machst.

13.-14. Oktober

# Der Geist Jesu leitet die Jünger

*«Alle, die vom Geist Gottes geleitet werden, die sind Kinder Gottes.» (Röm 8,14)*

*«Christus starb für die Sünden, um euch zu Gott zu führen.» (1 Pe 3,18)*

*«Sie versuchten, nach Bithynien zu gehen, doch der Geist Jesu gestattete es ihnen nicht.» (Apg 16,7)*

*«Ihr aber seid nicht im Fleisch, sondern im Geist, wenn anders der Geist Gottes in euch wohnt. Hat aber einer den Geist Christi nicht, so gehört er nicht zu ihm.» (Röm 8,9)*

★ ★ ★

Der Christ lässt sich fügsam vom Geist Jesu leiten. Er entgeht dem Reich des Fleisches, welches der Sitz der Leidenschaften und der Sünde ist und dem Geist feindlich gegenüber steht. Vom Geist Jesu geleitet verhält sich der Jünger als Kind Gottes, da er weiß, dass Jesus am Kreuz gestorben ist, um ihn zu Gott zu führen. Er bittet Jesus, ihn dahin zu führen, wo er sein Zeuge sein soll, wo er ihn am Aufbau des Gottesreiches teilnehmen sehen will. Sodann überlässt er sich Ihm gänzlich, um Seinen

Willen zu erfüllen. Wenn er versucht, einen Weg einzuschlagen, der nicht derjenige des Geistes Jesu ist, so wird er davon abgehalten, wie dies der Fall bei dem Apostel Paulus war, der sich gen Orient wenden wollte, um die Frohe Botschaft dorthin zu bringen; nach Europa rief ihn der Geist in einer Vision durch die Stimme eines Mazedoniers. Auch fühlt sich der Jünger frei, da er im Verlauf des Daseins und durch die Ereignisse von Gott geführt wird. Deshalb muss man die Lebensübergabe an den Herrn regelmäßig erneuern.

## Gebet

Geist Jesu, gestalte mein Leben nach deinem Wunsch; leite mich allezeit auf dem Weg, auf dem du mich dir dienen sehen möchtest, selbst wenn er beschwerlich ist. So werde ich stark durch deine Stärke, denn du wohnst in mir.

15.-16. Oktober

# Der Blick Jesu

*«Leichter ist es, dass ein Kamel durch ein Nadelöhr geht, als dass ein Reicher in das Reich Gottes eingeht!» Da wurden sie noch bestürzter und sagten zueinander: «Wer kann dann gerettet werden?» Jesus blickte sie an und sprach: «Bei Menschen ist es unmöglich, aber nicht bei Gott; denn bei Gott ist alles möglich.» (Mk 10,25-27)*

*«Und er blickte sie alle ringsum an und sagte dann zu ihm: "Streck deine Hand aus!" er tat es, und seine Hand wurde wiederhergestellt.» (Lk 6,10)*

*«Da wandte sich der Herr um, blickte Petrus an, und Petrus erinnerte sich des Wortes des Herrn... Und er ging hinaus und weinte bitterlich.» (Lk 22,61...62)*

★ ★ ★

Bevor er auf eine Frage antwortet oder eine wichtige Wahrheit verkündet oder auch vor einer Heilung, wirft Jesus einen langen Blick auf sein Gegenüber. Einen Blick der Liebe auf den, dem er vergeben wird, oder dessen Gebrechen er heilt; einen Blick der Wut auf die Schriftgelehrten und Pharisäer mit dem verhärteten Herzen und der falschen Sicht des Gottesreiches.

Ebenso richtet Jesus auf jeden von uns einen Blick voller Zärtlichkeit, wenn unser Herz im Gleichklang mit dem seinen schlägt. Einen vorwurfsvoll schweren Blick in dem Augenblick, wo wir seinem Evangelium wissentlich untreu sind. Er sieht uns alle ringsum an, wenn wir in seinem Namen zum Gebet versammelt sind und ein brennendes Gebet zum Vater hinaufsenden. So begleitet uns der Blick Jesu alle Tage unseres Lebens.

## Gebet

Schenke mir die Gnade, alle Taten meines Lebens deinem heiligen Willen gemäß zu gestalten, so dass der Blick, mit dem du mich anschaust, immer von Liebe erfüllt sei.

17.-18. Oktober

# Jesus offenbart Abba, seinen Vater

*«Jesus nannte sogar Gott seinen Vater und setzte sich damit Gott gleich.»* (Joh 5,18)

*«Der Vater liebt den Sohn, und alles legt er in seine Hand.»* (Joh 3,35)

*«Der Vater kennt mich, und ich kenne den Vater.»* (Joh 10,15)

*«Niemand erkennt, wer der Sohn ist, als der Vater, und wer der Vater ist, als der Sohn und wem der Sohn es offenbaren will.»* (Lk 10,22)

*«Jesus sprach: "Abba, Vater, alles ist dir möglich; doch nicht, was ich will, sondern was du willst!"»* (Mk 14,36)

*«Alle, die vom Geist Gottes geleitet werden, die sind Söhne Gottes. Ihr habt ja nicht den Geist der Knechtschaft empfangen, um euch von neuem zu fürchten, sondern den Geist der Sohnschaft, in dem wir rufen: Abba, Vater!»* (Röm 8,14-15)

★ ★ ★

Das aramäische Wort «Abba» bedeutet «Papa». Kein Jude hätte es gewagt, Gott so zu nennen. Wenn Jesus, der eingeborene Sohn Gottes ihn so nennt, bezeugt dies die außergewöhnliche Nähe, in der er zu seinem Vater lebt.

Und dieser Vater, den er uns umfassend offenbart hat, ist ebenfalls unser Vater. Im Alten Testament wurde Gott als der Vater des erwählten Volkes betrachtet. Jesus, der allein den Vater kennt, offenbart uns, dass Gott der Vater aller Menschen ist; doch nur diejenigen können sich dessen bewusst werden, denen der Sohn es dartut. Und auf wunderbare Weise nennen auch sie, wie Jesus, Gott «Abba»! Der Heilige Geist in ihnen drängt sie dazu, so in die Nähe Gottes einzutreten.

## Gebet

Oh, Gott, geliebter Abba, mein Herz jubelt darüber, dich wie dein geliebter Sohn und durch seinen Geist ansprechen zu können, mit diesem unendlich zärtlichen Namen, durch den ich in Gemeinschaft trete zu der kindlichen Nähe Jesu zu dir, seinem Abba.

19.-20. Oktober

# Jesus, der einzige Mittler

*«Ich bin der Weg und die Wahrheit und das Leben; niemand kommt zum Vater außer durch mich.»* *(Joh 14,6)*

*«Denn nur* ***einen*** *Gott gibt es und* ***einen*** *Mittler zwischen Gott und den Menschen, den Menschen Jesus Christus.» (1 Tim 2,5)*

*«Alles ist mir übergeben von meinem Vater. Niemand kennt den Sohn als der Vater, und auch den Vater kennt niemand als der Sohn, und wem es der Sohn offenbaren will.» (Mt 11,27)*

*«Ihr seid meine Freunde, wenn ihr tut, was ich von meinem Vater hörte und euch kundgetan habe. Nicht ihr habt mich erwählt, sondern ich habe euch erwählt und euch bestellt, dass ihr hingeht und viel Frucht bringt und eure Frucht bleibe.» (Joh 15,15-16)*

★ ★ ★

Auf der religiösen Ebene steht der Mittler zwischen Gott und den Menschen. Durch den Mittler kann der Mensch in Verbindung zu Gott treten. Im Alten Testament sind der König und die Propheten, die im Namen Gottes zum Volk und im Namen des Volkes zu Gott sprechen Mittler; ebenso nehmen die Priester und der Kultus selber eine Mittlerstellung zwischen Gott und den Menschen ein. Im Neuen Testament ist Jesus, der Christus, der einzige Mittler. Von ihm allein geht das Heil aus; durch ihn gewährt der Vater die Vergebung der Sünden (Apg 3,15). Durch seine Auferweckung hat Gott ihn als höchsten Richter eingesetzt (Apg 10,42). Diese ausschließliche Mittlerschaft zwischen Gott und den Menschen schenkt dem Jünger Jesu eine Gelassenheit, eine innere Harmonie, die von der absoluten Gewissheit herrührt, auf dem rechten Weg zu sein, der zur ewigen Glückseligkeit führt.

## Gebet

Wie kann ich dir danken, Herr Jesus, uns den Vater gezeigt zu haben und uns als Freunde zu ihm zu führen?

21.-22. Oktober

# Die Tränen Jesu und seiner Jünger

*«Als Jesus die Stadt erblickte, weinte er über sie.» (Lk 19,41)*

*«Als Jesus sah, wie Maria weinte und wie auch die mit ihr kommenden Juden weinten, wurde er im Geist tief erschüttert, und voll innerer Erregung fragte er: "Wo habt ihr ihn hingelegt?" Sie antworteten ihm: "Komm, Herr, und sieh!" Jesus weinte.» (Joh 11,33-35)*

*«Und Petrus ging hinaus und weinte bitterlich.» (Lk 22,62)*

*«Weint mit den Weinenden!» (Röm 12,15)*

*«Ihr werdet weinen und klagen, die Welt aber wird sich freuen. Ihr werdet trauern, doch eure Trauer wird zur Freude werden.» (Joh 16,20)*

★ ★ ★

Unter dem Eindruck des Schmerzes und der Trauer hat Jesus Tränen vergossen. Göttliche, unendlich bewegende Tränen. Er hat über die Stadt Jerusalem geweint, die zu retten er gekommen war. Sie hat ihn nicht aufgenommen, wird ihn verurteilen und hinrichten. Und trotzdem weint er über sie bei dem Gedanken an ihre Zerstörung. Ebenso beweint er den Tod des Lazarus, seines Freundes. Es sind fruchtbare Tränen: Jerusalem wird für immer die heilige Stadt bleiben; und er wird Lazarus auferwecken.

Die Tränen Jesu erschüttern uns; sie enthüllen die Tiefe seiner Menschlichkeit und die Feinfühligkeit seines Empfindens.

Er sagt seinen Jüngern die Tränen voraus, die sie bei seinem Tod vergießen werden. Diese Tränen werden bei seiner Auferstehung in Freude verwandelt.

Wir sind aufgerufen, Jesus in allem nachzuahmen. Deshalb fordert der Apostel uns auf, mit den Weinenden zu weinen. Wie Petrus beweinen wir insbesondere die schweren Verfehlungen, derer wir uns gegenüber dem Gott der Liebe und Barmherzigkeit schuldig machen.

## Gebet

Herr Jesus, deine Tränen über Jerusalem und am Grab des Lazarus bewegen uns, sie offenbaren dein (unserem Herzen) teures Mitfühlen und Mitleiden mit uns. Gewähre mir die Gnade, mit den Weinenden zu weinen.

23.-24. Oktober

# «Ich werde meine Kirche bauen»

*«Du bist Petrus, und auf diesen Felsen will ich meine Kirche bauen, und die Pforten der Unterwelt werden sie nicht überwältigen.» (Mt 16,18)*

*«Und er ist es, der gab: die einen bestellte er als Apostel, die anderen als Propheten, andere als Evangelisten, andere als Hirten und Lehrer, zur Heranbildung der Heiligen für die Ausübung des Dienstes, für den Aufbau des Leibes Christi.» (Eph 4,11-12)*

*«Aufgebaut auf dem Fundament der Apostel und Propheten, und der Eckstein davon ist Christus Jesus, in dem zusammengefügt der ganze Bau emporwächst zu einem heiligen Tempel im Herrn, in dem auch ihr mit aufgebaut werdet zu einer Wohnung Gottes im Geist.» (Eph 2,20-22)*

*«Und ich hörte eine laute Stimme vom Thron her rufen: "Seht, das Zelt Gottes unter den Menschen! Er wird bei ihnen wohnen, und sie werden sein Volk sein."» (Offb 21,3)*

★ ★ ★

Das Thema der Errichtung einer Wohnung nimmt einen wichtigen Platz in der Bibel ein, welche die

Geschichte eines Volkes der Erbauer von Häusern, Städten und zuallererst des Tempels ist. Denn Gott ist treu; er erbaut und stellt die Ruinen wieder her (Jes 44,26). Mit ihm und auf ihn soll der Mensch bauen (Ps 127[126],1).

Jesus nimmt das Thema der Erbauung auf. Seine Kirche wird ein auf den Felsen — Petrus — gegründetes Gebäude sein; er selber ist sein Hauptstein, gleichzeitig Eckstein und Schlussstein. Und gleichzeitig ist er auch der Baumeister. Er ist ebenfalls der neue Tempel, in drei Tagen neu erbaut (Joh 2,19). Seine Jünger bilden den *«heiligen Tempel des Herrn»*. Dieser neue Tempel ist der Leib Christi, und dieser *«Leib wird aufgebaut in Liebe»* (Eph 4,16). Folglich haben alle Jünger als *«Heilige»* (Röm 1,7) Anteil an dem Aufbau des Leibes Christi durch ihre *«guten Werke»* (Offb 19,8). In einer Welt, in der viele, auch Christen, sich fragen, wozu sie nütze sind, ist es gut, ein lebendiges Bewusstsein von der wesentlichen Rolle eines jeden als Erbauer zu haben, insofern man sich immer tiefer in Christus verwurzelt.

## Gebet

Herr, du hast mich erwählt, um am Aufbau deines Leibes, der *«Wohnung Gottes im Geist»* teilzuhaben. In deinem Dienst will ich ein eifriger Arbeiter auf dieser Baustelle sein.

25.-26. Oktober

# «Ich werde dir die Schlüssel des Reiches geben»

*«Petrus aber sagte zu ihm: "Herr, mit dir bin ich bereit, auch in den Kerker, ja in den Tod zu gehen." Jesus entgegnete: "Ich sage dir, Petrus: Der Hahn wird heute nicht krähen, bis du dreimal geleugnet hast, mich zu kennen."» (Lk 22,33-34)*

*«Während Petrus unten im Hof war, kam eine von den Mägden des Hohenpriesters, und da sie den Petrus sah, der sich wärmte, schaute sie ihn an und sagte: "Auch du warst bei dem Nazarener, bei Jesus!" ... Er aber leugnete abermals. Nach einer kleinen Weile sagten die Dabeistehenden wieder zu Petrus: "Du bist wirklich einer von ihnen; denn du bist auch ein Galiläer." Er aber fing an zu fluchen und zu schwören: "Ich kenne diesen Menschen nicht, von dem ihr redet." Und sogleich krähte der Hahn zum zweiten Mal. Da erinnerte sich Petrus des Wortes, das Jesus zu ihm gesagt hatte... Und er brach in Tränen aus.» (Mk 14,66-72)*

*«Der Herr sagte: "Den Schlüssel des Hauses David lege ich ihm auf die Schulter. Öffnet er, so schließt keiner zu, schließt er, so macht niemand auf."» (Jes 22,22)*

*Jesus sagte zu Petrus: «Dir will ich die Schlüssel des Himmelreichs geben.»* (Mt 16,19)

★ ★ ★

Der Schlüssel des Verwalters des königlichen Palastes, den er auf seiner Schulter trug, war das Zeichen seiner Funktion und seiner Autorität. Jesus, der neue David, vertraut als Messias die Schlüssel des Himmelreiches Petrus an, auf den er seine Kirche gebaut hat. Und dies, obwohl er wusste, dass Petrus ihn verleugnen würde. Die bitteren Tränen, die jener vergoss, nachdem er den Herrn verleugnet hatte, löschen die Schuld im Herzen des Gottes der Liebe und der Barmherzigkeit. *«Ich aber habe für dich gebetet, dass dein Glaube nicht nachlasse, und du wiederum stärke dereinst deine Brüder»* (Lk 22,32), sagt Jesus zu ihm vor der Passion und vertraut so Petrus, der ihn verleugnen wird, die Aufgabe an, die Jünger im Glauben zu stärken. Diese Berufung ist dauerhaft und unwiderruflich und tritt zu seiner Funktion als Fundament der Kirche hinzu. Man kann die Stellung und die Aufgabe Petri innerhalb der Kirche nicht unterschätzen. Diese herausragende Rolle, die ihm Christus anvertraut hat, fordert von ihm, mehr als jeder andere Jünger Jesus nachzuahmen.

## Gebet

Herr Jesus, führe alle deine Jünger dazu, die Autorität anzuerkennen, welche die Schlüssel des Himmelreiches Petrus verleihen. Nach deinem Vorbild sei er der gute Hirte, der uns unaufhörlich in unserem Glauben stärkt.

## 27.-28. Oktober

# «Auf diesen Felsen will ich meine Kirche bauen»

*«Als Jesus in die Gegend von Cäsarea Philippi kam, fragte er seine Jünger: "Für wen halten die Leute den Menschensohn?" Sie erwiderten: "Einige für Johannes den Täufer, andere für Elija..." Da fragte er sie: "Ihr aber, für wen haltet ihr mich?" Simon Petrus antwortete: "Du bist der Messias, der Sohn des lebendigen Gottes." Darauf sagte Jesus zu ihm: "Selig bist du, Simon, Barjona; denn nicht Fleisch und Blut haben dir das geoffenbart, sondern mein Vater, der im Himmel ist. Und ich sage dir: Du bist Petrus und auf diesen Felsen will ich meine Kirche bauen, und die Pforten der Unterwelt werden sie nicht überwältigen. Dir will ich die Schlüssel des Himmelreichs geben. Was du binden wirst auf Erden, wird gebunden sein im Himmel, und was du lösen wirst auf Erden, wird gelöst sein im Himmel."»*
*(Mt 16,13-20)*

★ ★ ★

Kephas ist der Name, den Jesus Simon, dem Sohn des Jonas, einem der ersten Jünger, gegeben hat; «Kephas» bedeutet «Fels». Dieser neue Name bezeichnet die

Funktion, die Jesus diesem Jünger zuweist. Sie ist entscheidend: *«Auf diesen Felsen will ich meine Kirche bauen.»* Zum Vater zurückgekehrt, bedarf Jesus seiner Jünger, um sein Heilswerk mit Unterstützung des Heiligen Geistes fortzuführen. Gemeinsam bilden die Jünger die Kirche — die Versammlung. Jede menschliche Gruppe, jede Versammlung bedarf eines Leiters, eines Präsidenten, der schlichtet, führt und entscheidet. Die Kirche von heute ebenso wie zur Zeit der Apostel. Dies ist die Rolle des Petrus und seiner Nachfolger, die Rolle der Päpste über die Jahrtausende. Das haben die Jünger allezeit verstanden, eine Generation nach der anderen. Und so wird es bis zum Ende der Zeiten bleiben.

Die Untreue gewisser Nachfolger Petri sowie die Sünden der Versammlung der Jünger waren die wesentlichen Gründe für den Bruch der von Christus gewollten Einheit der Christen: *«Seid eins, wie mein Vater und ich eins sind»* (vgl. Joh 17,21). Jeder Christ, welcher Konfession er auch angehören mag, ist gerufen, für die Rückkehr zur sichtbaren Einheit unter der Liebes-Gewalt des «Felsens» zu arbeiten.

## Gebet

Herr, ich erkenne die ganze Autorität an, die du Petrus verliehen hast und die auf seine Nachfolger übergeht. Schenke ihnen die Gnade, diese Gewalt immer im Geist der Liebe des Dieners aller Diener auszuüben.

29.-30. Oktober

# Alte Schöpfung und Neuschöpfung

*«Nach der Erschaffung der Erde und des Universums sprach Gott: "Lasset uns Menschen machen nach unserem Abbild, uns ähnlich."» (Gen 1,26)*

*«So existiert für uns nur ein einziger Gott, der Vater, aus dem alles ist und für den wir sind, und ein einziger Herr, Jesus Christus, durch den alles ist und wir durch ihn.» (1 Kor 8,6)*

*«Ihr habt den alten Menschen samt seinen Werken ausgezogen und angezogen den neuen, den man in seiner Erneuerung wiedererkennen soll nach dem Bild dessen, der ihn schuf.» (Kol 3,9-10)*

*«Da nämlich durch einen Menschen [Adam] der Tod kam, kommt auch durch einen Menschen [Jesus, den neuen Adam] die Auferstehung der Toten.» (1 Kor 15,21)*

★ ★ ★

Durch sein Wort hat Gott die Erde aus dem Nichts erschaffen. Jedes durch sein Wort hervorgegangene Geschöpf ist gut. Die Schöpfung besitzt ihre natürliche

Ordnung, die der Mensch in seiner Freiheit respektieren muss. Die Schöpfung wird vom Geist Gottes als «gut» erachtet; sie wird für «sehr gut» befunden, was den Menschen angeht, der nach dem Bild Gottes als Liebes-Wesen und ihm ähnlich als Liebes-Familie erschaffen wurde. In seiner Freiheit kann der Mensch sich jedoch gegen die göttliche Schöpfungsordnung stellen. Die Sünde als giftige Frucht dieser Perversion der Freiheit hat das Unheil in die Schöpfung eingeführt. Doch jeder innerlich durch die Taufe erneuerte Mensch, der eine *«neue Schöpfung»* in Christus geworden ist (Gal 6,15), hat in Christus Anteil an der Ausweitung der neuen Schöpfung. So wird alles auferbaut in Christus, der die *«Fülle des Geistes»* (Mk 1,10-11) besitzt. Dadurch, dass er Christus empfängt und an ihn glaubt, wird der Mensch zum Gotteskind (Joh 1,12). Die Neuschöpfung, die mit Pfingsten ihren Anfang genommen hat, strebt ihrem Ziel zu. Bei der Wiederkunft Christi wird *«alles neu geworden sein»* (Offb 21,5).

## Gebet

Dank sei dir, Herr, dass du mich durch die Taufe innerlich erneuert hast. Möge ich durch mein Leben würdig bleiben, eine neue Schöpfung in Christus zu sein.

31. Oktober - 1. November

# Die Hände Jesu

*«Der Vater liebt den Sohn, und alles legt er in seine Hand.» (Joh 3,35)*

*«Niemand wird sie meiner Hand entreißen, und niemand vermag sie der Hand meines Vaters zu entreißen.» (Joh 10,28-29)*

*«Die Wurfschaufel hat er in seiner Hand.» (Mt 3,12)*

*«Und Jesus legte ihnen die Hände auf und zog von da weiter.» (Mt 19,15)*

*«Ein Rohr in seiner rechten Hand.» (Mt 27,29)*

*«An seinen Händen das Mal der Nägel.» (Joh 20,25)*

★ ★ ★

Die Hände Jesu empfangen und halten fest; wie die Wurfschaufel den Weizen sammelt, so erwählt Jesus seine Jünger. Er segnet durch Handauflegung.

Während die Hände Jesu dazu bestimmt sind, Gutes zu tun und das Reich Gottes zu bauen, verspotten ihn Menschen im Dienste des Bösen und stecken ein Rohr in seine Hand; und sie durchbohren mit Nägeln seine göttlichen, zum Segnen, Heilen und Retten bestimmten Hände.

## Gebet

Herr Jesus, mit unendlicher Zärtlichkeit küsse ich die Nägelmale in deinen heiligen Händen. Niemand möge jemals meine Seele und die meiner Lieben deinen Händen entreißen können.

2.-3. November

# «Selig, die glauben, ohne gesehen zu haben»

*«Jesus sagte zu Thomas: "Weil du mich gesehen hast, hast du geglaubt; selig, die nicht sehen und doch glauben."» (Joh 20,29)*

*«Das Wort ist das wahre Licht, das jeden Menschen erleuchtet, der in die Welt kommt… Allen aber, die ihn aufnahmen, gab er die Vollmacht, Kinder Gottes zu werden.» (Joh 1,9-12)*

*«Der Menschensohn muss erhöht werden, damit jeder, der an ihn glaubt, ewiges Leben habe.» (Joh 3,14-15)*

*«Das ist der Wille meines Vaters, dass jeder, der den Sohn sieht und an ihn glaubt, ewiges Leben habe und dass ich ihn auferwecke am Jüngsten Tag.» (Joh 6,40)*

*«Alles ist möglich dem, der glaubt.» (Mk 9,23)*

★ ★ ★

Der Zweifel des Apostels Thomas, so kann man die Aussagen des heiligen Gregor zusammenfassen, hat unseren Glauben gestärkt. Er hat den Auferstandenen geschaut, die Wundmale seiner Hände und seiner Seite berührt. Thomas ist ein wertvoller Zeuge. Doch Jesus zählt auf den Glauben ohne Voraussetzungen und Bedingungen. Den Glauben, der aus reiner Liebe entspringt. Dieser Glaube an Jesus Christus macht aus uns Gotteskinder mit der Gewißheit, am jüngsten Tag aufzuerstehen. Berührt von unserem Glauben hat Jesus beim letzten Abendmahl für jeden von uns gebetet; ohne ihn gesehen zu haben, glauben wir an ihn und schenken dem Zeugnis derer, die ihn gesehen haben Glauben, den Aposteln und Jüngern, die mit dem Herrn waren.

Dank unseres Glaubens *«ist alles möglich»*, wie Jesus zum Vater des epileptischen Kindes sagt, bevor er es heilt (Mk 9,16-26). Der Glaube ist Quelle und Herzstück jedes geistlichen Lebens. Abraham ist der Vater aller Gläubigen. Jesus ist der *«Vollender»* (He 12,2) des Glaubens Abrahams. Man wird von dem Augenblick an ein Jünger Jesu, da man an ihn und sein Wort glaubt. Und durch seinen Glauben ist der Mensch gerechtfertigt. Er ist nunmehr gerecht. Der Glaube ist jedoch kein Anspruch, er ist reine Gnade (Röm 4,4). Er entfaltet sich in der Liebe und der Kontemplation (Joh 11,40).

## Gebet

Ich danke dir, Herr, mir die Gabe des Glaubens an Jesus und sein Wort geschenkt zu haben. Möge mein ganzes Leben von dieser Gnade zeugen können, welche das Unterpfand des ewigen Lebens ist.

4.-5. November

# Jesus, der Christus, ist Sieger über den Satan

*«Da erhob sich ein Kampf im Himmel: Michael und seine Engel kämpften mit dem Drachen, und auch der Drache und seine Engel kämpften. Doch sie richteten nichts aus, und es blieb kein Platz mehr für sie im Himmel. Gestürzt wurde der große Drache, die alte Schlange, die den Namen Teufel und Satan tragen, und den ganzen Erdkreis verführt; er wurde hinabgestürzt auf die Erde, und seine Engel wurden mit ihm gestürzt. Und ich hörte eine laute Stimme im Himmel rufen: "Jetzt ist gekommen das Heil und die Kraft und das Königtum unseres Gottes und die Macht seines Gesalbten; denn gestürzt ist der Ankläger unserer Brüder, der sie verklagte vor unserem Gott."» (Offb 12,7-12)*

★ ★ ★

In eben dem Augenblick, da am Himmel von Bethlehem der Freudenhymnus der Engel erklingt, beginnt der erschreckende Kampf gegen den Satan, den Verführer der ganzen Welt, dem es gelingt, so viele Menschen zu unterjochen. Der Ausgang dieses Kampfes ist der endgültige

Sieg des «Friedensfürsten» über den «Fürsten dieser Welt». Trotz seiner angekündigten und erlittenen Niederlagen beharrt er auf seinem Werk des Todes. So wie er gestern stattfand, setzt sich dieser geistliche Kampf auch heute fort. Und so wird er fortdauern bis zum Ende der Zeiten. Er wird in der weiten Welt geführt und in einem jeden von uns, bis zur Wiederkunft des Herrn. Bekleiden wir uns in diesem Kampf mit den Waffen des Lichtes, nämlich mit der Liebe Christi und seinen Sakramenten, insbesondere der Eucharistie. Und lasst uns diese Liebe um uns herum verbreiten.

## Gebet

Marana tha! Komm Herr Jesus! Bringe den Lohn, den du jedem nach seinen Werken geben wirst. Bringe bald deinen endgültigen Sieg über den alten Drachen, den Verführer der ganzen Welt.

6.-7. November

# Jesus spricht von der Hölle

*«Der Menschensohn wird seine Engel aussenden, und sie werden zusammenholen aus seinem Reich alle, die Ärgernis geben und das Böse tun, und sie hineinwerfen in den Feuerofen; dort wird Heulen sein und Zähneknirschen. Dann werden die Gerechten leuchten wie die Sonne im Reich ihres Vaters. Wer Ohren hat, der höre.» (Mt 13,40-43)*

*«Wer aber einem von diesen Kleinen, die glauben, Ärgernis gibt, für den wäre es besser, wenn ein Mühlstein um seinen Hals gelegt und er hinabgeworfen würde ins Meer. Wenn deine Hand dir zum Ärgernis wird, so haue sie ab; es ist besser für dich, verstümmelt einzugehen ins Leben, als mit zwei Händen hinabzufahren in die Hölle, in das nie erlöschende Feuer.» (Mk 9,42-43)*

*«Was ihr nicht getan habt einem dieser Geringsten, habt ihr auch mir nicht getan. Und diese werden eingehen in die ewige Pein, die Gerechten aber in das ewige Leben.» (Mt 25,45-46)*

★ ★ ★

Die bereits von Jesaja (66,24) angekündigte Hölle wird von Jesus, dem Sohn Gottes, klar und deutlich bestätigt.

Die Existenz der Hölle ist daher eine Glaubenswahrheit, die zu allen Zeiten von der Kirche gelehrt wurde. Nicht die Existenz der Hölle verletzt das moderne Empfinden, sondern ihre Ewigkeit, mit den schrecklichen Bestrafungen, die die Verdammten erleiden müssen. Es handelt sich hierbei um ein Mysterium, dem wir unser menschliches Verstehen unterwerfen müssen. In seiner Rede über das jüngste Gericht (Mt 25,31-46) nennt Jesus das einzige Kriterium, welches die zur ewigen Glückseligkeit bestimmten Gerechten von den zum ewigen Höllenfeuer Verdammten trennt: die tätige Nächstenliebe bzw. die Verweigerung dieser Barmherzigkeit. Wer auch immer sich dieser Weigerung schuldig macht, täte es auf ewig, wenn er ewig auf Erden lebte. Gott ist zwar gewiss ein Gott der Liebe, doch auch der Gerechtigkeit, die nicht von der Liebe zu trennen ist. Und den Menschen steht nur eine bestimmte Zeit zur Verfügung, um diese Liebe konkret zu bezeugen, nämlich während ihres kurzen Erdenlebens. Beim jüngsten Gericht ist es die in tätiger Barmherzigkeit verwirklichte Liebe, die es Gott ermöglichen wird, diejenigen zu seiner Rechten zu erheben, die sie praktiziert haben werden.

## Gebet

Es gibt heutzutage auf Erden so viel Elend zu lindern; mache mich, Herr, zu deinem Werkzeug durch das Teilen meiner Güter. Möge ich den Bedürftigen zumindest den Zehnten meines Einkommens widmen.

8.-9. November

# Jesus das Brot des Lebens

*«Ich bin das Brot des Lebens.»* (Joh 6,35)

*«Ich bin das lebendige Brot, das vom Himmel herabgekommen ist. Wenn einer von diesem Brot isst, wird er leben in Ewigkeit, und das Brot, das ich geben werde, ist mein Fleisch für das Leben der Welt.»* (Joh 6,51)

*«Jesus nahm das Brot, sprach den Segen, brach es und gab es ihnen. Und es taten sich ihre Augen auf, und sie erkannten ihn.»* (Lk 24,30-31)

*«Sie verharrten in der Lehre der Apostel, in der Gemeinschaft, im Brotbrechen und in den Gebeten.»* (Apg 2,42)

★★★

Im Vaterunser symbolisiert das Brot die tägliche Nahrung, die der himmlische Vater seinen Kindern schenkt, denn alles geht von ihm aus. Ebenso greift Jesus bei der Einsetzung der Eucharistie zum Brot. Er verwandelt es in seinen Leib, indem er es segnet und über ihm die Konsekrationsworte spricht. Und er wird zum Brot des Lebens, Verheißung und Nahrung zum ewigen Leben.

Lebensbrot, zum Leib Christi geworden. An diesem Zeichen haben die Emmaus-Jünger den Herrn wiedererkannt. Dieses Lebensbrot zu essen bedeutet, «die Quelle und den Höhepunkt des ganzen christlichen Lebens» (2. Vatikanum, LG 11) zu erreichen. Der durch die Taufe zur Würde des königlichen Priestertums erhobene Jünger schöpft aus vollen Zügen in dem geistlichen Schatz, den Christus seiner Kirche in der Eucharistie hinterlassen hat; er hat so Anteil an der himmlischen Liturgie und nimmt das ewige Leben vorweg.

## Gebet

Herr Jesus, ewiges Lebensbrot, schenke mir das Verstehen des Herzens, das notwendig ist, um die Bedeutung und Tragweite der Eucharistie zu begreifen, und die Gnade, an jedem Tag meines Lebens zumindest im Geiste an ihr teilzuhaben.

10.-11. November

# Der Leib und das Blut Jesu

*«Während sie nun aßen, nahm Jesus Brot, sprach den Segen, brach es und gab es den Jüngern mit den Worten: "Nehmt und esst, das ist mein Leib." Und er nahm einen Kelch, sagte Dank, reichte ihn ihnen und sprach: "Trinkt alle daraus, denn das ist mein Blut des Bundes, das für viele vergossen wird zur Vergebung der Sünden."»* (Mt 26,26-27)

*«Ihr seid tot geworden dem Gesetz durch den Leib Christi.»* (Röm 7,4)

*«Das Blut Jesu macht uns rein von aller Sünde.»* (1 Joh 1,7)

*«Ihr wurdet zu "Nahen" im Blut Christi.»* (Eph 2,13)

★ ★ ★

Am Vorabend seines Leidens teilt Jesus den Zwölfen mit, dass er sein Blut zur Vergebung der Sünden vergießen werde. Er fordert sie auf, denselben Ritus zu seinem, Jesu Gedächtnis zu vollziehen (Lk 22,19). Es handelt sich nicht nur darum, sich an dieses Passahmahl zu erinnern, sondern darum, die am Kreuz vollbrachte Opferhandlung zu vergegenwärtigen und so das ewige Festmahl in Gegenwart des dreifaltigen Gottes vorwegzunehmen.

Den Leib Christi zu essen bedeutet, dem hebräischen Gesetz wie es die Kommentare der Pharisäer darstellten, zu sterben. Sein Blut zu trinken, reinigt von aller Sünde und schafft unter den Jüngern eine universelle Gemeinschaft, die sich bis an die Enden der Erde erstreckt.

Mit seinem Leib in der Eucharistie genährt, gehören wir bereits zum Leib Christi. Wenn wir am jüngsten Tag auferstehen werden, so werden wir auch *«mit ihm erscheinen in Herrlichkeit»* (Kol 3,4).

Die Eucharistie ist «die Quelle und der Höhepunkt des ganzen christlichen Lebens» (2. Vatikanum). Sie vereinigt uns mit der Liturgie des Himmels; durch sie nehmen wird das ewige Leben vorweg, in dem Gott alles in allen sein wird.

## Gebet

Herr Jesus, die Eucharistie sei der Höhepunkt meines christlichen Lebens. Ganz einfach der tägliche Höhepunkt meines Lebens; so werde ich bereits in diesem Leben das Leben in Gott in Fülle erleben, das du uns in der Liturgie des Himmels für alle Ewigkeit bereitet hast.

12.-13. November

# Jesus Friedensfürst

*«Denn ein Kind wird uns geboren, ein Sohn wird uns geschenkt... Man nennt ihn... Friedensfürst.» (Jes 9,5)*

*«Frieden lasse ich euch zurück, meinen Frieden gebe ich euch.» (Joh 14,27)*

*«Jetzt aber wurdet ihr in Christus Jesus als die ehedem "Fernen" zu "Nahen" im Blut Christi. Denn er ist unser Friede.» (Eph 2,13-14)*

*«Als dort, wo die Jünger sich aufhielten, die Türen aus Furcht vor den Juden verschlossen waren, kam Jesus, trat in ihre Mitte und sagte zu ihnen: "Friede sei euch!" Nach diesen Worten zeigte er ihnen die Hände und die Seite. Da freuten sich die Jünger, als sie den Herrn sahen.» (Joh 20,19-20)*

★ ★ ★

Die hebräische Begrüßung lautet «Schalom» und leitet sich ab aus der Wurzel, die Fülle, Erfüllung bedeutet. Jesus benutzt diese Begrüßung; die Fülle des Friedens ist in ihm. «Er ist unser Friede», sagt der Apostel, denn seinen Frieden schenkt er uns. Der Prophet Jesaja hat ihn als «Friedensfürsten» verheißen.

Es handelt sich um den Frieden zwischen den Völkern, zwischen den Menschen, den inneren Frieden eines jeden Jüngers. Dieser Friede ist ein göttlicher Schatz, aus dem wir unaufhörlich für den Nächsten und für uns schöpfen können. Er verlangt nach Wahrheit und Gerechtigkeit. Er ist Gemeinschaft mit Gott.

## Gebet

Herr Jesus, gewähre mir alle Tage meines Lebens deinen Frieden, der Fülle des Lebens ist. Mache mich zu einem Friedensstifter.

14.-15. November

# Jesus Weg, Wahrheit und Leben

*«Jesus sagt zu ihm: "Ich bin der Weg und die Wahrheit und das Leben; niemand kommt zum Vater außer durch mich. Glaubt mir, dass ich im Vater bin und der Vater in mir ist!"»* (Joh 14,6.11)

*«Von da an zogen sich viele seiner Jünger zurück und gingen nicht mehr mit ihm. Da wandte sich Jesus zu den Zwölfen: "Wollt nicht auch ihr weggehen?" Simon Petrus antwortete ihm: "Herr, zu wem sollen wir gehen? Du hast Worte ewigen Lebens! Wir haben geglaubt und erkannt, dass du der Heilige Gottes bist."»* (Joh 6,66-69)

*«Nicht Mose gab euch das Brot vom Himmel, sondern mein Vater gibt euch vom Himmel das wahre Brot. Denn das Brot Gottes ist jenes, das vom Himmel herabkommt und der Welt Leben gibt»... Jesus sagte: «Ich bin das Brot des Lebens.»* (Joh 6,32-33)

★ ★ ★

Jesus ist der *Weg*, er allein führt zu Gott dem Vater, den er uns zeigt. Er ist die *Wahrheit*, denn in ihm entdeckt der Christ den wahren Sinn des Lebens, offenbart in seinen Worten und durch sein Leben; das Evangelium eröffnet den Zugang zur Fülle der Wahrheit, nach der die Menschen sich unbewusst sehnen. Und schließlich ist Jesus das *Leben*, denn er allein führt zum ewigen Leben beim himmlischen Vater, im Heiligen Geist.

Wer in Jesus den Weg, die Wahrheit und das Leben entdeckt hat, ist von Friede und Freude erfüllt. Sein Wort wird zu einem Quell, der aufsprudelt zu ewigem Leben. Das Leben ist die Erkenntnis Gottes und Jesu Christi (Joh 17,3). Und es ist Leben für alle Ewigkeit.

## Gebet

Herr Jesus, in deiner Nachfolge trete ich in die Fülle des Lebens, denn ich besitze so die Wahrheit. Bewahre mich in der Treue deiner Liebe.

16.-17. November

# «Seid getrost: Ich habe die Welt überwunden»

*«In der Welt habt ihr Drangsal; doch seid getrost: Ich habe die Welt überwunden!» (Joh 16,33)*

*«Nun ist Gericht über diese Welt; nun wird der Fürst dieser Welt hinausgeworfen werden. Ich aber werde, wenn ich erhöht bin von der Erde, alle an mich ziehen.» (Joh 12,31-32)*

*«Liebt nicht die Welt und nicht, was in der Welt ist! Liebt einer die Welt, ist die Liebe des Vaters nicht in ihm. Denn alles, was in der Welt ist, die Fleischeslust, die Augenlust und die Hoffart des Lebens, ist nicht vom Vater, sondern ist von der Welt. Doch die Welt vergeht mitsamt ihrer Lust; wer aber den Willen Gottes tut, der bleibt in Ewigkeit.» (1 Joh 2,15-17)*

*«Weil ihr aber nicht von der Welt seid, sondern ich euch auserwählt habe aus der Welt, darum hasst euch die Welt.» (Joh 15,19)*

★ ★ ★

*«So sehr liebte Gott die Welt, dass er seinen eingeborenen Sohn hingab»* (Joh 3,16). Doch *«die Welt erkannte ihn*

*nicht»* (Joh 1,10), da sie ihre Sünde liebte. Sie hat es vorgezogen, sich dem Fürsten dieser Welt hinzugeben. Nach dem Vorbild Satans hasst die Welt Jesus und die seinen. Die Welt, das ist die Sünde mit ihren Verirrungen und Lastern, ihren Begierden und ihrer Bestialität, ihrer Intoleranz und ihrer Barbarei, ihrer Böswilligkeit und Grausamkeit. Kurz: alles was vom Teufel kommt, dem *«Menschenmörder von Anbeginn»* (Joh 8,44). In dem Zeitalter, in dem diese Welt die Häuser durch die Medien überschwemmt, vervielfacht die Macht des «Fürsten dieser Welt», wie Jesus den Satan nennt, ihren Einfluss auf die Menschen, doch *«er ist bereits gerichtet»* (Joh 16,11) und der endgültige Sieg gehört Jesus. Deshalb sollen seine Jünger nicht verzweifeln angesichts des Spektakels der Sünde, die sich überall mit Arroganz breit macht, mit riesigen Paraden von Menschen, die Laster praktizieren, welche die Bibel *«Greuel»* nennt (Lev 18,22). Da ist es nötig, getrost zu bleiben. Unterdessen bleiben die Untertanen des Reiches und die Untertanen des Fürsten dieser Welt vermischt wie Spreu und Weizen bis zur Wiederkunft des Herrn.

## Gebet

Herr, gewähre mir die Gnade, allezeit nach deinem Willen getrost zu bleiben angesichts des perversen Spektakels der Untertanen des Fürsten dieser Welt, der vergehen und im Nichts versinken wird.

18.-19. November

# Das Lamm wird zu den Wasserquellen des Lebens führen

*«Denn das Lamm in der Mitte vor dem Thron wird sie weiden und zu den Wasserquellen des Lebens führen.» (Offb 7,17)*

*«Brüder, ich möchte euch nicht über unsere Väter im Unklaren lassen... alle haben denselben Trank des Geistes genossen — sie tranken nämlich aus dem Felsen des Geistes, der ihnen folgte, und dieser Fels war Christus.» (1 Kor 10,1...4)*

*«An den Ufern des Flusses wachsen beiderseits allerlei fruchtbringende Bäume, deren Laub nie welk und deren Frucht nie ausgeht. In jedem Monat tragen sie frische Frucht; denn das Wasser, das sie tränkt, geht vom Heiligtum aus. Ihre Früchte dienen zur Nahrung und ihre Blätter zu Heilzwecken.» (Ez 47,12)*

*«Sie werden weder Hunger noch Durst haben, noch wird sie plagen Glutwind und Sonne; denn ihr Erbarmer leitet sie, an sprudelnde Wasser führt er sie.» (Jes 49,10)*

★ ★ ★

Ohne Wasser gibt es kein Leben; ohne es wäre die Erde eine riesige Wüste. Das Wasser lässt wachsen und gedeihen, es wäscht und reinigt. Es kann ebenso verwüsten und töten.

Das Thema des Wassers nimmt im Alten Testament einen breiten Raum ein. Es ist das Zeichen des göttlichen Segens. Der Regen kommt zu seiner Zeit, solange Israel nach dem Gesetz Gottes lebt; ist es untreu, so zeigt die Dürre den Fluch Gottes, wie zur Zeit Achabs, als das Volk Gott verließ, um die Baale anzubeten.

Als der Fels, welcher Wasser hervorsprudeln lässt, wenn man auf ihn schlägt, an dem das Volk auf dem Weg ins Verheißene Land seinen Durst stillt, ist Christus gekommen, den Menschen das von den Propheten verheißene lebendigmachende Wasser zu bringen. Er ist der lebendige Tempel, von dem der Strom ausgeht, welcher das von Ezechiel (47,1-12) geschaute neue Jerusalem bewässert und lebendig macht. Das Wasser ist unerlässlich für das Sakrament der Taufe (*taufen* bedeutet *[ein]tauchen*) und hat eine reinigende Funktion. Das Eintauchen symbolisiert das Begrabensein in Christus; das Auftauchen die geistliche Auferstehung (Röm 6,3-11).

## Gebet

Herr, in dir habe ich «das Bad der Wiedergeburt und der Erneuerung des Heiligen Geistes» empfangen (Tit 3,5); lass mich mein Leben lang dadurch gezeichnet sein, durch meine Liebe zu Gott und dem Nächsten, wer auch immer er sein mag.

20.-21. November

# Die Pharisäer trachten danach, Jesus zu töten

*«Die Pharisäer fragten Jesus: "Darf man am Sabbat heilen?" um ihn anklagen zu können. Er aber sagte zu ihnen: "Wer ist unter euch, der ein einziges Schaf hat und dieses, wenn es am Sabbat in eine Grube fällt, nicht ergreift und herauszieht? Um wie viel wertvoller ist ein Mensch als ein Schaf? Es ist also erlaubt, am Sabbat Gutes zu tun." Darauf sagte er zu dem gelähmten Mann: "Streck deine Hand aus!" Und er streckte sie aus, und sie wurde wiederhergestellt, gesund wie die andere. Die Pharisäer aber gingen weg und fassten gegen ihn den Beschluss, ihn zu töten.» (Mt 12,10-14)*

*«Die Schriftgelehrten und Pharisäer begannen, ihm scharf zuzusetzen und ihn über vielerlei Dinge auszuhorchen, und sie lauerten darauf, etwas aufzufangen aus seinem Mund, um ihn anklagen zu können.» (Lk 11,53-54)*

★ ★ ★

Das hebräische Wort «Pharisäer» bedeutet «getrennt». Sie empfinden sich als vom unwissenden Volk getrennt dank ihrer profunden Kenntnis des Gesetzes, des mit einer Fülle von Verpflichtungen und Verboten menschlicher Tradition überfrachteten göttlichen Gesetzes. Jesus ist gekommen, den Menschen von allem zu befreien, was überflüssig oder hinderlich ist, ihn zum Wesentlichen zu führen: die Liebe zu Gott und dem Nächsten musste natürlich einen Konflikt mit den Pharisäern provozieren. Diese sahen in Jesus einen gefährlichen Aufwiegler, eine Ausgeburt des Teufels. Sie folgen ihm und stellen ihm Fallen. Die Antworten und Taten Jesu vertiefen nur den Graben zwischen den formalistischen und kleinkarierten Vertretern des Gesetzes einerseits und Jesus, dem Christus, andererseits. Dieser Konflikt erreicht die Dimensionen einer vom Hass geleiteten Verschwörung, die darauf zielt, Jesus umzubringen. Christus seinerseits brandmarkt vehement ihren Stolz und ihre Heuchelei sowie ihre Blindheit, die sie hindert zu erkennen, was im Gesetz von Gewicht ist: die Gerechtigkeit, die Barmherzigkeit und der Glaube. Ohne ein Blatt vor den Mund zu nehmen, bezeichnet er sie als «weißgetünchte Gräber», als «Natterngezücht» und «Heuchler». Dieser Konflikt führt zum Prozess Jesu und bewirkt seine Verurteilung zum Tode. Das erlösende Kreuz und die Auferstehung werden seine ruhmreichen Früchte sein.

## Gebet

Herr, bewahre mich in meinem Christsein vor dem Pharisäertum; möge dein Geist mich mein ganzes Leben hindurch geleiten, zu meinem zeitlichen und ewigen Glück.

22.-23. November

# Jesus betet in Getsemani

*«Darauf kamen sie an ein Gehöft, Getsemani genannt, und er sagte zu seinen Jüngern: "Setzt euch hier nieder, während ich bete." Dann nahm er Petrus, Jakobus und Johannes mit sich und begann zu zittern und zu zagen, und er sagte zu ihnen: "Meine Seele ist betrübt bis in den Tod. Bleibt hier und wacht!"» (Mk 14,32-34)*

*«Er ging ein wenig weiter, fiel auf die Erde nieder und betete, es möchte, wenn es möglich sei, die Stunde vorübergehen an ihm. Er sprach: "Abba, Vater, alles ist dir möglich; doch nicht, was ich will, sondern was du willst!"» (Mk 14,32-36)*

*«Ich bin vom Himmel herabgekommen, nicht um meinen Willen zu tun, sondern den Willen dessen, der mich gesandt hat. Das aber ist der Wille dessen, der mich sandte, dass ich von allen, die er mir gab, keinen verloren gehen lasse, sondern sie auferwecke am Jüngsten Tag.» (Joh 6,38-39)*

★ ★ ★

«Getsemani» bedeutet «Ölpresse». Wie die reife Frucht in der Kelter wird Jesus seinen letzten Blutstropfen hingeben, um die Menschen zu retten. Er kennt die schauderhaften Schmerzen, die er erleiden muss. Er weiß, dass er allein sein wird, um dem Tod gegenüber zu treten. Jesus ist erst 33 Jahre alt. Erschüttert empfindet er die menschliche Schwäche, die Todesangst. In diesem tragischen Augenblick fühlen wir uns ihm näher. Er weiß ebenfalls, dass dies die Stunde der Erfüllung des Liebesplanes Gottes, seines Vaters, ist. Welch unergründliches Geheimnis dieser Liebesplan birgt! Das Heil der Menschen erfordert den Tod am Kreuz des Sohnes Gottes!

## Gebet

Herr Jesus, schenke deinen Jüngern die Kraft, die es ihnen erlaubt, sich in der Stunde der Prüfung dem Willen des Vaters zu unterwerfen, wie schwer sie auch sein mag. Deiner Unterwerfung unter den Willen des Vaters verdanken wir unser ewiges Heil.

24.-25. November

# Ihr werdet den Menschensohn sehen zur Rechten der Kraft

*«Und der Hohepriester sagte zu ihm: "Ich beschwöre dich bei dem lebendigen Gott, dass du uns sagst, ob du der Messias bist, der Sohn Gottes !" Jesus antwortete ihm: "Du hast es gesagt! Weiter aber sage ich euch: Von nun an werdet ihr den Menschensohn sehen sitzend zur Rechten der Kraft und kommend auf den Wolken des Himmels." Da zerriss der Hohepriester seine Kleider und sprach: "Er hat gelästert! Was brauchen wir noch Zeugen?"»*
*(Mt 26,63-65)*

*«Spruch des Herrn für meinen Herrn: "Setze dich zu meiner Rechten, bis ich deine Feinde zum Schemel deiner Füße mache!"» (Ps 110[109],1)*

*«Wenn aber der Menschensohn kommen wird in seiner Herrlichkeit und alle Engel mit ihm, dann wird er sich auf den Thron seiner Herrlichkeit setzen, und es werden sich versammeln vor ihm alle Völker, und er wird sie voneinander scheiden, wie der Hirt die Schafe von den Böcken scheidet. Die Schafe wird er zu seiner Rechten stellen, die Böcke zu seiner Linken.» (Mt 25,31-33)*

Die rechte Seite symbolisiert den Vorrang, die Macht, das Privileg einer Gunst. Dieses Symbol beruht auf der größeren Stärke der rechten Hand, die das Schwert führt; die Rechte ist es, die segnet, die grüßt und Wohltaten verteilt. Jesus, Gottes Sohn und Menschensohn, thront zur Rechten Gottes. Während seines Prozesses hat er es selber vor dem Hohenpriester ausgesagt; dies war das Motiv seines Todesurteils.

Beim jüngsten Gericht werden die Erwählten zur Rechten des *«Thrones der Herrlichkeit»* stehen, auf dem der Menschensohn thronen wird; und die Verdammten zu seiner Linken. Das Kriterium der letzten Gerechtigkeit wird in der konkreten Ausübung — hier und jetzt — der Nächstenliebe bestehen (vgl. Mt 25,31-46). Überraschenderweise hat die Wissenschaft bestätigt, dass die von der rechten Gehirnhälfte ausgeübte Funktion auch die vorherrschende Rolle in der positiven Abfolge darstellt: die rechte Hälfte ordnet die Synthesen, sie ist der Sitz des religiösen, mystischen und ethischen Gefühls, während die linke Gehirnhälfte spaltet, trennt, analysiert und unterteilt.

## Gebet

Herr Jesus, mein ganzes Leben möge vom Evangelium zeugen, sodass du mich zu den Lämmern zählen kannst, die zu deiner Rechten stehen.

26.-27. November

# Das Schweigen Jesu

*«Ich habe euch dies gesagt, damit ihr, wenn die Stunde kommt, euch erinnert, dass ich es euch gesagt habe. Dies habe ich euch nicht von Anfang an gesagt, weil ich bei euch war. Nun aber gehe ich zu dem, der mich gesandt hat.» (Joh 16,4-5)*

*«Zuletzt kamen zwei Zeugen und sagten: "Dieser hat gesagt: Ich kann den Tempel Gottes abbrechen und in drei Tagen aufbauen!" Da stand der Hohepriester auf und fragte ihn: "Antwortest du nichts auf das, was diese gegen dich aussagen?" Jesus aber schwieg.» (Mt 26,60-62)*

*«Da fragte ihn Pilatus wiederum: "Antwortest du nichts? Sieh, was sie alles gegen dich vorbringen!" Jesus aber antwortete nichts mehr, so dass Pilatus sich sehr verwunderte.» (Mk 15,4-5)*

*«Herodes freute sich sehr, als er Jesus erblickte; hatte er doch schon seit langem den Wunsch, ihn zu sehen, weil er so vieles über ihn gehört hatte, und er hoffte, irgendein Zeichen zu sehen, das durch ihn geschähe. Er stellte vielerlei Fragen an ihn; er aber antwortete ihm nichts.» (Lk 23,8-9)*

*«Über jedes unnütze Wort, das die Menschen reden, haben sie Rechenschaft zu geben am Tag des Gerichtes.» (Mt 12,36)*

★ ★ ★

*«Es gibt eine Zeit zu reden und eine Zeit zu schweigen»* (Koh 3,7). Von Beginn seiner öffentlichen Wirksamkeit an spricht Jesus zu der Menschenmenge, um die Frohe Botschaft vom Reich Gottes zu verkündigen, das zu den Menschen gekommen ist. Und er redet drei Jahre lang. Nach und nach enthüllt er die Gute Nachricht. Erst am Ende, beim letzten Abendmahl, kann er den Aposteln Ereignisse von der Art offenbaren wie seine Rückkehr zum Vater und die Aussendung des Heiligen Geistes. Vor Herodes, Pilatus und dem Hohenpriester jedoch bewahrt Jesus Schweigen. Er sieht in ihre Herzen; jedes Wort wäre überflüssig. Für ihn war es Zeit, zu schweigen. Er hat außerdem seine Jünger darauf vorbereitet, dass sie vor Gott über jedes unnütze Wort Rechenschaft abzulegen hätten.

## Gebet

Herr, möge dein Schweigen mich inspirieren, um weise von der Gabe des Wortes Gebrauch zu machen, die du den Menschen geschenkt hast. Mache mir bewusst, dass ich über jedes ausgesprochene Wort Rechenschaft abzulegen habe. Es gibt noch so viele unnütze, überflüssige und sogar gemeine Wörter, die aus meinem Mund kommen! Gewähre mir die Gnade, sie endgültig zu beseitigen.

28.-29. November

# Jesus ans Kreuz geschlagen

*«Da nahm Abraham das Holz zum Brandopfer und legte es seinem Sohn Isaak auf.» (Gen 22,6)*

*«Und wie Mose die Schlange erhöhte in der Wüste, so muss auch der Menschensohn erhöht werden, damit jeder, der an ihn glaubt, ewiges Leben habe.» (Joh 3,14-15)*

*«Sie aber bestanden auf der Forderung, dass er gekreuzigt werde.» (Lk 23,23)*

*«Es stand bei dem Kreuz Jesu seine Mutter.» (Joh 19,25)*

*«Wer mit mir gehen will, der verleugne sich selbst, nehme sein Kreuz auf sich und folge mir nach.» (Mk 8,34)*

★★★

Isaak, wie er das Holz für das Brandopfer trägt, als dessen Opfer er bestimmt ist, ist ein Vorausbild Christi, der ebenfalls von seinem Vater geopfert wird, um die Menschen zu retten!

Wenn wir mit Liebe und Glauben Jesus betrachten, wie er ans Kreuz geheftet ist, so sind wir des ewigen

Lebens gewiss; ebenso wie die Kranken, die vertrauensvoll auf die eherne Schlange blickten, welche Mose in der Wüste aufgerichtet hatte, geheilt wurden.

Der fürchterliche Schmerz der Jungfrau Maria, der Mutter Jesu und aller Menschen, den sie dem Vater unter dem Kreuz hingibt, lässt sie an unserer Erlösung teilhaben.

Nach seinem Vorbild fordert Jesus uns auf, unser Kreuz in seiner Nachfolge auf uns zu nehmen und fügt hinzu: «*Kommt zu mir alle, die ihr müde seid und beladen, und ich will euch ausruhen lassen*» (Mt 11,28). Ja, wir sollen uns «*im Kreuz unseres Herrn rühmen*» (Gal 6,14).

## Gebet

Herr Jesus, auf dein Kreuz setze ich all meinen Glauben. Schenke mir die Kraft, das meine in deiner Nachfolge zu tragen, im Wissen darum, dass es durch deine Liebe leichter wird.

30. November - 1. Dezember

# Heute wirst du mit mir im Paradies sein

*«Einer von den daneben hängenden Verbrechern lästerte ihn und sagte: "Bist du nicht der Messias? Hilf dir selbst und uns!" Der andere aber wies ihn zurecht und sagte: "Hast nicht einmal du Furcht vor Gott, der du das gleiche Gericht erleidest? Wir leiden mit Recht, denn wir empfangen, was unsere Taten verdienen; dieser aber hat nichts Unrechtes getan." Und er sprach: "Jesus, gedenke meiner, wenn du kommst in deinem Königreich!" Er erwiderte ihm: "Wahrlich, ich sage dir: Heute noch wirst du mit mir im Paradies sein!"»* (Lk 23,39-42)

*«Darum sage ich dir: Vergeben sind ihre vielen Sünden, denn sie hat viel geliebt; wem aber wenig vergeben wird, der liebt auch wenig.» Und er sagte zu der Frau: «Dein Glaube hat dir geholfen!»* (Lk 7,47-48)

★ ★ ★

Seit Anbeginn der Heilsgeschichte ist der *«eifersüchtige Gott»* (Ex 20,5) unablässig ein Gott der Vergebung. Der Abfall Israels bei der Anbetung des goldenen Kalbs trotz des Bundes, der es an Jahwe bindet, führt nicht zur

Vernichtung des untreuen Volkes, sondern bestätigt gerade das Wesen Gottes; er ist *«ein barmherziger und gütiger Gott, langmütig, reich an Huld und Treue»* (Ex 34,6). Niemals wünscht er das Todesurteil des Sünders, sondern seine Bekehrung.

Jesus, der von seinem Vater nicht gesandt wurde, die Welt zu richten, sondern zu retten, offenbart, dass Gott ein Vater ist, dessen Freude darin besteht, zu vergeben (Lk 15). Die Vergebung ist grundlegend; Jesus überträgt seinen Jüngern die Vollmacht, zu vergeben. Denn der Mensch ist ein Wesen der Sünde; ohne Vergebung könnte niemand gerettet werden. Der Wille des Vaters aber ist es, dass niemand verloren gehe (Mt 18,12f). Jesus hat die beeindruckendste Vergebung in seiner Todesstunde einem Übeltäter gewährt, der sich bekehrte; in der Tat ist das Bereuen der Fehler und Missetaten die Voraussetzung für die göttliche Vergebung, während der Stolz sich der Barmherzigkeit Gottes gegenüber verschließt.

## Gebet

Barmherziger und gütiger Gott, vergib meine zahlreichen Fehler, durch die ich gegen dich gesündigt habe. Möge ich nach deinem Vorbild jedes Mal vergeben, wenn man an mir schuldig wird.

2.-3. Dezember

# Der Gott mit dem durchbohrten Herzen

*«Da kamen die Soldaten und zerschlugen die Beine des einen wie auch des anderen mit ihm Gekreuzigten. Als sie aber zu Jesus kamen und sahen, dass er schon gestorben war, zerschlugen sie ihm die Beine nicht, sondern einer der Soldaten stieß mit der Lanze in seine Seite, und sogleich kam Blut und Wasser heraus. Der dies gesehen, legte Zeugnis dafür ab, und sein Zeugnis ist wahr, damit auch ihr glaubt.»* *(Joh 19,32-35)*

★ ★ ★

Die dramatische Wirklichkeit des Gottes mit dem durchbohrten Herzen durchzieht die Jahrhunderte. Sie bildet — zusammen mit der Auferstehung — den Gipfel des Weges der Heilsgeschichte. Ströme lebendigen Wassers entspringen aus diesem durchbohrten Herzen und werden auf immer aus ihm entspringen. Dies haben die Menschen dem Gott der Liebe und Barmherzigkeit angetan! Dieses Herz ist nicht tot, sondern auf ewig lebendig, nachdem die Auferstehung es den Menschen wiedergeschenkt hat, die er um den Preis seines Blutes am Kreuz erlösen wollte.

Aus der von der Lanze durchbohrten Seite fließen die letzten Tropfen des Blutes des göttlichen Leibes, das vergossen wurde auf seinem grausamen Kreuzweg, der Jesus von Getsemani nach Golgatha geführt hat. Stellt nicht das Wasser, welches durch den Pleura-Erguß verursacht wurde, das Wasser der Taufe dar, während das Blut dasjenige der Eucharistie ist? Blut und Wasser, die aus dem göttlichen Herzen hervorgehen, stellen außerdem einen Hinweis auf die Geburt der Kirche, der Neuen Eva, zu Pfingsten dar. Seitdem wird die messianische Kirche mit diesem Blut und diesem unerschöpflichen Lebenswasser getränkt, welche den neuen und ewigen Bund besiegeln.

In Paray-le-Monial zeigte Jesus im Jahre 1675 der heiligen Marguerite-Marie sein Herz und sagte zu ihr: «Siehe hier das Herz, das die Menschen so sehr geliebt hat, dass es sich nicht schonte, sondern sich völlig hingab und verzehrte, um ihnen seine Liebe zu beweisen. Zum Lohn ernte ich von den meisten Undank, Kälte und Missachtung.»

## Gebet

Möge unser Gott mit dem durchbohrten Herzen in unsere Sünderherzen das reinigende Wasser eingießen, das uns Seiner würdig macht. Lass nicht zu, Herr, dass die Regung der Undankbarkeit dir gegenüber in mein Herz eindringt.

4.-5. Dezember

# Jesus ist auferstanden!

*«Der Engel des Herrn aber wandte sich an Maria Magdalena und die andere Maria und sprach: "Fürchtet euch nicht! Ich weiß, ihr sucht Jesus, den Gekreuzigten. Er ist nicht hier, denn er ist auferweckt worden, wie er gesagt hat."» (Mt 28,5-6)*

*«Brannte nicht unser Herz in uns, als er auf dem Weg mit uns redetet und uns die Schrift erschloss?» (Lk 24,32)*

*«Jesus sagte: "Friede sei mit euch… Seht an meinen Händen und Füßen, dass ich selbst es bin; rührt mich an."» (Lk 24,36-39)*

★ ★ ★

Die Auferstehung Jesu lässt die Herzen der Menschen und Engel brennen. Dies ist das zentrale kosmische Ereignis seit Erschaffung der Welt. Der von den Toten auferstandene Gottessohn zieht alle Menschen in seine Auferstehung hinein. «In ihm wird ein neuer Himmel und eine neue Erde entstehen» (hl. Ambrosius). In ihm ist die ganze Welt aufgerufen, Gott zu preisen und ihm zu danken. Dies ist der endgültige Sieg über die Mächte der Finsternis. In ihm besitzen wir, seine Jünger, bereits das ewige Leben; und wir leben in der Hoffnung auf Herrlichkeit, in Erwartung unserer eigenen Auferstehung. Dann wird das Osterfest des umfassenden Christus — Haupt und Glieder — auf immer in ewiger Freude erblühen.

## Gebet

Herr Jesus, sieh mit Güte an, welche du durch deinen Tod und deine selige Auferstehung erneuert hast; bewahre uns in der Freude, die in uns durch die Erwartung deiner Herrlichkeit erweckt wird, in die du uns hineinnehmen wirst.

6.-7. Dezember

# Auf den Tod Jesu getauft

*«Ich gebe mein Leben für die Schafe.» (Joh 10,14)*

*«Christus starb für unsere Sünden.» (1 Kor 15,3)*

*«Euch hat er nunmehr versöhnt durch den Tod im Leib seines Fleisches, um euch als Heilige, Fehlerlose und Makellose hintreten zu lassen vor seinem Angesicht.» (Kol 1,22)*

*«Sind wir nun gestorben mit Christus, so glauben wir, dass wir auch leben werden mit ihm. Wir wissen ja, dass Christus, auferweckt von den Toten, nicht mehr stirbt; der Tod ist nicht mehr Herr über ihn.» (Röm 6,8-9)*

*«Oder wisst ihr nicht, dass wir alle, die wir getauft wurden auf Christus Jesus, auf seinen Tod getauft wurden?» (Röm 6,3)*

★ ★ ★

Jesus hat die Sündenvergebung mit der Taufe und dem Glauben in Verbindung gebracht: «Wer glaubt und sich taufen lässt, wird gerettet» (Mk 16,16). Sind wir so mit Christus durch die Taufe und den Glauben verbunden, so haben wir bereits wirklichen Anteil am himmlischen

Leben des auferstandenen Christus. Der Christ ist durch die Taufe christusförmig geworden; er empfängt so das Siegel, das ihn befähigt, am Priestertum Christi teilzuhaben.

Das Eintauchen in das Wasser der Taufe stellt die Grablegung in Jesu Tod dar; aus dieser Grablegung hervorzugehen bedeutet wiederum, mit Christus aufzuerstehen als neue Schöpfung (Gal 6,15). Diese stirbt täglich der Sünde, die im Leben des Getauften keinen Platz mehr hat. Gemeinsam stellen alle Getauften eine Gemeinschaft dar, deren Glieder «Christus angezogen» haben. Eine Gemeinschaft von Auferstandenen, die friedlich ist und vor Freude strahlt.

## Gebet

Herr, ich sage dir Dank, dass du aus mir durch die Taufe eine neue Schöpfung gemacht hast und mich in die Gemeinschaft derer aufgenommen hast, die Christus angezogen haben. Möge ich allezeit dieser doppelten Auszeichnung würdig bleiben.

8.-9. Dezember

# Der auferstandene Jesus ist der neue Tempel

*«Brecht diesen Tempel ab, und in drei Tagen will ich ihn aufrichten.» (Joh 2,19)*

*«Einen Tempel sah ich nicht in ihr; denn ihr Tempel ist der Herr, Gott, der Allherrscher, und das Lamm.» (Offb 21,22)*

*«Ich sage euch aber: Hier ist Größeres als der Tempel.» (Mt 12,6)*

*«Wisst ihr nicht, dass ihr Tempel Gottes seid und der Geist Gottes in euch wohnt?» (1 Kor 3,16)*

★ ★ ★

Der Jerusalemer Tempel war das Haus Gottes, ein Haus des Gebets. Ein festes Gebäude nach dem beweglichen Zeltheiligtum. Jesus achtet den Tempel und die sich mit ihm verbindenden Riten. Er lehrt in seinen Vorhöfen. Der Tempel ist geheiligt durch die Heiligkeit Gottes, die in ihm gegenwärtig ist. Doch der Tempel in Jerusalem ist nicht ewig. Jesus kündigt seine Zerstörung an (Mt 24,2). Der ewige Tempel, das ist das geschlachtete

Lamm. Durch seine Auferstehung hat Jesus, der «größer ist als der Tempel», ihn in drei Tagen wiedererrichtet.

Und da der Geist Jesu in seinen Jüngern wohnt, ist nunmehr jeder Christ Tempel Gottes — ein Tempel des dreifaltigen Gottes, in dem der Vater und der Sohn Wohnung nehmen (Joh 14,23) und in dem der Heilige Geist dazu drängt, den himmlischen Vater «Abba» zu nennen.

Ein Tempel aus Stein, welcher der Zerstörung anheim gegeben ist; ein lebendiger, ewiger Tempel in Jesus; ein vom dreifaltigen Gott bewohnter Tempel in jedem Jünger, der den Vater, den Sohn und den Heiligen Geist anbetet — dies sind die Erscheinungsformen des Zeltes und dann des Tempels in Jerusalem, als Auszeichnung Gottes, der die Liebe ist.

## Gebet

Herr Jesus, du wolltest, dass jeder deiner Jünger ein Tempel Gottes sei, schenke uns die Gnade, uns immer mehr dieser göttlichen Gabe bewusst zu werden.

10.-11. Dezember

# Die verlorenen Schafe des Hauses Israel

*«Diese Zwölf sandte Jesus aus und gebot ihnen: "Geht nicht den Weg zu den Heiden und betretet nicht eine Stadt der Samariter, geht vielmehr zu den verlorenen Schafen des Hauses Israel! Geht hin und verkündet: Genaht hat sich das Reich des Himmels."» (Mt 10,5-7)*

*«Der Engel aber sagte zu Zacharias: "…deine Frau Elisabeth wird dir einen Sohn gebären, den sollst du Johannes nennen. …er wird groß sein vor dem Herrn …und mit Heiligem Geist wird er erfüllt werden schon vom Schoß seiner Mutter an. Viele von den Söhnen Israels wird er bekehren zum Herrn."» (Lk 1,13-16)*

*«Zu Israel aber sagt Jesaja: "Den ganzen Tag streckte ich meine Hände aus nach einem störrischen und widerspenstigen Volk."» (Röm 10,21 und Jes 65,2)*

*«Verstockung kam über einen Teil von Israel, bis die Vollzahl der Heiden eingetreten ist, und so wird ganz Israel gerettet werden.» (Röm 11,25-26)*

★ ★ ★

Israel — «Gott ist stark» — ist das Bundesvolk. Gott hat sich an Israel, das erwählte Volk, gebunden; er hat es als Heilsverwalter eingesetzt. Es steht im Zentrum der Heilsgeschichte. Auch Jesus richtet seine Verkündigung der Frohen Botschaft zuerst an das Volk Israel, aus dem er hervorgegangen ist. Der Vorläufer ist seiner Verkündigung vorausgegangen und hat nach dem Ruf zur Umkehr mit Wasser getauft. Der von Johannes dem Täufer angekündigte Heiland beschränkt sich — von einigen Ausnahmen, wie der Samariterin, abgesehen — darauf, sich an das Volk Israel zu richten. Und die zwölf Apostel sandte er zu «den verlorenen Schafen des Hauses Israel», um zu verkündigen, dass das Himmelreich ganz nahe ist. Das von Israel entworfene Thema des Gottesreiches ist zentral in der Verkündigung Christi. Gemäß seinem Beispiel ist auch die Verkündigung der Apostel von Wundern begleitet. Doch Israel ist ein störrisches und widerspenstiges Volk. Nur ein Teil, ein Rest, wird Jesus folgen. Doch Israel bleibt über die Jahrhunderte Zeuge des den Menschen von Jahwe gewährten und in Jesus, dem Sohn Gottes, verwirklichten Heils. Doch weil die «älteren Brüder» den Messias abgelehnt haben, werden sie die Bekehrung der Gesamtheit der Heiden abwarten müssen, bevor sie selber sich zu Jesus als dem Christus bekehren werden. Und so «werden die Ersten die Letzten sein».

## Gebet

Herr, lass bald die Zeit herbeikommen, da die verlorenen Schafe des Hauses Israel dich erkennen werden in Jesus, dem Heiland, und der Herrlichkeit des erwählten Volkes.

12.-13. Dezember

# Mit Jesus leiden

*«Euch wurde die Gnade zuteil, nicht nur an Christus zu glauben, sondern für ihn auch zu leiden.» (Phil 1,29)*

*«Es wurde bei allen bekannt, dass ich um Christi willen gefangen bin, und die meisten unter den Brüdern haben Vertrauen gewonnen im Herrn und wagen angesichts meiner Fesseln um so furchtloser das Wort Gottes zu verkündigen.» (Phil 1,13-14)*

*«Fortan mache mir niemand Beschwernis; denn ich trage die Kennmale Jesu an meinem Leib.» (Gal 6,17)*

*«Ja, alle, die willens sind, fromm zu leben in Christus Jesus, werden verfolgt werden.» (2 Tim 3,12)*

*«Auch hast du Geduld und hast um meines Namens willen getragen und bist nicht müde geworden.» (Offb 2,3)*

★ ★ ★

Der Christ betrachtet jedes Leiden, jede Prüfung im Lichte der von Jesus erduldeten Leiden. War das Leiden im Alten Testament ein Fluch, so wird es im Neuen Bund zur Seligpreisung. Das Leiden birgt ein Geheimnis. Jesus, der Knecht, kennt das Leiden in seiner grausamsten Form; bei ihm ist es ein Skandal. Er hat unsere Gebrechen auf sich genommen, um sie alle zu heilen (Mt 8,17). Er heilt die Kranken und überträgt seinen Jüngern diese Vollmacht; die Vollmacht, in seinem Namen zu heilen (Mt 16,18).

Das Leiden wird selig gepriesen, wo es willig hingenommen, ja angenommen wird, denn es befähigt denjenigen, der in Gemeinschaft mit Jesus leidet dazu, empfänglicher für das Reich Gottes zu werden. Durch das Leiden wird der Jünger Jesus gleichgestaltet. Mit ihm zu leiden bedeutet, mit ihm auch verherrlicht zu werden (Röm 8,17). Hinzu kommt das Paradox des Leidens in Christus, das sich in Freude verwandelt. Der Jünger «ergänzt in seinem Fleisch, was an Christi Drangsalen noch aussteht, zum Besten seines Leibes, das ist die Kirche» (Kol 1,24).

## Gebet

Herr Jesus, möge ich alles Leiden und jegliche Prüfung in der Freude darbringen, mich enger verbunden zu wissen mit dir und den Leiden, die du für uns erduldet hast.

14.-15. Dezember

# Jesus und der Apostel Paulus

*«Mit Christus bin ich gekreuzigt worden. So lebe nun nicht mehr ich, es lebt in mir Christus.» (Gal 2,19-20)*

*«Gepriesen sei Gott, der Vater unseres Herrn Jesus Christus, der uns in Christus gesegnet hat mit allem Segen des Geistes im Himmel. Er hat uns auserwählt in Christus vor Grundlegung der Welt, dass wir heilig seien und untadelig vor ihm.» (Eph 1,3-4)*

*«Des Evangeliums Diener wurde ich durch die Gnadengabe Gottes, die mir geschenkt wurde gemäß seiner wirkenden Kraft. Mir, dem Geringsten unter allen Heiligen, wurde diese Gnade geschenkt, den Heiden die Botschaft zu bringen vom unergründlichen Reichtum Christi.» (Eph 3,6-8)*

*«Christus möge durch den Glauben Wohnung nehmen in euren Herzen. Möget ihr in der Liebe verwurzelt und festgegründet sein, um die alle Erkenntnis weit überragende Liebe Christi verstehen zu lernen, so dass ihr erfüllt werdet bis hin zur ganzen Fülle Gottes.» (Eph 3,16-18)*

★ ★ ★

In den Lebensmittelpunkt des Völkerapostels leuchtet dieses unsterbliche Wort: «Nicht mehr ich lebe, sondern Christus lebt in mir.» Diese Hingabe des ganzen Wesens an Christus macht den Christen zum «neuen Menschen», zur Wohnung Gottes, vom Vater erwählt vor aller Schöpfung. In Christus sind wir Heilige, durch die einzigartige Heiligkeit Gottes. Diese Gunst unermesslichen Wertes verlangt von uns im Gegenzug die Verkündigung des Evangeliums zu allererst durch unser Leben; durch unser Wort und unsere Schrift, sofern uns dieses Charisma gegeben ist. Sein ganzes Leben auf die Liebe zu gründen, wie sie der Apostel in 1 Kor 13 beschrieben hat, bedeutet, sich auf den Weg des Glücks zu begeben, der von der Fülle Gottes gekennzeichnet ist. Zu Boden geschmettert von dieser Liebe vor den Toren von Damaskus übergibt der ehemalige Pharisäer und Christenverfolger sein ganzes Leben diesem Jesus, dessen Liebe alle Erkenntnis übersteigt. Die Schriften des Paulus zu meditieren bedeutet, zutiefst ins Herz Jesu eindringen.

## Gebet

Lehre mich, Herr Jesus, so zu lieben, wie du liebst; mache mich zum neuen Menschen, der Wohnung Gottes und zum Widerschein deines Lichtes.

16.-17. Dezember

# Jesus ist das Amen

*«So spricht der Amen, der verlässige und wahrhafte Zeuge, der Urgrund der Schöpfung Gottes.» (Offb 3,14)*

*«So erklingt auch durch ihn das "Amen" zu Gott als Lobpreis durch uns.» (2 Kor 1,20)*

*«Amen! Komm, Herr Jesus!» (Offb 22,20)*

*«Der Gott des Friedens sei mit euch allen! Amen.» (Röm 15,33)*

★ ★ ★

«Amen» ist ein aramäisches Wort, dessen Wurzel die Gewissheit, die Verlässlichkeit bezeichnet. Es wird in der jüdischen und christlichen Liturgie als Bestätigung des persönlichen und gemeinschaftlichen Glaubens an das Wort Gottes verwandt. In diesem Sinne ist Jesus das Amen. Durch sein Amen bekennt der Christ seinen rückhaltlosen und uneingeschränkten Glauben, denn das Wort des Herrn ist Wahrheit und Leben. Durch ihn und in ihm sprechen wir das «Amen».

Das Neue Testament, der neue und ewige Bund, schließt mit diesem Wort ab. Durch das Gebet «Komm,

Herr Jesus, Amen!» («Marana tha» auf Aramäisch) bitten wir ihn darum, bald seine Wiederkunft in Herrlichkeit herbeizuführen, gemäß seiner Verheißung (Mk 8,38; Lk 9,36), um endlich diese arme Welt zu erlösen, die in Schmerzen und Sünde versinkt.

## Gebet

Herr, der du das Amen bist, mache meinen Glauben gewiss und verlässlich wie den Felsen; mein ganzes Leben sei auf ihn gegründet, der du der einzige Weg zum Glück, zum Leben und zur Wahrheit bist.

18.-19. Dezember

# Die Erlösten singen ihren Glauben an Jesus

*«Ich schaute, und siehe, das Lamm stand auf dem Berg Zion und mit ihm hundertvierundvierzigtausend, die seinen Namen tragen und den Namen seines Vaters, geschrieben auf ihren Stirnen... Sie sangen ein neues Lied vor dem Thron... und niemand konnte das Lied erlernen, als die hundertvierundvierzigtausend, die losgekauft sind von der Erde.»* *(Offb 14,1...3)*

*«Ihr seid mit dem kostbaren Blut Christi als eines untadeligen und makellosen Lammes losgekauft.»* *(1 Pe 1,18-19)*

*«Sehet, der Herr macht es bekannt bis an das Ende der Erde: Saget der Tochter Sion: Fürwahr, es kommt dein Heil! Siehe, die er sich erworben, kommen mit ihm; und die er sich verdient hat, ziehen vor ihm her! Dann nennt man sie "Heiliges Volk", "Erlöste des Herrn", dich aber nennt man "Nichtverlassene Stadt".»* *(Jes 62,11-12)*

★ ★ ★

Die Anzahl der Erlösten ist ein Symbol der absoluten Fülle, ausgedrückt durch die riesige Menge, die eine vollkommene Liebesgemeinschaft bildet, versammelt um das Lamm. Die Zahl 12 ist in der Tat von großer Bedeutung in der christlichen Symbolik. Die mit zwölf multiplizierten «Zwölftausend» — also hundertvierundvierzigtausend — symbolisieren die Fülle der durch ihre Aufnahme in das Herz des trinitarischen Gottes Erlösten. *«Eine große Schar, die niemand zu zählen vermag»* (Offb 7,9). Dies ist das Werk Jesu, des geschlachteten Lammes, dessen Blut zur Auslösung des heiligen Volkes vergossen wurde. Der Gesang dieser Menge ist neu. In Jesus Christus wird alles neu in der völligen Neuheit Gottes, der aus Liebe Mensch wird, um die Menschen zu erlösen.

## Gebet

Herr Jesus, schon hienieden singe ich den Hymnus der Erlösten, denn der Glaube an dich, mit dem du mich aus reiner Gnade erfüllst, schenkt mir die Gewissheit, ihn auf ewig zu singen.

20.-21. Dezember

# Die Liturgie — Werk Jesu Christi in Fülle

*«Die vierundzwanzig Ältesten fallen vor dem Thronenden nieder, beten den in alle Ewigkeit Lebenden an, legen ihre Kränze vor dem Thron nieder und sprechen: "Würdig bist du, unser Herr und Gott, den Lobpreis zu empfangen und die Ehre und Macht; denn du schufst alle Dinge, und durch deinen Willen waren sie und wurden geschaffen."» (Offb 4,10-11)*

*«Darauf sah ich hin, und siehe, es war eine große Schar, die niemand zu zählen vermochte, aus jeder Nation und aus allen Stämmen, Völkern und Sprachen; sie standen vor dem Thron und vor dem Lamm, angetan mit weißen Gewändern und mit Palmen in ihren Händen. Sie riefen mit lauter Stimme: "Das Heil unserem Gott, der auf dem Thron sitzt, und dem Lamm!"» (Offb 7,9-10)*

★ ★ ★

Die Offenbarung versucht in der armseligen menschlichen Sprache etwas vom Glanz der himmlischen Liturgie (griechisch *leitourgía*: öffentliches Werk) auszudrücken, vorweggenommen von den irdischen Liturgien, die gleichzeitig an ihr teilhaben. Die göttliche Liturgie nimmt die Jünger mit brennenden Herzen in die ewige himmlische Liturgie hinein, welche den himmlischen Vater und das Lamm zelebriert, den vollkommenen Christus Jesus, den einzigen Hohenpriester des wahren Heiligtums (vgl. Heb 4,14), während der Heilige Geist der Lebensstrom ist, welcher vom Thron Gottes und des Lammes ausgeht.

Die Anbetung «im Geist und in der Wahrheit» (Joh 4,24) des Neuen Bundes entfaltet sich an allen Orten; sie ist nicht an einen einzigen Ort gebunden, wie es im Alten Bund der Tempel war. Der gesamte Erdkreis ist heilig und den Kindern Gottes anvertraut. Sie sind die lebendigen Steine, welche den *«Tempel des lebendigen Gottes»* bilden (2 Kor 6,16).

## Gebet

Herr, schenke deinen Jüngern Verlangen nach der himmlischen Liturgie, an der sie als lebendige Steine des ewigen Tempels Anteil haben; mögen sie die Wichtigkeit der irdischen Liturgien erfassen, sodass ihr ganzes Leben zu einer Feier des lebendigen Gottes werde.

22.-23. Dezember

# Jesus und das Buch der sieben Siegel

*«Und ich sah auf der Rechten dessen, der auf dem Thron saß, eine Buchrolle, innen auf der Rückseite beschrieben und versiegelt mit sieben Siegeln. Und ich sah einen mächtigen Engel, der mit lauter Stimme rief: "Wer ist würdig, die Buchrolle zu öffnen und ihre Siegel zu lösen?" Und niemand, weder im Himmel noch auf Erden noch unter der Erde war imstande, die Buchrolle zu öffnen und Einblick in sie zu nehmen. Ich weinte sehr, weil niemand für würdig befunden wurde, die Buchrolle zu öffnen und Einblick in sie zu nehmen. Da sagte einer der Ältesten zu mir: "Weine nicht! Siehe, es siegte der Löwe aus dem Stamm Juda, der Wurzelspross Davids, um das Buch und seine sieben Siegel zu öffnen." ... und sie sangen ein neues Lied: "Würdig bist du, das Buch entgegenzunehmen und seine Siegel zu lösen! Denn du wurdest geschlachtet und hast sie mit deinem Blut erkauft aus jedem Stamm und jeder Sprache, aus jedem Volk und jeder Nation, und hast sie für unseren Gott zu einem Königreich und zu Priestern gemacht, und sie werden herrschen auf Erden."»*
*(Offb 5,1...10)*

Das Buch mit sieben Siegeln enthält die Heilsgeschichte; es enthüllt den Liebesplan Gottes für die Menschen, der allein im Christus Jesus, dem geopferten Lamm, offenbar wird. Es ist das Buch, dessen tiefer Sinn erst seit und durch Jesus Christus verständlich wird.

Das «geschlachtete Lamm» und der «Löwe von Juda» sind die messianischen Ehrennamen aus dem Buch der Genesis und dem Propheten Jesaja.

Die Apokalypse ist die «Offenbarung Jesu Christi», dessen Verheißung bereits im Zentrum des Alten Testaments steht. Christus steht im Mittelpunkt der Geschichte und des Kosmos; er ist Erfüllung und Überbietung des Alten Bundes. Und auch die Apokalypse ist weit davon entfernt, die Enthüllung eines Ereignisses in ferner Zukunft darzustellen, welches das Ende der Welt einläutet, sie ist vielmehr die Krönung der gesamten biblischen Offenbarung. Sie richtet sich an die sieben Kirchen, das heißt an die Universalkirche, da die Zahl «sieben» das Symbol der Ganzheit und Fülle ist. Die Apokalypse ist — seit dem Kommen des Neuen Bundes — jeden Tag neu; sie wird aufhören am Ende der Zeiten mit der Wiederkunft Jesu Christi in Herrlichkeit.

## Gebet

Öffne meinen Geist und mein Herz, Herr Jesus, für die Botschaft, welche die Apokalypse heute für uns bereit hält.

24.-25. Dezember

# Die Betrüger

*«Viele falsche Propheten werden aufstehen und werden viele verführen.»* (Mt 24,11)

*«Wenn jemand zu euch sagt: Seht, hier ist der Messias, oder: dort, so glaubt es nicht; denn es werden falsche Messiasse aufstehen und falsche Propheten, und sie werden große Zeichen und Wunder tun, um, wenn möglich, auch die Auserwählten zu verführen. Seht, ich habe es euch vorhergesagt.»* (Mt 24,23-25)

*«Es wird eine Zeit kommen, da sie die gesunde Lehre nicht ertragen, sondern nach eigenen Gelüsten sich Lehrer zusammensuchen, weil sie nach Ohrenkitzel verlangen. Von der Wahrheit werden sie das Ohr abwenden und den Fabeleien sich zuwenden.»* (2 Tim 4,3-4)

★ ★ ★

Im Verlauf der gesamten Kirchengeschichte sind falsche Propheten und schlechte Hirten in großer Zahl aufgetreten. Wahrscheinlich waren sie nie so zahlreich wie heute; bzw. aufgrund ihrer Verbreitung durch die Medien war der Einfluss der von ihnen verbreiteten

Irrtümer nie größer. Jesus hat uns vor diesen falschen Messiassen gewarnt.

Der Apostel Paulus legt die Gründe für diesen Einfluss offen: die individuellen Wünsche, welche an die Stelle der reinen Lehre treten; die Anziehungskraft der von den Meistern der Fabelkunst verbreiteten Neuheiten, welche den Unglauben und den moralischen Verfall beschleunigen. Bereits im Alten Testament klagen die echten Propheten die falschen Propheten an, welche das Volk verwirren und zu falschen Göttern führen. Sie sind in Wirklichkeit Werkzeuge des Satans, des «Vaters der Lüge».

## Gebet

Herr, deine Worte mögen mich leiten während meines ganzen Lebens, auf dass ich immer aufmerksam und gehorsam sei gegenüber denjenigen deiner um Petrus gescharten Kirche.

26.-27. Dezember

# In Jesus bilden wir einen einzigen Leib

*«Ihr aber seid Christi Leib.» (1 Kor 12,27)*

*«Nun will ich das, was an Christi Drangsalen noch aussteht, ergänzen an meinem Fleisch zum Besten seines Leibes, das ist die Kirche.» (Kol 1,24)*

*«Wie wir nämlich an dem einen Leib viele Glieder haben, die Glieder aber nicht alle den gleichen Dienst verrichten, so sind wir als viele ein einziger Leib in Christus, im einzelnen aber untereinander Glieder. Wir besitzen Gaben, die entsprechend der uns verliehenen Gnade verschieden sind.» (Röm 12,4-6)*

*«Er ist das Haupt des Leibes, der Kirche.» (Kol 1,18)*

*«Das Brot, das wir brechen, ist es nicht Teilhabe am Leib Christi? Weil es* ***ein*** *Brot ist, sind wir* ***ein*** *Leib als die vielen.» (1 Kor 10,16-17)*

★ ★ ★

Der Ausdruck «Leib Christi» bezeichnet zunächst den Leib, der sich im Schoß der Jungfrau Maria gebildet hat; sodann bezeichnet er den eucharistischen Leib; und schließlich handelt es sich um die Kirche als den Leib, dessen Glieder wir sind. Der am Kreuz gestorbene Leib Christi war das Werkzeug unseres Heils. Und unsere Seelen nähren sich vom Leib Christi, der als Sakrament eingesetzt wurde, das uns die wesentlichen Züge des Heilsmysteriums nacherleben lässt. Durch dieses Sakrament wird uns bewusst, dass wir Glieder am Leib Christi sind, welcher die Kirche ist; sie gewährt uns die Teilhabe an dieser göttlichen Speise. In ihm werden wir zu einem einzigen Volk, ein einziger «neuer Mensch» (Eph 2,14). Derart in Christus eingepfropft, dass wir zu Gliedern seines Leibes werden, sind unsere eigenen Leiber somit zu «Tempeln des Heiligen Geistes» (1 Kor 6,19) geworden. Bei unserer leiblichen Auferstehung werden unsere Leiber verklärt und dem «Auferstehungsleib» Christi gleichgestaltet werden (1 Phil 3,20f). Dank der Taufe und der Eucharistie ist der armselige Leib, den wir ererbt haben, zum ewigen Leben in der Herrlichkeit Christi bestimmt; dies ist in meinen Augen das außerordentlichste Wunder der Liebe Gottes.

## Gebet

Das eucharistische Brot lässt mich das Heilsmysterium nacherleben und nährt mich dabei. Dieser Speise will ich so oft wie möglich treu bleiben, um so gut wie möglich deine Liebe zu teilen, Herr Jesus. An den Tagen, da ich nicht direkt an der Eucharistie teilnehmen kann, will ich zumindest von ganzem Herzen in Gedanken an ihr teilnehmen.

28.-29. Dezember

# Trinitarische Anbetung

*«Den Herrn, deinen Gott, sollst du anbeten.»*
*(Dtn 6,13; Lk 4,8)*

*«Alle Völker, die du erschaffen, müssen kommen, sich niederwerfen vor dir, o Herr, und deinen Namen verehren.» (Ps 86[85],9)*

*«Mit dem Dankgebet zu dir soll man der Sonne zuvorkommen.» (Weish 16,28)*

*«Dir allein, Herr, gebührt Anbetung.»*
*(Bar 6,5 [Brief des Jeremias 5])*

*«Die Gnade unseres Herrn Jesus Christus und die Liebe Gottes und die Gemeinschaft des Heiligen Geistes sei mit euch allen!» (2 Kor 13,13)*

★ ★ ★

Die Anbetung drückt die Dankbarkeit der nichtigen Kreatur gegenüber der unendlichen Macht des Schöpfers aus. Sie ist gleichzeitig das Bewusstsein der Sünde, welche den Nichtigen erdrückt, während die unendliche Güte und Barmherzigkeit, die Gunst des Herrn von der Kreatur erwartet, dass auch sie mit der von einem tugendhaftes Leben gekrönten Liebe antworte. Die Anbetung, die

Gott gefällig ist, ist diejenige, die von Herzen kommt. Es gibt wohl kaum eine schönere Anbetung als jene, die darin besteht, langsam und beständig, aus dem Herzen strömend, die drei allerheiligsten Namen der Personen der Dreifaltigkeit zu wiederholen. Und sie in der Sprache zu sagen, in der sie offenbart wurden, dem Hebräischen: *Abba, Yeshua, Ruach* — Vater (Papa), Jesus, Heiliger Geist. Derart den Rosenkranz zu beten, indem man langsam und mit Liebe diese drei gesegneten Namen spricht, bei jeder Perle, ist das köstlichste der Gebete; es beruhigt und entspannt den Geist. Es besitzt in sich selbst eine ganz besondere Heilkraft. Die trinitarische Anbetung ist einer der Gipfel des Gebets, umso mehr als bei dem trinitarischen Rosenkranz nur noch das übliche Vaterunser verbleibt. Das höchste aller Gebete, von Jesus gelehrt. Die trinitarische Anbetung des Rosenkranzes ersetzt nicht die «Ave Maria» des Marien-Rosenkranzes; sie erhebt sie.

## Gebet

Möge die tägliche trinitarische Anbetung mein ganzes Wesen mit der unendlichen Sanftheit des Gottes der Huld und Barmherzigkeit tränken!

30. Dezember

# Jesus macht alles neu

*«Der auf dem Thron Sitzende sprach: "Siehe, ich mache alles neu!" Und er sagte: "Schreibe! Denn diese Worte sind zuverlässig und wahr!" Und er sprach zu mir: "Es ist geschehen. Ich bin das Alpha und das Omega, der Anfang und das Ende. Umsonst werde ich dem Dürstenden geben von der Quelle lebendigen Wassers."» (Offb 21,5-6)*

*«Als Jünger Christi… sollt ihr ablegen im Hinblick auf den früheren Lebenswandel den alten Menschen, der den Weg des Verderbens geht in seinen trügerischen Leidenschaften, und neu sollt ihr werden in Geist und Gesinnung, um den neuen Menschen anzuziehen, der nach Gott geschaffen ist in wahrer Gerechtigkeit und Heiligkeit.» (Eph 4,20…24)*

★★★

Für die Heilsgeschichte und letztlich für alle Geschichte ist Jesus, der Christus, die Neuheit selber. Alles, was Jesus berührt, alles was ihn betrifft, wird neu; er hat die grundlegenden Gegebenheiten der alten Welt von Grund auf verwandelt. Jeder Jünger muss jedoch gegen den *alten Menschen* ankämpfen, der in ihm durch die Sünde lauert. «Den *neuen Menschen* anziehen» bedeutet notwendig die Verführungen der Bestie zurückweisen, indem man den Weg der Heiligkeit einschlägt. Auf diesem Weg herrschen der Friede und die Freude Christi» (Offb 14,11).

## Gebet

Herr, gewähre mir die Gnade und die Stärke, jeden Tag den neuen Menschen anzuziehen, indem ich mich an deinem lebendigen Wasser erquicke und in «der wahren Gerechtigkeit» lebe, welche deine einzige Heiligkeit wiederspiegelt.

Der Königsweg des Missionsauftrages (2)

31. Dezember

# «Ich bin bei euch alle Tage»

*«Geht darum hin und macht alle Völker zu Jüngern, indem ihr sie tauft auf den Namen des Vaters und des Sohnes und des Heiligen Geistes und sie lehrt, alles zu halten, was ich euch aufgetragen habe.» (Mt 28,19-20)*

*«Und der Logos wurde Fleisch und wohnte unter uns, und wir schauten seine Herrlichkeit, eine Herrlichkeit als des Eingeborenen vom Vater, voll Gnade und Wahrheit.» (Joh 1,14)*

*«Bleibt in mir, und ich bleibe in euch. Wie die Rebe nicht aus sich selbst Frucht bringen kann, wenn sie nicht am Weinstock bleibt, so auch ihr nicht, wenn ihr nicht in mir bleibt.» (Joh 15,4)*

*«Wenn einer mich liebt, wird er mein Wort bewahren, und mein Vater wird ihn lieben, und wir werden zu ihm kommen und Wohnung bei ihm nehmen.» (Joh 14,23)*

★ ★ ★

Da Gott den Menschen aus Liebe erschaffen hat, trägt er um ihn Sorge. Er bleibt in seiner Nähe. Manchmal zeigt er sich, wie bei der Sinai-Offenbarung (Gen 20,18), oder er spricht in einem leisen Windhauch mit Abraham, Mose und Elija (Gen 18,23). Im Gegenzug erwartet Gott, dass der Mensch ihn anbete und verherrliche durch seinen Gottesdienst. Gott ist denen nahe, die in seiner Gegenwart wandeln wie Noah (Gen 8,9), Abraham und Isaak (Gen 48,15).

Mit Jesus ändert sich alles. Gott hat sich inmitten seines Volkes sichtbar zu erkennen gegeben. Er hat Fleisch angenommen von der Jungfrau und hat unter uns gewohnt. Die Seinen konnten ihn berühren, zu ihm sprechen, ihn befragen. Nachdem er zu seinem Vater zurückgekehrt ist, bleibt er unter seinen Jüngern in der Eucharistie gegenwärtig, gemäß seiner Verheißung, bis ans Ende der Zeiten bei uns zu bleiben. Er ist unter uns gegenwärtig, in seiner ganzen Fülle, da die Kirche der Leib Christi ist; jeder Gläubige kann in diese Fülle Christi eintreten (Kol 2,9) durch die Anbetung und die Liebe. Welche Glückseligkeit!

## Gebet

Herr Jesus, ich liebe dich über alles und weiß mich vom himmlischen Vater geliebt und mein Herz ist eure Wohnung.

Der Königsweg des Missionsauftrages (3)

30.-31. Dezember

# Jesus kommt wieder!

*«Ihr Männer aus Galiläa, was steht ihr da und schaut zum Himmel? Dieser Jesus, der von euch weg in den Himmel aufgenommen wurde, wird ebenso wiederkommen, wie ihr ihn habt hingehen sehen zum Himmel.» (Apg 1,11)*

*«Ich gehe hin und komme zu euch.» (Joh 14,28)*

*«Amen! Komm, Herr Jesus!» (Offb 22,20)*

★ ★ ★

Die Wiederkehr Jesu Christi, oder «Parusie», nach der Himmelfahrt, ist sein Kommen auf die Erde am Ende der Zeiten. Die ersten christlichen Generationen erwarteten sie, denn der Herr hat das unmittelbare Bevorstehen seiner Wiederkunft nahegelegt (Mk 13,30). Doch für Gott sind *«tausend Jahre wie der gestrige Tag, der vorüber ist»* (Ps 90[89],4). Jesus hat außerdem betont, dass niemand die Stunde kenne, *«auch nicht der Sohn, nur der Vater allein»* (Mt 24,36). Und dieser Tag wird überraschend wie ein Räuber kommen, bei Nacht (Lk 12,43). Seit den Aposteln ruft

die Kirche die Jünger auf, untadelig in dieser Erwartung zu bleiben. Jesus hat angekündigt, dass seiner Wiederkunft schwere Drangsale vorausgehen werden (Mt 24). Ebenso werden falsche Messiasse und Lügenpropheten auftreten (Mt 24,24). Die Gläubigen sollen sich von ihnen nicht verführen lassen. Sie sind Werkzeuge des Feindes.

Wenn das Evangelium in der ganzen Welt verkündigt worden sein wird und alle Völker seine Verkündigung empfangen haben werden, dann wird das Ende kommen (Mt 24,14). Und der Menschensohn wird auf den Wolken des Himmels erscheinen in seiner ganzen Herrlichkeit, um die Menschen nach ihren Taten zu richten. Nach ihrer Nächstenliebe gegenüber Freund und Feind.

## Gebet

Herr, gewähre mir die Gnade, das Urteil zur ewigen Glückseligkeit zu empfangen, nach einem Leben, das dem Guten gewidmet war. «Marana tha»! «Komm Herr!» (Offb 22,20).